David Wakefield

Dinosaurier aus Holz

selbst gemacht

Verlag Th. Schäfer
Hannover

Gewidmet meiner Mutter, die mir mit ihrem
Gleichmaß von Liebe und Disziplin den nötigen
Freiraum für Ideen und die Stärke zu ihrer
Verwirklichung gab.

Aus dem Amerikanischen übersetzt
von Dr. Günther Heine, Dipl.-Ing.,
Aumühle/Hamburg

ISBN 3-88746-295-5

Best.-Nr. 9206

Gesamtherstellung:
Th. Schäfer Druckerei GmbH, Hannover

Inhalt

Vorwort

In unserer Jugend waren meine Freunde und ich eine ganze Zeit lang völlig fasziniert von Dinosauriern. Diese Urwelttiere haben so viel an sich, das die Neugier weckt. Da ist zunächst die Tatsache, daß sie vor über 150 Millionen Jahren ausgestorben sind. Sie zählen damit zu den sagenhaften Gestalten wie Drachen und Einhörner, nur hat es Dinosaurier wirklich gegeben, wie uns Knochenfunde beweisen! Dann ist da die unvorstellbare Größe der Tiere. Es hat mehrere hundert Arten von Dinosauriern gegeben, gegenüber denen die größten heutigen Lebewesen wie Zwerge wirken würden. Stellen Sie sich ein Tier mit Zähnen von der Größe eines Menschen vor – das ist schon erstaunlich.

Das ungewöhnliche Aussehen dieser Geschöpfe trägt natürlich auch zu ihrer Anziehungskraft bei. Forderte man Kinder auf, sich möglichst bizarre Lebewesen auszudenken, so glaube ich, sie würden auf etwas kommen, was einem Dinosaurier ähnlich sieht, ohne daß sie je Abbildungen von ihnen gesehen haben.

Diese Tatsachen sind für die unwiderstehliche Faszination der Dinosaurier verantwortlich. Je weiter ich mit meiner Arbeit an diesem Buch vorankam, desto mehr wurde ich von ihnen gepackt. Ich konnte schließlich gar nicht genug von ihnen bekommen.

Ich glaube, daß jeder von uns von diesen gewaltigen Geschöpfen tief beeindruckt ist, wenn auch Erwachsene meist nicht so in Dinosaurier vernarrt sind wie Kinder. Ich habe daher einige Dinosaurier in kleinerem Maßstab für Erwachsene entworfen, die auf den Couch- oder Schreibtisch passen. Durch die Verwendung tropischer Harthölzer lassen sich die bizarren Formen einiger dieser Miniaturen zusätzlich betonten, und so erhalten sie als Dekorationsstücke ein besonders kunstvolles Aussehen (seien Sie vorsichtig mit dem gesundheitsschädlichen Sägestaub). Einige der Miniaturen sind ziemlich kompliziert, haben Sie also Geduld und lassen Sie sich Zeit beim Zusammenbau. Ich hoffe, daß dieses Buch für jeden etwas enthält, und daß Sie beim Bau der Modelle ebensoviel Herausforderung und Genugtuung empfinden wie ich beim Entwerfen.

Ihr David Wakefield

Werkzeuge, Techniken und Arbeitsgänge

Zur Anfertigung der Dinosauriermodelle benötigen Sie einige Handwerkzeuge (siehe Abb. 1).

Die **Feinsäge** braucht man, um beim Zusammenbau überstehende Dübelenden abzusägen. Sie ist auch beim Auftrennen von fertigen Stücken gut zu gebrauchen, wenn Korrekturen notwendig sind. Wenn Sie eine kleinere Säge ohne Rückenverstärkung auftreiben können, ist diese der Feinsäge wegen ihrer Biegsamkeit sogar vorzuziehen, da Sie damit Dübelenden bündig zur Fläche absägen können, ohne daß Ihre Hand im Wege ist (siehe Abb. 2).

Die **Halbrundraspel** für grobe Arbeit und die **Halbrundfeile** zum Schlichten von rauhen Partien sind außerordentlich nützliche Handwerkzeuge für eine Vielzahl von Arbeiten beim Ausformen und Glätten. Beide haben eine flache und eine gewölbte Seite. Ich persönlich gebe der kleineren Ausführung (200 mm Länge) für die meisten Arbeiten den Vorzug.

Eine **Rattenschwanzfeile** läßt sich gut zum Glätten enger Kurven einsetzen.

Sie werden auch einen normalen 500-g-**Klauenhammer** benötigen. Aus mehreren Gründen ziehe ich einen Hammer aus Stahl dem Rohhauthammer oder auch dem Holzklüpfel vor. Um Räder auf ihre Achsen zu treiben, genügen mit einem Hammer aus Stahl wegen seines hohen Gewichts ein oder zwei Schläge. Bei jedem Schlag quillt aus der Fuge zwischen Rad und Achse ein wenig Leim und gelangt auf die Hammerbahn. Von einem Hammer aus Stahl läßt sich der Leim leicht abwischen, aber auf Holz oder Rohhaut baut sich langsam eine Schicht auf. Nach einiger Zeit entsteht so ein häßlicher, schwarzer Belag auf der Schlagfläche des Klüpfels, der bei weiteren Schlägen schwarze Markierungen auf den Rädern hinterläßt.

Zum Spannen reichen zwei große und zwei kleine **Schraubzwingen** sowie zwei kleine **Schraubknechte** aus. Wenn Sie sich jedoch mehr Zwingen leisten können, kaufen Sie sie. Es kommt oft vor, daß verleimte Teile noch eingespannt sind, während Sie schon die nächsten zum Verleimen fertig haben. Wenn dann alle Zwingen besetzt sind, müssen Sie warten, bis der Leim an den eingespannten Teilen abgebunden hat.

Gelegentlich werden Sie ein Stecheisen brauchen, aber Sie müssen deshalb nicht gleich einen kompletten Satz kaufen. Ein **gerades Stecheisen** von 6 mm Breite reicht im allgemeinen aus.

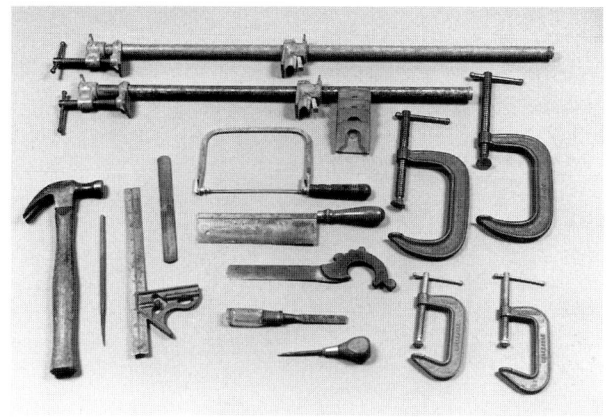

▲
Abbildung 1
Diese Werkzeuge brauchen Sie zum Anfertigen von Spielsachen

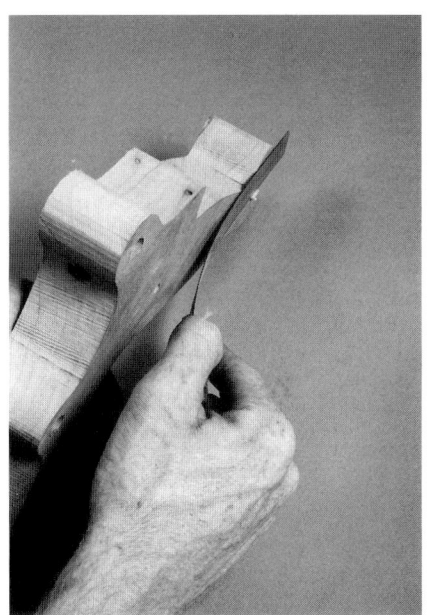

Abbildung 2
Eine kleine Säge mit biegsamem Blatt schont die Werkstückoberfläche beim Absägen überstehender Dübelenden

Ein **Sägebogen** wird für einige Modelle in diesem Buch zum Aussägen von kleinen Teilen benötigt (Die Firma Sandvik bezeichnet ihr Modell als **Kopiersäge.**) Man kann ihn auch anstelle der Bandsäge zum Aussägen von unregelmäßig geformten Teilen verwenden, aber das erfordert viel Geduld und Sorgfalt.

Ein kleiner **Winkel** beliebiger Ausführung ist zum Anreißen erforderlich und um die Rechtwinkligkeit von Bandsägen und Schleifbändern zu ihren Werkstückauflagen zu überprüfen.

Eine **Reißahle** läßt sich gut zum Ankörnen von Lochmitten vor dem Bohren und zum Anreißen für Sägeschnitte verwenden.

Ein *Leimspender mit Tülle* ist zum Verleimen von Rädern und Achsen, zum Angeben von Leim an kleine Teile und zum Einbringen von Leim in Bohrungen unerläßlich. Säubern Sie die lange Tülle nach Gebrauch mit einem Draht, damit sie sich nicht zusetzt. Sollte sie sich doch zusetzen, dann weichen Sie sie in heißem Wasser ein und machen sie mit dem Draht wieder frei.

Vergrößern der Vorlagen

Die meisten Vorlagen für die beweglichen Dinosaurier-Figuren sind im Maßstab 1:1 abgebildet. Einige Vorlagen jedoch sind auf 64 % oder 51,2 % verkleinert. Vorlagen von 64 % lassen sich auf einem Kopiergerät durch zweimalige Vergrößerung mit 125 % auf richtige Größe bringen (64 % x 125 % = 80 %; 80 % x 125 % = 100 %). Vorlagen von 51,2 % kommen durch dreimaliges Vergrößern um 125 % auf richtige Größe (51,2 % x 125 % = 64 %; 64 % x 125 % = 80 %; 80 % x 125 % = 100 %). Alle Angaben zu Stärke, Breite, Länge und Durchmesser sind in mm. Achten Sie bitte darauf, daß sämtliche Vorlagen in diesem Buch durch Copyright geschützt sind und nicht zur Herstellung der Modelle zu Verkaufszwecken benutzt werden dürfen.

Die ganz großen Dinosaurier als Schaukelstuhl, Roller und Schaukel sind zu groß für Vorlagen in dieser Form. Pläne im Maßstab 1:1 lassen sich auf folgende Weise herstellen. Zeichnen Sie ein Raster (Gitternetz) von 2,5 x 2,5 cm auf Zeichenpapier, das es in Fachgeschäften meterweise von der Rolle in größeren Breiten gibt. Numerieren Sie die senkrechten und waagerechten Linien des Rasters auf dem Papier und im Buch übereinstimmend in fortlaufender Reihe. Verfolgen Sie sorgfältig, wo im Buch eine Umrißlinie die Rasterlinie schneidet. Übertragen Sie diesen Schnittpunkt in das Raster auf Ihrem Papier. Wiederholen Sie dies für jeden Schnittpunkt von Umriß- und Rasterlinie. Verbinden Sie dann die gefundenen Punkte einfach mit Hilfe von Kurvenlinealen.

Sie müssen das Raster im Buch noch erweitern, um die genauen Mitten der Bohrungen festzulegen. Sie sollten dabei sehr sorgfältig vorgehen, da eine exakte Übereinstimmung sehr wichtig ist.

Übertragen der Vorlagen

Wenn Sie die Vorlage für das vorgesehene Modell soweit fertig haben, können Sie sie auf zweierlei Weise auf das Holz übertragen.

Als erste Methode bietet sich an, die Vorlage mit Klebesteifen und zwischengelegtem Kohlepapier auf das Holz zu heften und die Umrisse mit einem Stift durchzupausen. Ein Kugelschreiber, der nicht mehr schreibt, ist dafür hervorragend geeignet. Sie können aber auch einen Dübel von 6 mm ∅ zu einer abgestumpften Spitze anschleifen.

Nach der zweiten Methode schneidet man die Vorlage sorgfältig aus und klebt sie mit Tesafilm auf dem Holz fest.

Dann markieren Sie zunächst die genauen Bohrungsmitten, indem Sie mit der Spitze eines Forstnerbohrers oder einem Bohrer von 4 mm ∅ durch die Vorlage ins Holz bohren. Danach sägen Sie das Stück mit der Bandsäge aus.

Bohren

Bei vielen beweglichen Dinosaurier-Figuren werden erst die Löcher gebohrt, bevor die Teile dem Umriß nach ausgesägt werden. Auf diese Weise vermeidet man, daß das Holz platzt, wenn eine Bohrung dicht am Umriß liegen muß.

Immer wenn Sie ganz durch ein Stück bohren müssen, legen Sie ein Stück Abfallholz darunter. So vermeiden Sie ein Aussplittern am Werkstück, wenn der Bohrer unten austritt.

Bei Bohrungen, die groß genug für den Einsatz eines Flachbohrers sind, bohren Sie nur so tief, bis die Spitze des Bohrers gerade eben auf der anderen Seite des Stücks herauskommt. Drehen Sie dann das Stück um und bohren Sie zu Ende, wobei Sie von dem kleinen Loch ausgehen, das die Spitze gemacht hat. So vermeiden Sie ein Aussplittern des Bohrungsrandes.

Die genaue Lage der Bohrungen ist bei beweglichem Spielzeug ganz besonders wichtig. Daher sollten Sie soweit es geht Forstnerbohrer oder Bohrer mit dreikantiger Zentrierspitze verwenden, die beim Anbohren nicht zum Verlaufen neigen.

Abbildung 3
Es ist einfacher, einen Exzenter mit der Welle zu verbohren, wenn sein höchster Punkt unten ist

Abbildung 4
Sie können sich eine praktische Vorrichtung anfertigen, um Löcher durch 25 mm Ø Rundholz zu bohren. Bohren Sie ein Kantholz von der Stirnseite her mit 25 mm Ø auf und halbieren Sie es

Wenn Sie Exzenter und Achsen zusammen verbohren wollen, um den Exzenter in seiner Lage zu verstiften, legen Sie das Spielzeug umgekehrt auf den Tisch der Bohrmaschine, so daß sich der höchste Punkt des Exzenters unten befindet. So können Sie leichter durch beide Teile bohren, ohne daß der Exzenter verrutscht (siehe Abb. 3).

Um Löcher in Rundholz wie z. B. in die Handgriffe der Schaukel für das Befestigen der Taue zu bohren, können Sie sich leicht eine Bohrvorrichtung anfertigen. Bohren Sie in ein Kantholz vom Ende her ein Loch von etwa 25 mm Ø und halbieren Sie das Kantholz. Damit haben Sie eine Mulde, in der das Rundholz beim Bohren sicher ruhen kann (siehe Abb. 4).

Wenn Sie die Bohrungen für Messingstifte bei den beweglichen Miniatur-Dinosauriern herstellen wollen, ist zweierlei zu bedenken. Zum einen kommt es auf die Stärke der Messingstifte (oder der Stifte aus anderem Material) an, die Sie bekommen können. Dann kommt es darauf an, ob sich das Teil um den Stift drehen soll oder ob der Stift darin festsitzt.

Für losen Sitz muß die Bohrung im Durchmesser etwas größer sein als der Stift, für festen Sitz etwas kleiner. Am besten probieren Sie die Passungen erst einmal an Abfallstücken aus, ehe Sie die eigentlichen Teile bohren.

Aussägen der Teile

Das Aussägen der Teile erfolgt weitgehend mit der Bandsäge. Falls nicht anders angegeben, sollte dafür ein Schweifsägeblatt von 5 mm Breite mit 4 bis 6 Zähnen pro Zoll verwendet werden. Dieses Blatt bewältigt recht enge Kurven ohne zu klemmen. Außerdem kann man damit auch gerade Sägeschnitte einigermaßen genau ausführen und einen raschen Vorschub erreichen. Das alles ermöglicht gleichförmige Sägeschnitte entlang den Umrißformen und macht beim Nachputzen weniger Arbeit. Scharfe Ecken, in denen das Sägeblatt nicht wenden kann, erhalten vorher eine entsprechende Bohrung.

Da viele Teile bei diesen Spielsachen relativ dünn sind, müssen Sie wahrscheinlich des öfteren Hölzer auftrennen. Dafür läßt sich aus zwei genau rechtwinklig verbundenen Brettern recht einfach eine Führung anfertigen, die auf den Bandsägentisch gespannt wird (siehe Abb. 5). Zum Auftrennen eignen sich Sägeblätter von 10 oder 12 mm Breite.

Nachdem das Sägeblatt ganz in das zu trennende Stück eingedrungen ist, kann man einen kleinen Keil in die Sägefuge klemmen, der die Fuge offenhält und verhindert, daß das Sägeblatt klemmt (siehe Abb. 6).

Eine Bandsäge ist eine gefährliche Maschine, wenn Sie bestimmte Sicherheitsregeln außer acht lassen. Tra-

Abbildung 5
Als Anschlag für das Auftrennen leimen Sie zwei Bretter rechtwinklig aneinander und klemmen sie parallel zum Sägeblatt auf den Bandsägetisch

Abbildung 6
Ein kleiner Holzkeil hält die Sägefuge offen und verhindert das Klemmen des Sägeblattes

gen Sie deshalb keine Fingerringe, Halsketten oder lose Ärmel, die sich im Sägeblatt verfangen könnten. Tragen Sie eine Schutzbrille und stellen Sie den oberen Sägeblattschutz nicht höher als 6 mm über dem Werkstück ein.

Kommen Sie mit ihren Fingern nicht näher als 4 cm an das laufende Sägeblatt heran. Kleine Teile lassen sich genausogut mit dem Sägebogen aussägen. Wenn ein kleines, vom Werkstück abgetrenntes Holzstück zwischen Sägeblatt und den Schlitz im Sägetisch gerät, stellen Sie die Säge zunächst ab, bevor Sie das störende Stückchen entfernen.

Zwei Schiebeholz-Ausführungen

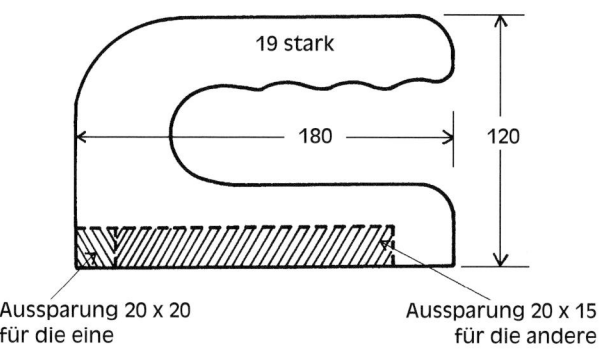

Aussparung 20 x 20
für die eine

Aussparung 20 x 15
für die andere

Abbildung 7
Das Auftrennen dünner Brettchen läßt sich mit einem Schiebeholz sicher ausführen

Ein Tip zum Schluß: Ehe Sie Teile mit der Bandsäge aussägen, prüfen Sie grundsätzlich, ob Sägeblatt und Sägetisch im rechten Winkel zueinander stehen. Dadurch ersparen Sie sich Zeit und Ärger beim Schleifen der Kanten und schließlich erleichtern Sie sich eine genaue Montage.

Sie haben keine Bandsäge?

Mit einer Bandsäge geht die Arbeit rasch voran, es geht aber auch ohne sie.

Mit Sorgfalt, Geduld und Muskelkraft lassen sich die meisten der abgebildeten Spielsachen auch mit dem Sägebogen aussägen. Dazu müssen Sie jedoch das Muster auf beiden Flächen der Hölzer anreißen. Sie stellen die Bohrungen zuerst her und reißen danach das Muster auf der Rückseite an. Dann spannen Sie das Stück ein und achten darauf, daß sich der Schnitt beim Sägen an die Rißlinien auf beiden Seiten hält.

Einige der größeren Modelle können mit einer elektrischen Dekupiersäge ausgesägt werden, wenn man vorsichtig arbeitet.

Bandschleifen

Beim Bandschleifen müssen Sie stets eine Atemmaske, Schutzbrille und Gehörschutz tragen. Sie dürfen keine lose Kleidung und Finger- oder Armringe tragen. Ich verwende einen stationären Bandschleifer, wenn größere Flächen eben geschliffen werden sollen. Wenn Sie einen derartigen Bandschleifer nicht haben, können Sie auch einen Handschleifer mit der Unterseite nach oben einspannen und damit die meisten Flachschleifarbeiten bewerkstelligen. Vorsicht: schleifen Sie keine kleinen Teile auf diesen beiden Geräten. Nur zu leicht schleift man sich die Fingerspitzen ab. Kleine Teile werden von Hand auf einem Bogen Schleifpapier geschliffen, der auf die Arbeitsplatte oder eine andere ebene Fläche geheftet ist.

Um die vom Abrichten und von den Schraubzwingen auf den Werkstücken hinterlassenen Spuren zu entfernen und um eine Fläche zunächst grundsätzlich zu ebnen, verwende ich auf dem stationären Bandschleifer Schleifbänder mit der Körnung 80. Dann folgt der letzte Schliff mit Körnung 120 oder 150. Grundsätzlich muß jedes Schleifen in Richtung der Holzmaserung erfolgen. Schleifbandreiniger können die Standzeit eines Schleifbandes auf das Fünffache verlängern. Sie werden heute schon in den meisten Werkzeugkatalogen angeboten.

Wenn ich von Kantenschleifen spreche, meine ich das Schleifen der Umrisse oder der Silhouette eines Werkstücks an einem Bandschleifer mit 25 mm Bandbreite. Wie beim Flachschleifen wird auch dies in zwei Arbeitsgängen ausgeführt, zunächst mit Körnung 80, dann mit Körnung 120 oder 150. Es empfiehlt sich, Fräsoperationen zwischen diesen beiden Schleif-Arbeitsgängen auszuführen. So werden eventuelle Brandstellen oder Markierungen von der Führung und von dem am Fräser befestigten Kugellager entfernt.

Der letztgenannte Bandschleifer eignet sich sehr gut zum Schleifen von konvexen Kurven, aber bei konkaven Kurven neigen die Kanten des Schleifbandes dazu, sich ins Werkstück einzugraben. Als Abhilfe kann man eine gewölbte Anlage anbringen. Trennen Sie ein Rundholz von 25 mm Ø der Länge nach in zwei Hälften auf und verschrauben Sie die eine Hälfte von hinten mit der flachen Bandanlage. Dabei ist es erforderlich, die Bandanlage so zu kröpfen, daß die aufgeschraubte, gewölbte Anlage wieder genau hinter dem Band liegt (siehe Abb. 8). Eine Lage Wachspapier auf dem Rundholz kann den Einfluß der Reibungswärme vermindern. Auch graphitbeschichtetes Gewebe eignet sich dafür. Trotzdem wird man das halbierte Rundholz von Zeit zu Zeit erneuern müssen. Vielleicht kaufen Sie sich eine zweite Bandanlage für diesen Umbau, dann haben Sie beides zur Hand: eine flache und eine gewölbte Anlage und sind für alle Fälle gerüstet.

Sie haben keine Bandschleifmaschine?

Diese eben genannte Maschine ist nicht sehr teuer, aber Sie können auch ohne sie auskommen. Schleifpapier, um die Feile oder Raspel gewickelt, tut es auch.

Fräsen

Die Oberfräse ist vermutlich das gefährlichste Werkzeug, das ich bei der Anfertigung von Spielsachen einsetze. Dabei ist äußerste Vorsicht geboten. Tragen Sie eine Staubmaske, Schutzbrille und Gehörschutz, wenn Sie mit der Oberfräse arbeiten und bleiben Sie mit Ihren Fingern so weit wie möglich von dem Fräser

Abbildung 8
Ein halbiertes Rundholz von 25 mm Ø auf der Bandanlage ermöglicht das Schleifen von konkaven Konturen. Die zur Maschine gehörende, flache Bandanlage muß zum Ausgleich der Rundholzstärke entsprechend gekröpft werden

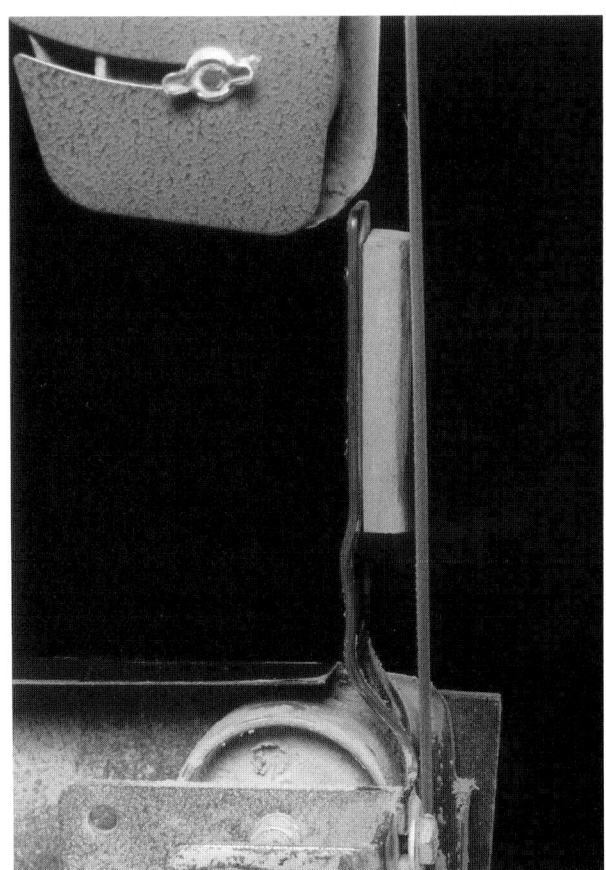

weg. (Wenn in den einzelnen Bauanleitungen von Fräsen die Rede ist, handelt es sich grundsätzlich um das Verrunden von Kanten!)

Entscheiden Sie mit Ihrem gesunden Menschenverstand, an welchen Teilen der Radius mit der Oberfräse geformt werden muß und bei welchen von Hand gearbeitet werden sollte. Es gehören viele kleine Teile zu diesen Spielsachen und manche davon lassen sich mit der Maschine nicht gefahrlos bearbeiten. Ich halte mich an folgende Daumenregel: falls ich in irgendeiner Phase der Bearbeitung mit meinen Fingern näher als 5 cm an den Fräser herankommen muß, arbeite ich lieber von Hand. Erfahrungsgemäß können die Kanten kleiner Teile schneller mit Raspel, Feile und Schleifpapier gerundet werden als mit der Oberfräse. Die beste Verhaltensregel ist immer noch diese: wenn Sie nicht vollständig sicher sind, einen Arbeitsgang mit der Maschine sicher zu beherrschen, dann lassen Sie die Finger davon! Unsere innere, warnende Stimme kann uns bei der Holzbearbeitung sehr nützlich sein, wenn wir nur auf sie hören.

Fräser

Zum Verrunden der Kanten an Holzspielzeug verwende ich ausschließlich Viertelstabfräser. Ich rate zum Kauf eines hartmetallbestückten Fräsers mit Kugellager als Abstandshalter. Dieser Fräser bleibt viel länger scharf als ein HSS-Fräser. Das spart Zeit beim Nachschleifen, senkt die Kosten und verbessert die Nutzung der Maschine. Außerdem ist bei dieser Ausführung die Gefahr von Brandmarken an den Werkstücken geringer. Die Kugellagerführung folgt nämlich der Werkstückkante mit viel langsamerer Drehzahl als der schnellaufende Fräser. So werden Brandmarken an den Werkstückkanten vermieden.

Der Frästisch

Zur Herstellung kleinerer Spielsachen möchten Sie vielleicht Ihre Oberfräse fest eingespannt mit dem Fräser nach oben gerichtet als Tischfräse benutzen. Dazu müssen Sie sich einen Frästisch von etwa 45 x 45 cm Größe kaufen oder selbst anfertigen. Wenn Sie sich den Tisch selbst anfertigen, sollten Sie für die Arbeitsfläche einen harten, glatten Werkstoff wählen (z. B. Formica, Hornitex oder Resopal). Mit etwas Silikonöl eingesprüht, bleibt eine solche Ober-

fläche sehr gleitfähig, so daß sich die Werkstücke leicht darauf bewegen lassen.

Um Ihre Oberfräse an dem Tisch zu befestigen, müssen Sie zunächst die Fußplatte davon abnehmen. Normalerweise muß man dafür lediglich ein paar Schrauben lösen. Verwenden Sie dann diese Schrauben, um die Oberfräse von unten an Ihrem Tisch zu befestigen, so daß der Fräser durch eine Bohrung in der Tischmitte nach oben ragt.

Wenn Sie den Tisch selbst angefertigt haben, müssen Sie die Platte von unten entsprechend der Größe der Fußplatte soweit aussparen, bis die Reststärke der Platte mit der Stärke der Fußplatte übereinstimmt. Dann werden die Löcher für die Schrauben angerissen, gebohrt und die Oberfräse angebracht.

Das Fräsen

Denken Sie daran, daß sich bei Verwendung einer Oberfräse als Tischfräsmaschine der Fräser von oben betrachtet entgegen dem Uhrzeigersinn dreht. Werkstücke müssen von rechts nach links auf der Ihnen zugewandten Seite am Fräser entlang geführt werden (im Uhrzeigersinn). Dann erfolgt der Vorschub der Spanabnahme entgegen. Würden Sie das Werkstück entgegengesetzt am Fräser entlang führen, dann wird es vom Fräser unkontrollierbar weitergetrieben. Der Fräser kann sich sogar im Werkstück verfangen und es Ihnen aus der Hand reißen.

Beginnen Sie nie einen Fräsarbeitsgang an einer konvexen Kante oder an einer Ecke. Der Fräser würde entweder das Holz zersplittern oder es Ihnen aus der Hand reißen. Wenn irgend möglich, sollten Sie an einer geraden oder konkaven Kante beginnen. Vermeiden Sie auch, an Hirnholz anzusetzen, sondern beginnen Sie den Schnitt längs der Holzfaser. Hirnholz ist viel schwerer zu bearbeiten, und der Fräser kann sich dabei leichter verfangen. Halten Sie eine konstante Vorschubgeschwindigkeit beim Fräsen ein. Halten Sie niemals mitten im Schnitt an. Wenn der Fräser auch nur für den Bruchteil einer Sekunde auf der gleichen Stelle läuft, wird das Werkstück dort so warm, daß eine Brandmarke zurückbleibt. Dies ist besonders bei engen Kurven zu beachten, weil dort die Richtungsänderung unwillkürlich zum Verlangsamen des Vorschubs verleitet. Es ist besser, an solchen Stellen mehrere überlappende Schnitte mit zügigem Vorschub auszuführen, als den Vorschub zu verlangsamen und Brandmarken zu riskieren.

Es wird einige Zeit dauern, bis Sie genug Übung haben, um ein Werkstück mit gleichbleibendem Vorschub sicher zu führen. Wenn Sie noch nicht oft mit der Oberfräse gearbeitet haben, begegnen Sie der Gefahr, das Werkstück dabei zu ruinieren, indem Sie den Schnitt in zwei Etappen ausführen. Stellen Sie den Fräser zunächst nur auf die halbe erforderliche Höhe ein und fräsen Sie so die Hälfte des wegzunehmenden Holzes ab. Stellen Sie den Fräser dann auf volle Höhe und tragen Sie den Rest mit einem zweiten Schnitt ab.

Sie haben keine Oberfräse?

Mit einer Oberfräse sind die Konturen freilich schnell fertiggestellt, es geht aber auch ohne sie, allerdings braucht man dann etwas mehr Zeit. Verwenden Sie einfach Raspel und Halbrundfeile oder die Rattenschwanzfeile, um die Kanten zu brechen, dann glätten Sie sie von Hand mit Schleifpapier.

Schleifen von Hand

Im allgemeinen wird das Schleifen von Hand nach dem Maschinenschliff und dem Fräsen ausgeführt. Normalerweise unterteile ich es wie beim Maschinenschliff in zwei Arbeitsgänge. Ich beginne mit Schleifpapier der Körnung 80. Damit lassen sich alle Rauhigkeiten und Brandmarken vom Fräsen wegnehmen. Außerdem verschwinden dabei die quer zur Faser verlaufenden Schleifspuren, die vom Kantenschliff herrühren. Vergessen Sie nicht, daß alle Spuren, die nicht mit dem Schleifpapier der Körnung 80 beseitigt sind, sich auf keinen Fall mit der Körnung 120 entfernen lassen. Greifen Sie daher erst dann zu Schleifpapier mit der Körnung 120, wenn alle Spuren quer zur Faser und alle Rauhigkeiten an den gefrästen Kanten verschwunden sind.

Mit der Körnung 120 oder 150 lassen sich lediglich die Schleifspuren beseitigen, die das Schleifpapier der Körnung 80 hinterlassen hat. Kratzer quer zur Holzfaser, Rauhigkeiten, Spuren vom Abrichter oder der Bandsäge können damit nicht entfernt werden. Denken Sie daran, stets nur in Richtung der Holzmaserung zu schleifen. Wenn ich vom Kantenbrechen spreche, meine ich das vorsichtige Wegnehmen der scharfen Kanten, die durch Fräsen oder Sägen entstanden sind. Mit Schleifpapier der Körnung 120 werden diese scharfen Kanten gerade eben gebrochen.

Schleifpapierarten

Zum Glätten von gefrästen Kanten eignet sich ein relativ biegsames Schleifpapier am besten, zum Kantenbrechen ist steiferes vorzuziehen. Für größere Abtragsleistung, wie z. B. zum Entfernen von Spuren, die die Raspel hinterlassen hat, sind die Gewebebänder der Bandschleifer hervorragend geeignet. Wenn ein solches Band auf einer Bandschleifmaschine ausgebraucht ist, kann man es in Stücke von 8 x 8 cm oder 10 x 10 cm zerschneiden, und diese Stücke sind dann noch fast unbegrenzt lange zum Schleifen von Hand zu gebrauchen.

Leimen und Spannen

Bretter der Breite nach verleimen

Wenn Sie zwei Bretter zum Verleimen vorgesehen haben, müssen Sie die Kanten zunächst bestoßen. Prüfen Sie, ob der Anschlag am Abrichter genau rechtwinklig zum Maschinentisch steht, damit die Kanten der Bretter auch genau rechtwinklig zu den Brettflächen abgerichtet werden. Legen Sie sich genügend Schraubknechte zurecht, um die ganze Länge der Verleimung mit ausreichendem Druck zu spannen. Stellen Sie die Öffnung der Schraubknechte etwas größer ein als die Breite der beiden Bretter zusammen. Legen Sie Wachspapier auf die Schraubknechte, damit kein Leim darauf und auf die Arbeitsfläche tropfen kann.

Stellen Sie die Bretter hochkant auf, mit den zu verleimenden Kanten nach oben. Tragen Sie gleichmäßig Leim auf diese beiden Kanten auf. Ich verteile den Leim mit meinen Fingern, aber vielleicht bevorzugen Sie dafür einen kleinen Pinsel. Vermeiden Sie, daß dabei Leim an den Brettflächen herunterläuft. Mit einiger Übung werden Sie wissen, wieviel Leim Sie angeben müssen und wie Sie ihn verteilen, ohne daß er überall hin läuft und tropft.

Nach Angabe des Leims legen Sie die Bretter sofort in die Schraubknechte. Drücken Sie die Bretter zusammen und fangen Sie an, die Schraubknechte zu spannen. Nehmen Sie die Leimfuge dabei zwischen Ihre Finger, um zu fühlen, ob beide Bretter in einer Ebene bleiben (siehe Abb. 9). Während des Spannens muß entlang der ganzen Leimfuge ein wenig Leim auf beiden Seiten heraustreten. Ist das nicht der Fall, haben Sie einen der folgenden Fehler gemacht: Sie haben

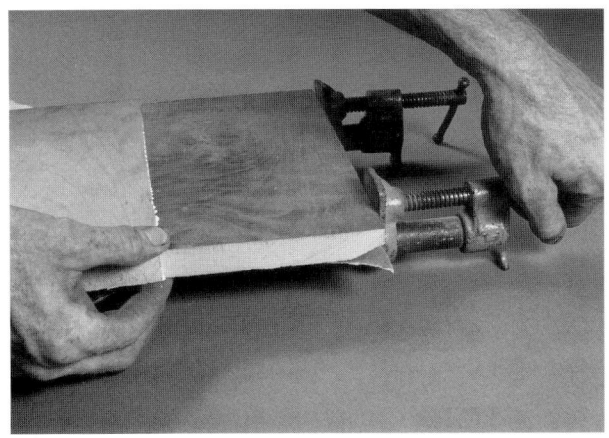

Abbildung 9
Drücken Sie die Bretter an der Leimfuge mit Ihren Fingern zurecht, während Sie mit den Spannknechten den Druck erhöhen

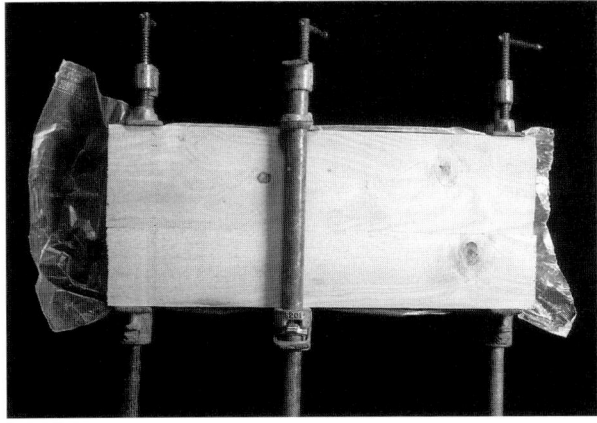

Abbildung 10
Die Fläche bleibt eben, wenn man die Spannknechte auf beide Seiten verteilt

Denken Sie beim Bestoßen daran, das Brett nur auf den Tisch hinter der Messerwelle zu drücken. Wenn Sie es auf den Tisch vor der Messerwelle drücken wollten, würden Sie die einmal vorhandene Form der Kante nicht korrigieren können. Ist das Brett über die hohe Kante gewölbt, bestoßen Sie immer die konkave Kante.

Es gibt zwei Möglichkeiten sicherzustellen, daß Bretter beim Spannen eben bleiben. Die erste besteht darin, Schraubknechte auf beiden Seiten anzusetzen (siehe Abb. 10). Für die meisten in diesem Buch gezeigten Arbeiten wird das ausreichen. Die Spielzeugteile sind relativ klein, und deshalb werden Sie selten mehr als drei Schraubknechte benötigen – einen oben und zwei unten – um breitere Flächen zu verleimen. Dieses wechselseitige Ansetzen der Schraubknechte verhindert, daß sich die Bretter in der Mitte hochwölben.

Wenn Sie jedoch sehr breite Flächen oder besonders dünne Brettchen verleimen, müssen Sie schon etwas mehr tun, damit die Fläche eben bleibt. In solchen

Abbildung 11
Leisten, an den Enden der Bretter auf beide Seiten gespannt, halten die Fläche eben

nicht ausreichend Leim angegeben, Sie haben die Schraubknechte nicht kräftig genug gespannt, Sie haben zu wenig Schraubknechte angesetzt oder die Kanten waren nicht einwandfrei bestoßen.

Die drei ersten Fehler können leicht behoben werden. Wenn es an dem Bestoßen der Kanten liegen sollte, kratzen Sie den Leim ab und bestoßen Sie sie erneut. Sollten Sie beim Bestoßen Schwierigkeiten haben, dann prüfen Sie zuerst an der Abrichtmaschine die Fluchtung von Tischoberfläche und Hobelmessern.

Fällen legen Sie zunächst Wachspapier um die Brettenden. Dann spannen Sie mit Schraubzwingen Leisten mit mindestens 25 mm Höhe von oben und unten auf die Brettenden (siehe Abb. 11).

Den herausgequetschten Leim entfernen Sie am besten 20 bis 30 Minuten nachdem Sie die Spannwerkzeuge angezogen haben. Der Leim sollte dann die Konsistenz von Hüttenkäse haben und gerade anfangen zu erhärten. In diesem Zustand läßt er sich leicht mit einem Stecheisen entfernen ohne zu schmieren. Wenn Sie ihn zu früh entfernen, drücken Sie dabei unwillkürlich etwas Leim in die Holzporen. Dadurch werden später das Schleifen und die Oberflächenbehandlung erschwert. Wenn Sie dagegen mit dem Entfernen des Leims zu lange warten, sind die Leimtropfen bereits hart geworden und haben sich fest mit dem Holz verbunden. Dann neigen sie dazu, kleine Holzteilchen mit herauszureißen, wenn man sie abkratzt.

Gewöhnlich lasse ich die Bretter insgesamt 45 bis 60 Minuten eingespannt. Bevor man an diesen Werkstücken weitere Arbeitsgänge ausführt, läßt man am besten den Leim über Nacht vollständig abbinden.

Verleimen von Flächen

Zu verleimende Flächen müssen vollständig eben sein. Alle stärkeren Spuren vom Abrichten oder Sägen sollten vor dem Verleimen entfernt werden. Schleifpapier mit der Körnung 80 reicht zum Glätten von Flächen, die ja nach dem Verleimen nicht mehr sichtbar sind, völlig aus.

Auch hier sagt Ihnen Ihre Erfahrung, wieviel Leim Sie angeben müssen. Herausquellender Leim ist z. B. bei der oberen Kante des Kopfes vom Tyrannosaurus völlig belanglos. Er verschwindet von selbst, da diese Partie noch geschliffen oder gesägt wird.

In anderen Fällen, z. B. bei der Rückenflosse des Dimetrodons, ist das Holz für kräftiges Schleifen zu dünn. Hier sollten Sie den Leim nur dünn auf das anzuleimende Stück geben und von den Kanten zur Mitte hin verteilen. Dann wird nur sehr wenig Leim aus der Fuge quellen.

Bringen Sie die Teile lagegenau zusammen, damit Sie sie nicht noch verschieben müssen und dabei mit Leim beschmierte Partien freilegen. Drücken Sie die Teile fest aneinander, ehe Sie sie einspannen. Die da-

durch erzeugte Haftung verhindert ein Verrutschen beim Spannen.

Wenn die Stellen, an denen Sie die Zwingen ansetzen, Sichtflächen sind, die nicht noch einmal geschliffen werden, legen Sie etwas dazwischen, um Druckstellen auf dem Holz zu vermeiden. Sie können dafür Holzplättchen oder Gummipolster verwenden oder auch Lederstücke auf die Spannflächen der Zwingen kleben, um das jedesmalige Ausrichten der Beilagen zu vermeiden.

Beim Ansetzen der Zwingen sollten Sie sie leicht hin und her bewegen, damit die Spannflächen satt aufliegen. So verhindern Sie, daß die zu verleimenden Teile beim Spannen anfangen zu verrutschen. Es ist auch gut, die Öffnung der Zwingen auf das ungefähre Maß einzustellen, ehe man Leim an die Teile angibt. Sonst könnten die aneinander gedrückten Teile wieder auseinanderfallen, während man mit den Zwingen hantiert.

Dübel einleimen

Soll ein Dübel durchgehend in ein Teil geleimt werden, ist er so auf Länge zu schneiden, daß er auf beiden Seiten etwas vorsteht. Dann kann man den Überstand nachher absägen und den Dübel sauber mit der Fläche schleifen.

Ehe Sie den Dübel einleimen, legen Sie zunächst Wachspapier unter Ihr Werkstück. Mit einem Streichholz, Zahnstocher oder der Tülle des Leimspenders bringen Sie gleichmäßig Leim auf die Wandung der Bohrung. Wiederum ist es Erfahrungssache, wieviel Leim man angeben muß. Legen Sie dann das Werkstück flach auf das Wachspapier und treiben den Dübel hinein, so daß er auf beiden Seiten etwas übersteht. Ein Hammer von 500 g oder 600 g hat die richtige Masse, um den Dübel leicht einzutreiben, ohne ihn zu deformieren oder splittern zu lassen. Wischen Sie den vom Dübel herausgedrückten Leimüberschuß ab und lassen Sie die Verleimung abbinden. Anschließend sägen Sie die überstehenden Enden ab und schleifen den Dübel mit der Fläche eben. Schleifen Sie die Dübelenden nicht mit zu großem Druck, sonst bekommt das Hirnholz dort leicht Brandstellen.

Befindet sich ein Dübelloch nahe der Kante eines Teils, ist es ratsam, das Dübelloch zu bohren und den Dübel einzusetzen, ehe man den Umriß aussägt. Dadurch vermeidet man, daß beim Einschlagen des Dübels Teile an der schmalsten Stelle abplatzen.

Wenn Sie einen Dübel in ein Sackloch leimen wollen, dürfen Sie nicht zu viel Leim in das Loch bringen. Sonst würde sich der Dübel nicht richtig einsetzen lassen und die Verbindung wäre nicht ausreichend fest. Es reicht, wenn lediglich das Dübelende Leim erhält, außerdem sollten Sie den Dübel mit einigen Längsrillen versehen. Die Rillen können mit einem Geißfuß oder einer Reißahle angebracht werden, sie lassen sich auch mit einer Kombizange in den Dübel eindrücken. Durch die Rillen entweicht überschüssiger Leim aus dem Dübelloch, so daß der Dübel ganz hineingetrieben werden kann. Geriffelte Dübelhölzer aus Buche gibt es auch als meterlange Stäbe in allen gängigen Stärken zu kaufen.

Abbildung 12
Eine Abstandslehre garantiert das Einhalten von genügend Spielraum, wenn bewegliche Teile mit Zapfen oder Nägeln angebracht werden

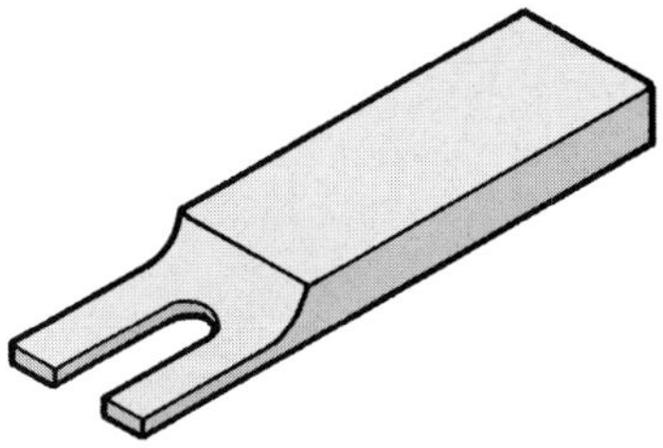

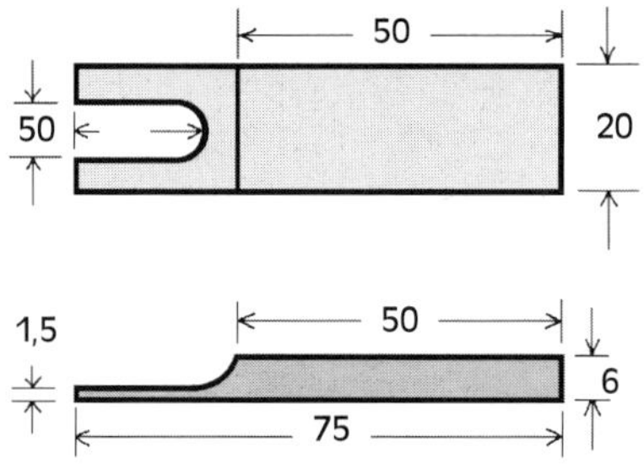

Zapfen einleimen

Das Verleimen von Zapfen an einem Spielzeug gleicht dem Einleimen eines Dübels in ein Sackloch, jedoch mit einem wichtigen Unterschied. Werden zwei Teile eines Spielzeugs mit einem Zapfen verbunden, dann muß zwischen dem Kopf des Zapfens und dem anschließenden Teil etwas Luft bleiben. Ist das nicht der Fall, dann bewegt sich das Teil nicht. Wenn Sie erst etwas Übung haben, werden Sie das automatisch einkalkulieren können. Wenn Sie aber gerade erst mit der Anfertigung von Spielsachen beginnen, machen Sie sich am besten eine Abstandslehre. Diese Lehre garantiert Ihnen stets einwandfreie Passungen (siehe Abb. 12). Die Lehre kann auch verwendet werden, wenn Teile mit Nägeln verbunden werden sollen.

Bedenken Sie, daß Zapfen für die verschiedenen Zwecke unterschiedliche Länge haben müssen. Die Länge wird vom Zapfenende bis zur Unterseite des Kopfes gemessen. Die erforderliche Länge setzt sich zusammen aus der Tiefe des Zapfenloches plus der Stärke des Teils, durch das der Zapfen geht, plus dem Maß der Luft zwischen den Teilen minus 0,4 bis 0,8 mm für den Leim auf dem Grund der Bohrung.

Räder auf Achsen leimen

Ehe Sie die Achsen für die Spielzeuge ablängen, vergleichen Sie das Maß noch einmal mit der Angabe auf der Materialliste. Die Länge einer Achse setzt sich zusammen aus der Stärke der Räder plus der Stärke des Teils, durch das die Achse geht, plus der erforderlichen Luft zwischen den Teilen plus weiterer 1,5 bis 3 mm, damit die Achse beim Verleimen an beiden Rädern etwas außen vorsteht. Die Länge der Achsen wird leicht differieren, je nachdem wieviel Sie von den Einzelteilen vor dem Zusammenbau durch Schleifen abgetragen haben.

Die Leimverbindung zwischen Achse und Rad muß so fest sein, wie es geht. Zur Erhöhung der Festigkeit sollten Sie einige Rillen in die Achsen ritzen, und zwar dort, wo später die Räder darauf sitzen. In diesen Rillen bleibt dann mehr Leim haften, wenn die Räder auf die Achsen gepreßt werden.

Einige Spielwarenhersteller empfehlen, die mittlere Partie der Achsen mit Paraffin einzureiben. Dadurch wird die Reibung zwischen der Achse und dem Teil, durch das sie geht, verringert. Wenn Sie Ihre Spielsachen wie ich aus hartem, dichtem Holz anfertigen, z. B. aus Kirschbaumholz, ist das nicht erforderlich. Falls Sie jedoch faseriges Weichholz nehmen, trägt das Einreiben mit Paraffin dazu bei, daß sich die Räder leichter drehen und der Verschleiß der Achse in der Bohrung herabgesetzt wird. Achten Sie jedoch darauf, daß kein Paraffin auf diejenigen Partien der Achsen gelangt, auf denen die Räder verleimt werden sollen.

Ehe Sie die Räder auf die Achsen leimen, legen Sie wieder ein Stück Wachspapier auf Ihre Werkbank. Legen Sie alle Räder mit der Innenfläche nach oben auf das Papier. Benutzen Sie ein Streichholz oder die Tülle des Leimspenders, um gleichmäßig Leim auf die Wandungen der Bohrungen aufzutragen. Bereiten Sie so nicht mehr Räder vor als Sie in 5 Minuten montieren können, sonst fängt der Leim in den Bohrungen an abzubinden und die Verleimung erhält nicht die optimale Festigkeit.

Treiben Sie die Achse in die Bohrung des Rades bis Sie fühlen, daß die Achse auf die Werkbank stößt. Drehen Sie die Achse mit Rad um und entfernen Sie sorgfältig allen herausgequollenen Leim. Dazu drehen Sie die Achse und drücken einen Finger ein wenig oberhalb des Mittelpunkts dagegen. Ihr Finger wird sich beim Drehen langsam zur Mitte hin bewegen und den Leim abwischen, ohne ihn auf das Rad zu schmieren (siehe Abb. 13).

Führen Sie dann die Achse durch die zugehörige Bohrung und setzen Sie das verleimte Rad auf die Werkbank, so daß die Achse nach oben zeigt. Treiben Sie das zweite Rad auf die Achse, bis diese ein wenig vorsteht. Entfernen Sie den herausgequollenen Leim wie bei dem ersten Rad. Wischen Sie dann den Leim von der Hammerbahn und von Ihren Fingern ab – ich habe dafür immer einen Lappen auf meiner Werkbank parat. Lassen Sie die Verleimung abbinden und schleifen Sie die Achsenden bündig mit den Radnaben.

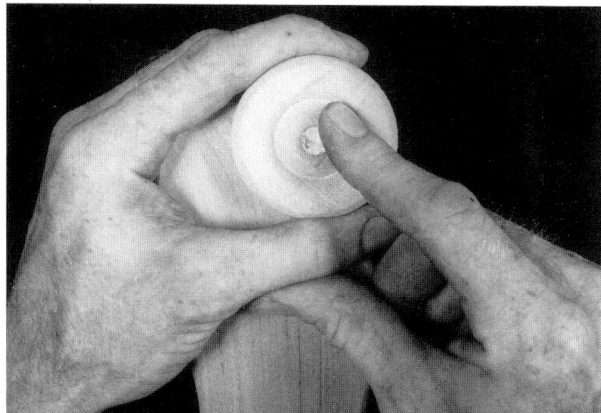

Abbildung 13
Überschüssigen Leim entfernen Sie, ohne ihn auf das Rad zu schmieren, indem Sie Ihren Finger zur Achsmitte hin bewegen und langsam drehen, während Sie das Rad ebenfalls drehen

Oberflächenbehandlung

Für die Oberflächenbehandlung meiner Spielzeuge verwende ich Watco Danish Oil. Es ist einfach in der Anwendung, und nach jedem Auftrag braucht man nur den Überschuß abzuwischen. Nach dem Trocknen ist es ungiftig. Es belebt die natürliche Struktur des Holzes, ohne auf der Oberfläche einen Film zu bilden. Durch sein Eindringen und Aushärten verleiht es dem Spielzeug einen gewissen Schutz gegen Abnutzung und Schmutz. Es bilden sich jedoch Flecken, wenn das Spielzeug naß geworden ist.

Vergessen Sie nicht, bei der Verarbeitung von Watco Handschuhe zu tragen, da es Hautreizungen verursachen kann, solange es noch flüssig ist. Wenn Sie Watco nicht bekommen können, fragen Sie Ihren Farbenhändler nach einem vergleichbaren Produkt.

Behandlung von je einem Spielzeug

Wenn Sie nur ein Spielzeug zur Zeit anfertigen, ist es am einfachsten, das Öl mit einem Pinsel aufzutragen. Bei den meisten Einlaßölen wird empfohlen, sie mit Schleifpapier einzuarbeiten. Das ist bei diesen Spielsachen schwierig, da sie so viele kleine Flächen haben. Mit einem Pinsel können Sie mit nur wenig Mühe alle Ritzen und Vertiefungen erreichen. Geben Sie dem Öl eine halbe Stunde Zeit einzuziehen und wischen Sie dann den Überschuß ab, ehe er klebrig wird und schlecht zu entfernen ist. Anschließend tragen Sie ein zweites Mal Öl auf und wiederholen den Vorgang. Lassen Sie es über Nacht trocknen und bringen dann den letzten Auftrag an. Das überschüssige Öl wischen Sie wieder ab, ehe es klebrig wird. Wenn Sie wollen, können Sie das Spielzeug nun mit einem guten Hartwachs einreiben.

Behandlung von mehreren Spielzeugen gleichzeitig

Wenn Sie mehrere Spielsachen zusammen anfertigen, ist das Tauchverfahren zum Ölauftrag am besten geeignet. Tauchen Sie die Teile aber nicht in den 20 Liter Kanister, in dem Sie das Öl gekauft haben. Sie müßten ihn dazu oben öffnen, dann würde das Lösemittel verdunsten, das Öl allmählich dick werden und nicht mehr richtig ins Holz einziehen können. Öffnen Sie daher nur die Schraubkappe und gießen soviel Öl in einen Plastikeimer, daß sich die Spielsachen gerade darin untertauchen lassen.

Ich habe mir eine einfache Rinne angefertigt, in der die getauchten Teile abtropfen können, so daß das abgetropfte Öl in den Eimer zurückfließt (siehe Abb. 14). Das erste Spielzeug wird nach dem Tauchen direkt neben dem Eimer in die Rinne gelegt. Nach dem Tauchen des zweiten wird das erste in der Rinne etwas weiter aufwärts gerückt, das zweite kommt an seinen Platz und so weiter. So kann ein Großteil des überschüssigen Öls in den Eimer zurücklaufen, ehe ein Spielzeug am oberen Ende der Rinne angekommen ist. Von dort werden sie einzeln entnommen und zum Einziehen des verbleibenden Öls auf eine saubere Unterlage gelegt.

Bei diesem Ablegen müssen Zahnstocher zwischen alle beweglichen Teile gesteckt werden, damit sie nicht mit ihren Flächen zusammenkleben. Sonst würde dort das Öl auch nicht richtig einziehen können und Rückstände auf den Flächen bilden. Es empfiehlt sich auch, die Spielsachen zu wenden. Ruhten sie in der Rinne z. B. auf den Rädern, dann legen Sie sie jetzt mit den Rädern nach oben ab.

Wischen Sie überschüssiges Öl nach einer halben Stunde mit einem Lappen ab. Sie brauchen dabei nicht viel zu reiben, wischen Sie nur die nassen Stellen trocken. Sehr wichtig ist dagegen, was für einen Lappen Sie verwenden. Am besten eignet sich Baumwolle, z. B. von einem alten T-Shirt. Sie saugt gut auf und fusselt nicht. Kunstfasern sind ganz schlecht geeignet. Haben Sie zu lange gewartet und das Öl hat schon begonnen, klebrig zu werden, dann feuchten Sie den Lappen mit frischem Öl an, so daß er den klebrigen Überschuß anlöst, der sich dann wegwischen läßt. Achten Sie besonders auf Flächen, die sich trotz aller Vorsicht berührt haben können – etwa zwischen Rädern und Körper, hinter Teilen, die sich auf Zapfen bewegen sollen. Gießen Sie dann das Öl aus dem Eimer in den Kanister zurück und lassen Sie die Spielsachen über Nacht trocknen.

Wiederholen Sie das ganze am nächsten Tag. Lassen Sie die Spielsachen aber diesmal nach dem Abwischen noch eine halbe Stunde stehen und reiben Sie sie dann kräftig ab.

Bemalen

Die meisten großen Spielsachen müssen aus Sperrholz angefertigt werden, zum Schutz des Holzes ist daher ein Farbüberzug unerläßlich. Sie sollten die Teile grundieren, bevor Sie die Bemalung festlegen. Achten Sie darauf, daß keine Farbe in Lagerbohrungen gelangt, sonst bewegen sich die Teile später nicht mehr. Tragen Sie mehrere Lagen Farbe auf alle Hirnholzstellen auf, da sie in Hirnholz stark einzieht. Es ist ratsam, die Oberflächen vor jedem neuen Farbauftrag mit Schleifpapier der Körnung 120 aufzurauhen, damit die Haftung der nächsten Schicht verbessert wird.

Spielzeug für draußen sollte in alle Bohrungen für Taue und die Lagerbohrungen ein wenig Polyurethan-Lack bekommen, damit der Einfluß von Feuchtigkeit möglichst gering gehalten wird.

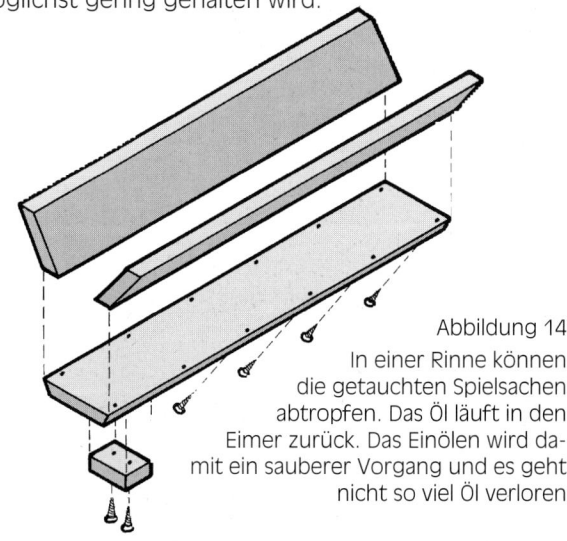

Abbildung 14
In einer Rinne können die getauchten Spielsachen abtropfen. Das Öl läuft in den Eimer zurück. Das Einölen wird damit ein sauberer Vorgang und es geht nicht so viel Öl verloren

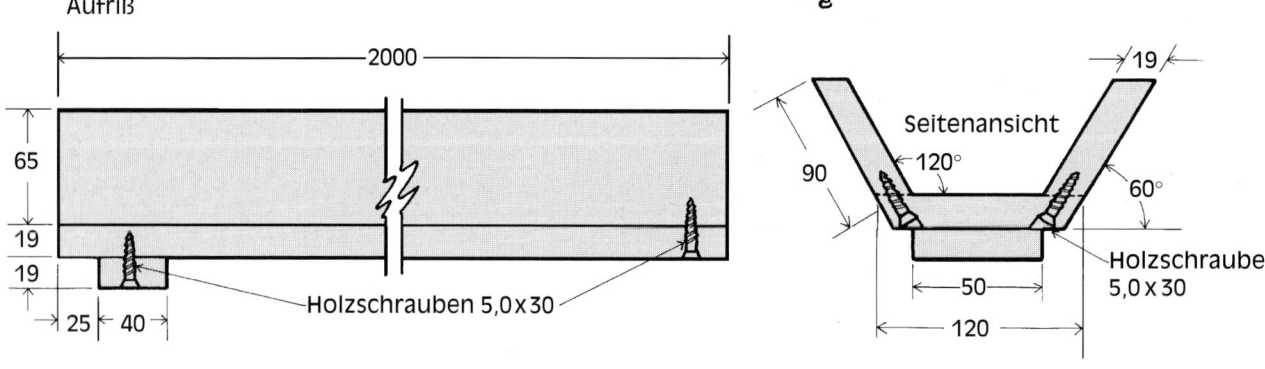

Die Modelle

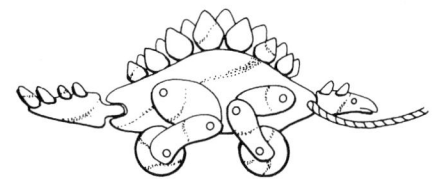

Der Stegosaurus

Das interessanteste Merkmal am Stegosaurus war, daß er sozusagen eine eingebaute Klimaanlage besaß. Durch Aufrichten oder Einziehen seiner riesigen Knochenplatten auf dem Rücken konnte er seine Körpertemperatur regulieren. Morgens richtete er die Platten auf, um die ersten Sonnenstrahlen voll aufzunehmen, in der Mittagshitze zog er sie wieder ein.

Wie funktioniert er?

Ich habe ihn als Spielzeug zum Ziehen entworfen, da er so viele Knochenplatten besitzt, daß man ihn praktisch nirgends richtig anfassen kann. Die Exzenter auf der hinteren Achse sorgen für die Auf- und Abbewegung der beiden Rückenteile mit den Knochenplatten. Der Exzenter auf der vorderen Achse läßt ihn den Kopf suchend heben und senken.

Durch die exzentrisch auf der Achse sitzenden hinteren und die großen Räder vorn neben dem Exzenter schwankt sein massiger Körper beim Ziehen schwerfällig von einer Seite auf die andere, während sein Schwanz bedrohlich hin und her schwingt. Die Beine sind mit den Rädern verzapft und bewegen sich ebenfalls (siehe Abb. 1).

Dieses Spielzeug ist so beweglich wie es nur sein kann, und Sie sollten mit Geduld und Sorgfalt an seine Anfertigung gehen. Es gibt dabei keine eigentlichen Schwierigkeiten, aber es sind so viele kleine Einzelteile, und bei den zahlreichen beweglichen Teilen ist deren Anbringung an richtiger Stelle ganz entscheidend.

Die Seitenteile für den Körper

Da die Lagerbohrungen vorn an den Seitenteilen (A) innen liegen (und nicht ganz durchgebohrt sind), muß der gesamte Riß auf die Innenflächen der beiden Werkstücke übertragen werden. Beachten Sie, daß der Schlitz hinten im Körper für den Schwanz erst nach der Montage ausgesägt wird. Sägen Sie die Umrisse aus und legen Sie die beiden Teile deckungsgleich aufeinander. So zusammengelegt bearbeitet können Sie sicher sein, daß die Achsbohrungen genau fluchten werden. Bringen Sie also die Bohrungen für die Achsen und die Zapfenlöcher für die vorderen und hinteren Oberschenkel (Q, S) an. Legen Sie dann beide Körperhälften nacheinander mit der Innenfläche nach oben auf den Tisch der Bohrmaschine. Da der hinten befindliche Führungsschlitz später von den Oberschenkeln verdeckt wird,

Abbildung 1
Wenn eine Körperhälfte entfernt ist, kann man deutlich sehen, wie Rückenteil und Kopf von den Exzentern bewegt werden (beachten Sie auch das Schwenkrad hinter dem Kopfstück)

können die Löcher dafür ganz durchgebohrt werden. Legen Sie ein Stück Abfallholz unter die Körperhälften und bohren Sie mit einem Bohrer von 14 mm Ø das obere und untere Ende der Schlitze, in denen die Führungsstifte der Rückenteile (D) auf und ab geführt werden sollen. Stechen Sie das Holz zwischen den Bohrungen sorgfältig aus.

Die Bohrungen von 12 mm Ø, in denen die Knoten der Ziehleine verschwinden sollen (innen in den Körperhälften), reichen nur bis auf halbe Tiefe. Entsprechend ist der Anschlag an der Bohrmaschine einzustellen. Lassen Sie den 12-mm-Bohrer noch in der Maschine. Stellen Sie den Tiefenanschlag jetzt so ein, daß die Lagerbohrungen für den Kopf (B) und die Rückenteile vorn so tief wie möglich gebohrt werden können, ohne ganz hindurchzugehen. Zum Schluß bohren Sie mittig in den Bohrungen für die Knoten der Ziehleine mit einem 6-mm-Bohrer ganz hindurch, wobei ein Stück Abfallholz untergelegt wird, damit beim Durchbohren der Bohrungsrand nicht aussplittert. Es folgt das Flachschleifen der Innen- und Außenseiten beider Teile. Dann schleifen Sie, mit Ausnahme der Stellen, an denen die Zwischenstücke (F, G) eingefügt werden (Bauch- und Schwanzpartie), die Kanten am ganzen Umfang. Bei den Zwischenstücken werden die Kanten erst nach der Montage geschliffen. Fräsen Sie dann entlang der gleichen Kanten, wieder mit Ausnahme der Abschnitte bei den Zwischenstücken. Schließlich schleifen Sie die inneren Kanten von Hand,

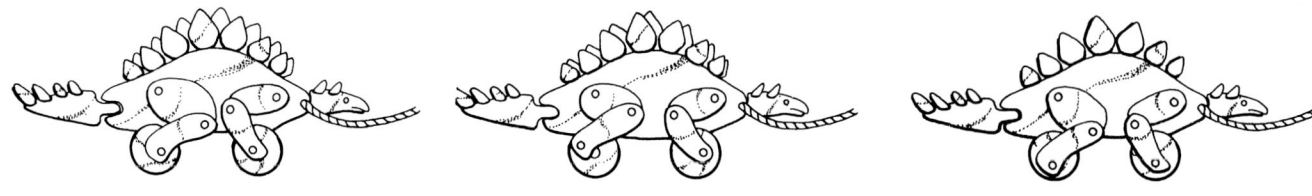

wobei Sie wiederum acht geben müssen, sie nicht im Bereich der Zwischenstücke zu brechen, da es dort sonst nach der Montage Ritzen geben würde. Jetzt sind diese Teile zur Montage fertig.

Der Kopf

Zeichnen Sie den Kopf auf 22 mm starkes Holz auf. Bohren Sie das Loch für die Augen und die Bohrung von 10 mm ⌀ für die Drehwelle (CC). Leimen Sie einen Dübel von 6 mm ⌀ (EE) in das Augenloch und schleifen Sie ihn bündig, damit das Werkstück glatt auf dem Tisch der Bandsäge liegen kann. Sägen Sie den Umriß aus. Nach dem Schleifen der Flächen wird der Umriß geschliffen und gefräst.

Reißen Sie das hintere Kopfende in der Draufsicht und Seitenansicht an und sägen Sie die Abfallstücke weg, so daß dieser hintere Teil des Kopfes zwischen die beiden dünnen Räder auf der vorderen Achse paßt. Mit der Bandsäge für die Längsschnitte und einer Rückensäge für die Schnitte quer zur Faser wird der Abfall entfernt.

Es muß im Körper so viel untergebracht werden, daß der hintere Teil des Kopfes nicht groß genug gemacht werden kann, um dem Gewicht des vorderen Teils die Waage zu halten, also muß das Gewicht hinten auf andere Weise erhöht werden. Dafür eignen sich 5 mm starke Nägel hervorragend. Kürzen Sie drei davon mit einer Bügelsäge auf passende Länge und sägen Sie auch den Nagelkopf ab. Spannen Sie das Kopfstück entsprechend an der Bohrmaschine ein und bohren Sie die drei Löcher für die Nägel. Mit Epoxyd- oder Allzweckkleber werden die Nägel in den Löchern befestigt.

Bohren Sie die Löcher mit 6 mm ⌀ für die Knochenplatten (N). Sie müssen dafür einen Forstnerbohrer oder einen anderen Bohrer mit dreikantiger Spitze nehmen, damit der Bohrer nicht verläuft. Man kann das Werkstück entweder auf der Bohrmaschine in einen V-förmig ausgeschnittenen Holzklotz legen, um es in die Schräglage von 45° zu bringen und genau auf Mitte der gefrästen Rundung zu bohren, oder nach Augenmaß mit der elektrischen Handbohrmaschine bohren.

Die Länge der Drehwelle mit 10 mm ⌀ richtet sich danach, was für einen Bohrer Sie zum Bohren der Lagerbohrung benutzt haben und wie tief die Bohrungen sind. Sie wird zwischen 38 und 44 mm liegen (32 mm Zwischenraum plus Tiefe der beiden Bohrungen minus etwas Luft). Sägen Sie die Drehwelle auf Länge, runden Sie die Enden ab und leimen Sie sie genau zentriert in den Kopf ein.

Zum Schluß werden alle Kanten einschließlich des Maulschlitzes von Hand geschliffen.

Der Schwanz

Zeichnen Sie die Seitenansicht auf 44 mm starkes Holz (C). Sägen Sie den Umriß aus und schleifen Sie die Kanten. Dann wird die Draufsicht aufgezeichnet und ausgesägt, wobei Sie das vordere Ende beim Sägen der halbkreisförmigen Schwenkpartie mit einem Stück Abfallholz unterstützen müssen.

Unterstützen Sie dieses Ende auch, wenn Sie die Bohrung von 11 mm ⌀ für die Drehwelle (Z) sorgfältig herstellen. Es ist entscheidend, daß diese Bohrung exakt senkrecht ist, damit sich der Schwanz später wie vorgesehen bewegen kann. Als nächstes schleifen Sie alle Flächen und fräsen die Kanten bis auf den Schwenkbereich vorn, wo das Fräsen die Partie um die Bohrung herum schwächen würde. Dann bohren Sie die Löcher für die Knochenplatten genau so wie beim Kopf, achten aber darauf, daß die vier am Schwanzende stehenden nach hinten geneigt sind.

Die Rückenteile

Das rechte und das linke Rückenteil (D, E) sind nicht identisch, man darf sie also nicht verwechseln. Die oben angebrachten Knochenplatten sind gegeneinander versetzt, dies richtet sich nach der Position der Platten auf dem Kopf (siehe Abb. 1). Außerdem ragt der Führungsstift beim linken Teil nur links und beim rechten nur rechts heraus.

Die Teile werden angerissen, die Löcher gebohrt und der Umriß ausgesägt. Für das Anbringen der Knochenplatten müssen die Lochmitten sorgfältig von den Flächen auf die Kanten übertragen und, damit der Bohrer nicht verläuft, angekörnt werden.

Jeweils ein Rückenteil wird zwischen zwei Bretter gepannt, damit die Löcher auch genau rechtwinklig zur Kante gebohrt werden können. Dazu ist es notwendig, das Rückenteil für jedes Loch einzeln

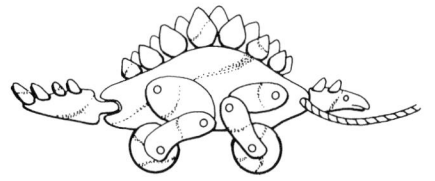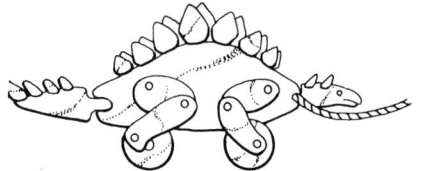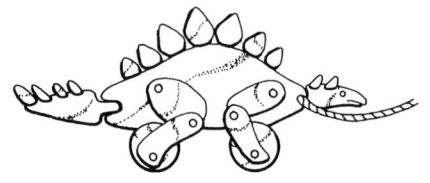

Abbildung 2
Die Dübellöcher lassen sich exakt in die Knochenplatten bohren, wenn die Rohlinge auf dem Tisch der Bohrmaschine zusammengespannt sind

genau zwischen den Brettern auszurichten. Wenn alle Löcher gebohrt sind, folgt das Schleifen der Flächen, der Kanten und der letzte Schliff von Hand.

Als nächstes nehmen Sie sich die Knochenplatten vor. Es sind insgesamt 26 Platten, also sollte man 30 gleiche Rohlinge (ein paar als Reserve) 45 x 52 mm und 12 mm stark vorbereiten. Sägen Sie dann von 12 mm starkem Holz einige Leisten von 800 mm Länge und 45 mm Breite zurecht und längen Sie diese an der Bandsäge mit Hilfe des Winkelanschlags auf Stücke von 52 mm ab. Am besten spannt man sie dann zu je 15 Stück mit einer Hirnseite nach oben auf der Bohrmaschine ein. Die Mittellinie wird über alle Stücke gemeinsam angerissen und dann muß noch bei jedem einzelnen Stück die Mitte seiner Stärke nach markiert werden. Stellen Sie den Tiefenanschlag der Bohrmaschine für die erforderliche Tiefe ein und bohren Sie sorgfältig alle Löcher von 6 mm Ø (siehe Abb. 2).

Zeichnen Sie die Umrisse aller Platten auf diese Rohlinge, wobei Sie darauf achten, daß die Hirnholzkante mit dem Loch genau die Grundlinie der Platte bildet, daß das Loch sich exakt in der Mitte befindet und daß die Platte senkrecht zur Grundlinie ausgerichtet ist.

Ein Dübel von 6 mm Ø kann jeweils als Griff in die Löcher gesteckt werden, um die Teile gefahrlos an der Bandsäge auszusägen und ihre Kanten schleifen zu

können. Falls Ihnen das selbst mit dem Griff bedenklich vorkommt, sägen Sie die Teile lieber mit dem Sägebogen aus und schleifen Sie sie von Hand.

Wenn alle Löcher auf gleiche Tiefe gebohrt wurden, sollten die Dübel mit 6 mm Ø zur Befestigung der Platten alle gleichlang sein können. Fasen Sie die Dübelenden vor dem Zusammenbau an und geben Sie nicht zuviel Leim in die Löcher der Rückenteile und der Platten.

Beim Anbringen der Platten an Kopf und Schwanz muß sorgfältig auf Einhaltung der richtigen Richtung geachtet werden. Man kann die Rückenteile mit den frisch montierten Platten auf einer glatten Fläche ausrichten, um sicherzugehen, daß alles in einer Ebene liegt. Wenn die Platten auf den Rückenteilen verdreht sind, stört das später die einwandfreie Bewegung der Teile.

Nun können die Führungsstifte (BB) hinten an den Rückenteilen angebracht werden. Sie sollten etwas weniger herausragen als die Tiefe der Führungsschlitze in den Körperhälften beträgt. Runden Sie das äußere Ende der Stifte ab und sorgen Sie dafür, daß der innere Abschluß ganz bündig ist.

Die vordere Drehwelle ist 32 mm lang plus die Summe der zugehörigen Bohrungstiefen minus etwas Luft. Nach dem Ablängen wird jedes Ende sauber glattgeschliffen und genau in der Mitte ein Loch von 5 mm Ø quer hindurchgebohrt. In dieses Loch wird ein Dübel von 13 mm Länge geleimt, so daß beide Enden gleichweit herausragen. Seine Enden werden abgerundet. Dieser Dübel soll die beiden Rückenteile vorn auseinander halten.

Beine und Zwischenstücke

Reißen Sie alle acht Beinteile (Q, R, S, T) an und bohren Sie die Löcher mit 7 mm Ø und 6 mm Ø wie angegeben. Schleifen Sie die Flächen und Kanten an den Bandschleifern und brechen Sie die scharfen Kanten mit Schleifpapier von Hand. Setzen Sie sie zu spiegelbildlichen Paaren zusammen und achten Sie auf genügend Luft für leichte Beweglichkeit.

Reißen Sie die beiden Zwischenstücke (F, G) auf Holz mit 32 mm Stärke an. Denken Sie daran, daß der Schlitz in das hintere Zwischenstück erst nach der Endmontage gesägt wird.

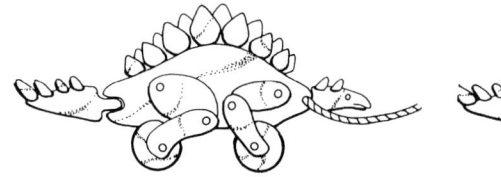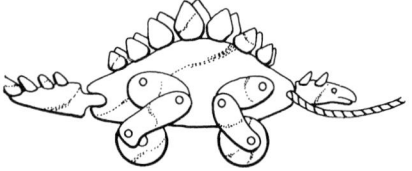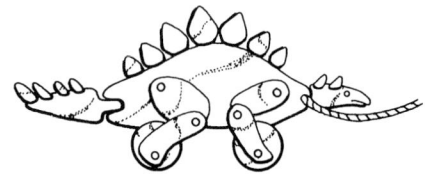

Ich empfehle Ihnen, die Zwischenstückflächen nicht auf der Maschine zu schleifen, da sie dabei leicht ungleich werden können, das würde die Passung beeinträchtigen. Schleifen Sie an beiden Stücken nur die Kanten.

Die Räder und Exzenter

Bei den hinteren Rädern (H) werden eventuell vorhandene Achsbohrungen ausgefuttert und neue Bohrungen außermittig angebracht. Dann müssen noch die Zapfenlöcher von 6 mm Ø in alle vier Räder gebohrt werden.

Die beiden großen, vorn verdeckt sitzenden Räder (U) werden aus 6 mm starkem Holz mit einem Kreisschneider, mit einem Fräser oder an der Bandsäge ausgeschnitten.

Wenn Sie die Exzenter nicht fertig kaufen können, stellen Sie sie ebenso wie die hinteren Räder her. Vorhandene Bohrungen in Rädern mit 32 mm Ø müssen ausgefuttert und neue gemäß Zeichnung exzentrisch gebohrt werden.

Der Zusammenbau

Vor dem endgültigen Zusammenleimen sollte alles einmal probeweise zusammengesteckt werden, um keine Schwierigkeiten aufkommen zu lassen. Rückenteile und Kopf werden zwischen die beiden Körperhälften eingepaßt, wobei die Zwischenstücke an ihrem Platz sein müssen. Spannen Sie das Ganze leicht zusammen und prüfen Sie auf gute Gängigkeit.

Folgende Schwierigkeiten können auftreten:
1. Die Lagerbohrungen sind nicht tief genug *(tiefer bohren)*
2. Die hinteren Führungsschlitze fluchten nicht *(Klemmstellen freiarbeiten)*
3. Führungsstifte sind zu lang *(kürzen)*
4. Körperhälften sind nicht einwandfrei ausgerichtet *(justieren)*
5. Knochenplatten sind schief und klemmen *(da gibt's nur eins – neu machen)*.

Sind alle Hindernisse aus der Welt geschafft, werden die Teile verleimt. Beim Spannen muß laufend die einwandfreie Gängigkeit kontrolliert werden.

Wenn der Leim abgebunden hat, muß aus der Zeichnung die genaue Lage der Bohrung zum Anbringen des Schwanzes übertragen werden. Spannen Sie das Ganze sorgfältig ausgerichtet auf den Tisch der Bohrmaschine und bohren Sie das Loch von 10 mm Ø.

Anschließend wird die Aussparung für den Schwanz ausgesägt. An dieser Partie und dort, wo sich das Zwischenstück am Bauch befindet, werden nun die Kanten geschliffen und gefräst. Nach einem letzten Schliff von Hand kommt etwas Leim in die untere Lochhälfte (bringen Sie keinen Leim in die obere Hälfte, er könnte in die Bohrung im Schwanz gelangen und diesen festleimen).

Fügen Sie den Schwanz ein und treiben Sie die Welle von oben hinein, so daß sie oben und unten etwas vorsteht. Wenn der Leim abgebunden hat, wird der Überstand abgesägt und die Wellenenden werden bündig geschliffen.

Dann wird ein Hinterrad auf seine Achse geleimt. Die beiden Exzenter werden zwischen den Körperhälften ausgerichtet und die Achse unter leichtem Drehen durch die Exzenterbohrungen und die Achslöcher in den Körperhälften geführt. Richten Sie die Exzenter so aus, daß sie gegenläufig stehen und leimen Sie das zweite Rad auf, das zum ersten ebenfalls gegenläufig stehen muß (Exzentrizität einmal oben, einmal unten). Die Enden der Achsen werden dann glattgeschliffen.

Vorn müssen der Exzenter und die beiden schmalen Räder in ihrer Lage festgehalten werden, während man die Achse durch die Körperhälften steckt. Wenn schon ein Rad auf die Achse geleimt ist, kann man es anfassen und die Achse mit leichter Drehung gut durch die Bohrungen im Exzenter und den beiden schmalen Rädern führen. Dann wird das andere Rad aufgeleimt, wobei die Zapfenlöcher diametral versetzt sein müssen, wie bei den Hinterrädern. Nachdem die Achsenden glattgeschliffen sind, werden alle Beine mit den Zapfen so angebracht, daß sie sich leicht bewegen lassen.

Verbohren Sie die Exzenter auf den Achsen mit einem Bohrer von 3 mm Ø. Verdübeln Sie die Exzenter mit den Achsen und schleifen Sie die Dübelenden bündig. Nehmen Sie die von Ihnen gewünschte Oberflächenbehandlung vor und bringen Sie die Schnur zum Ziehen an. Die Nylonschnur besteht aus zwei Stücken. An einem 40 cm langen Stück werden die Enden ange-

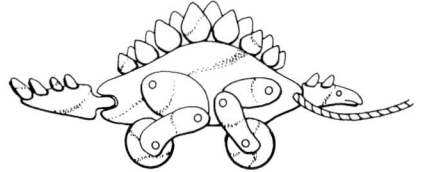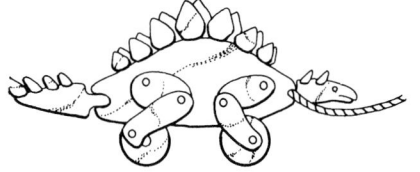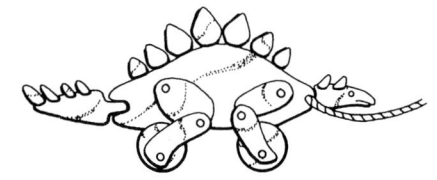

schmolzen, verdrillt und dann von außen durch die vorgesehenen Löcher in den Körperhälften gefädelt. Machen Sie an jedem Ende einen einfachen Knoten und ziehen Sie die Enden zurück bis die Knoten innen in dem vergrößerten Teil der Bohrungen ganz verschwunden sind. Sie dürfen auf keinen Fall vorstehen, sonst behindern sie die Bewegungen des Kopfes. Binden Sie dann ein Stück von 56 cm Länge (Enden wieder angeschmolzen) mit einem Schotenstek an die Mitte dieser Schleife und befestigen Sie am anderen Ende eine Holzkugel als Griff.

So weit – so gut, wenn Sie es bis hierher geschafft haben, können Sie stolz darauf sein, wirklich etwas zuwege gebracht zu haben. Dieses Spielzeug ist nicht ganz einfach anzufertigen, aber das Ergebnis ist allemal die Mühe wert.

Abbildung 3
Mit einem Schotenstek läßt sich die Zugleine gut mit der Schnurschleife verbinden, so daß sie sich nicht lösen kann

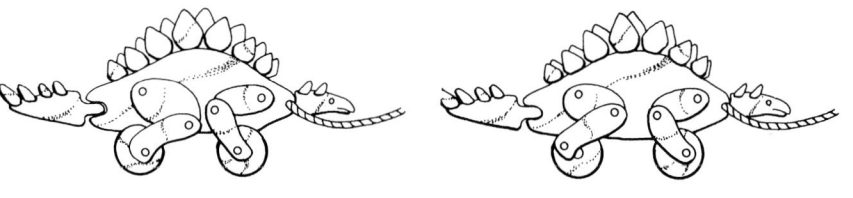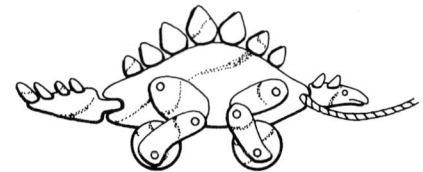

Materialliste

Teil	Benennung	Anz.	Stärke	Breite oder ⌀	Länge
A	Körperhälfte	2	12	153	260
B	Kopf	1	19	48	180
C	Schwanz	1	44	42	140
D	Rückenteil, rechts	1	12	92	216
E	Rückenteil, links	1	12	92	216
F	Zwischenstück, Bauch	1	32	58	64
G	Zwischenstück, hinten	1	32	61	35
H	Exzenter	3	12	32	
J	Knochenplatte	2	12	44	51
K	Knochenplatte	4	12	44	51
L	Knochenplatte	4	12	44	51
M	Knochenplatte	4	12	44	51
N	Knochenplatte	8	12	12	26
P	Knochenplatte	4	12	16	51
Q	Oberschenkel, vorn	2	12	38	115
R	Unterschenkel, vorn	2	12	32	89
S	Oberschenkel, hinten	2	12	61	99
T	Unterschenkel, hinten	2	12	38	89
U	Rad, hinten	2	16	58	
V	Rad, vorn außen	2	12	51	
W	Rad, vorn innen	2	6	58	
X	Achse, vorn	1		10	86
Y	Achse, hinten	1		10	92
Z	Drehwelle, Schwanz	1		10	58
AA	Drehwelle, Rückenteil vorn	1		10	≈ 44
BB	Führungsstift, Rückenteil hinten	2		10	≈ 19
CC	Drehwelle, Kopf	1		10	≈ 44
DD	Abstandshalter, Rückenteile	1		5	13
EE	Augen	1		6	19
FF	Knochenplattendübel	26		6	12
GG	Zapfen	12	Kopf 10	6	Schaft 27
HH	Schnur	1		6	400
JJ	Schnur	1		6	560
KK	Knopfgriff	1		25	
LL	Dübel, Exzenterbefestigung	3		3	19

KK
HH
N
N
FF
FF
B
EE
CC
A
BB
F
J
K
K
L
M
K
FF
L
J
K
L
M
M
FF
K
FF
FF
FF
L
FF
M
FF
E
D
BB
G
A
JJ
DD
AA
N
P
FF
C
FF
FF
N
FF
P
X
Y
Z
W
H
W
LL
H
H
LL
V
Q
GG
U
GG
S
GG
R
GG
T
GG

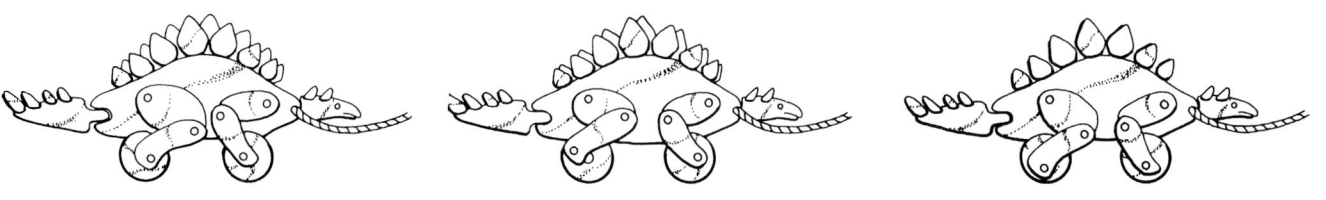

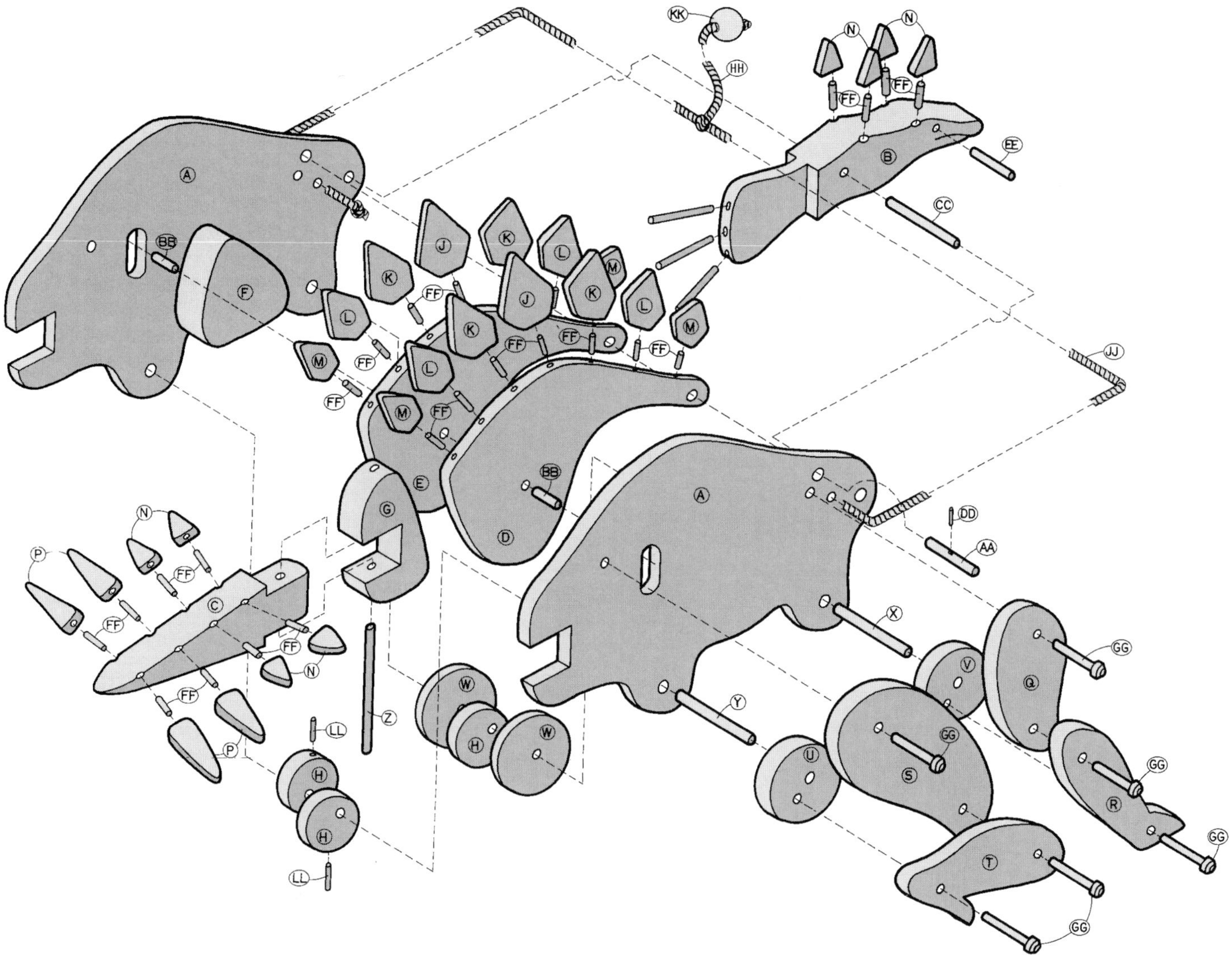

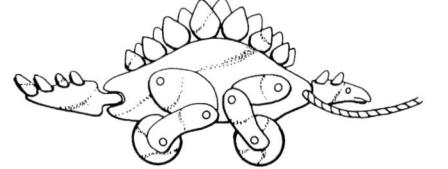  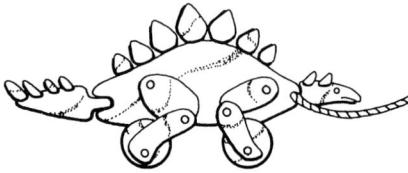

Zum Vergrößern auf Maßstab 1:1 entweder Raster auf 12 x 12 mm
vergrößern oder zweimal 125 % auf einem Fotokopierer

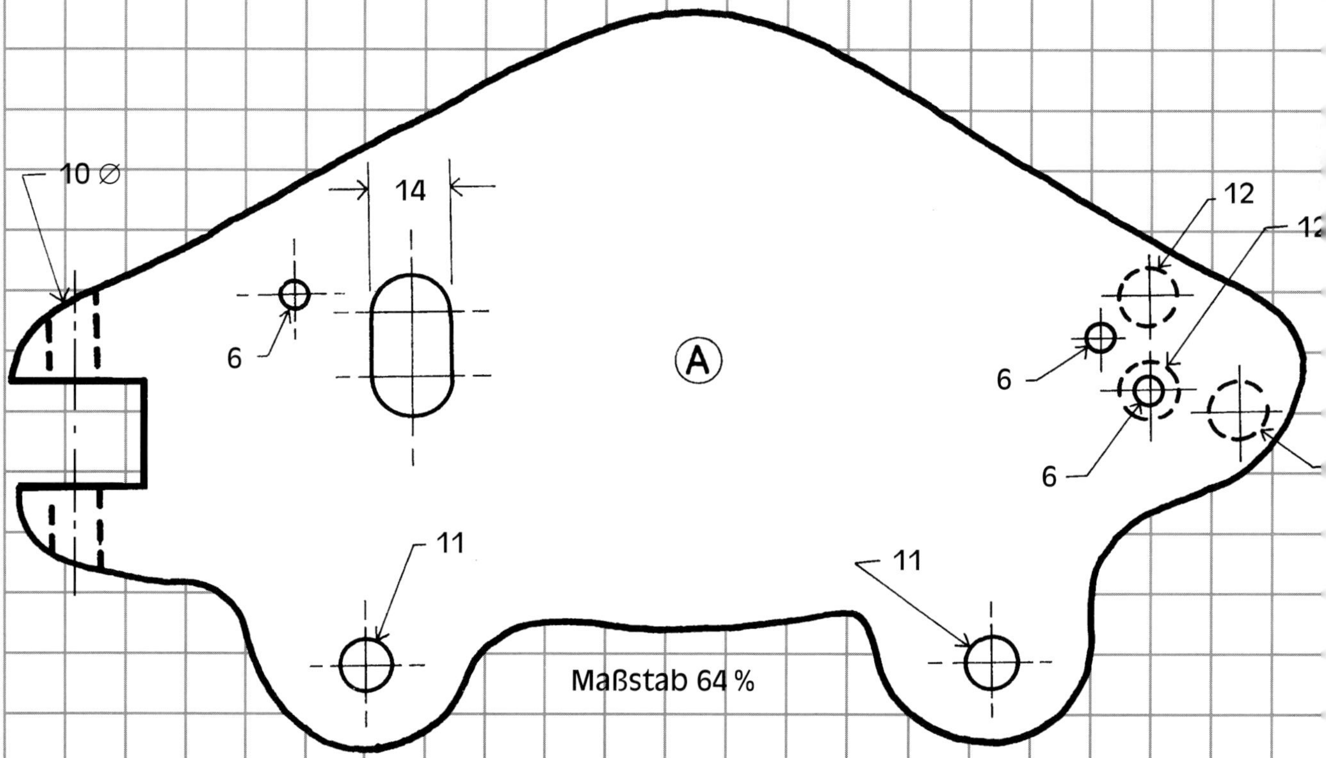

10 ⌀

14

12

12

6

6

Ⓐ

6

11

11

Maßstab 64 %

Bohrungen 6 ⌀

10

6

5 ⌀

Ⓑ

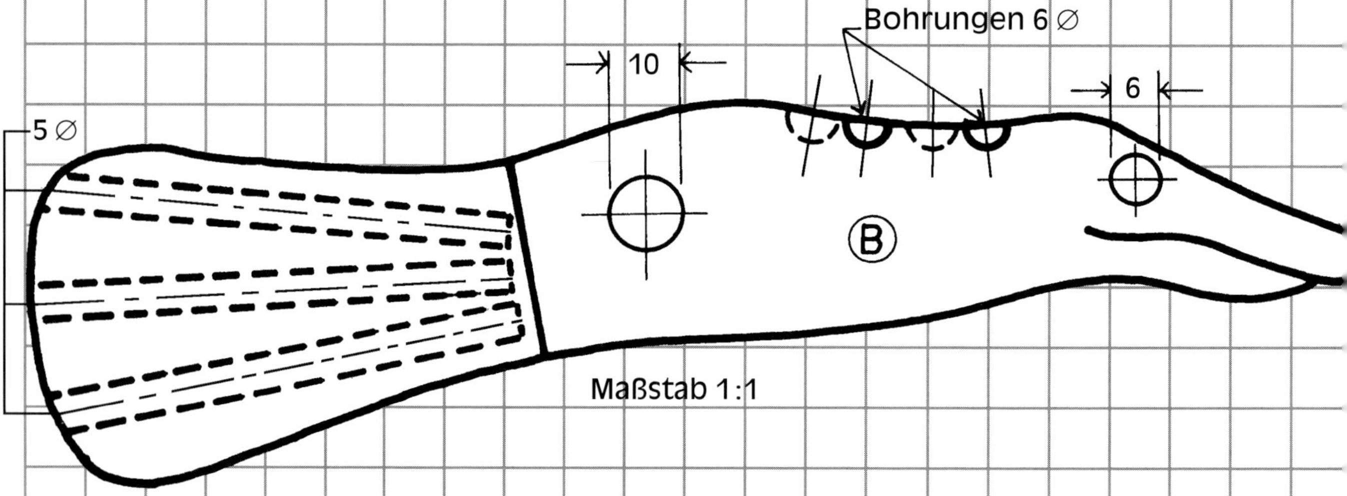

Maßstab 1:1

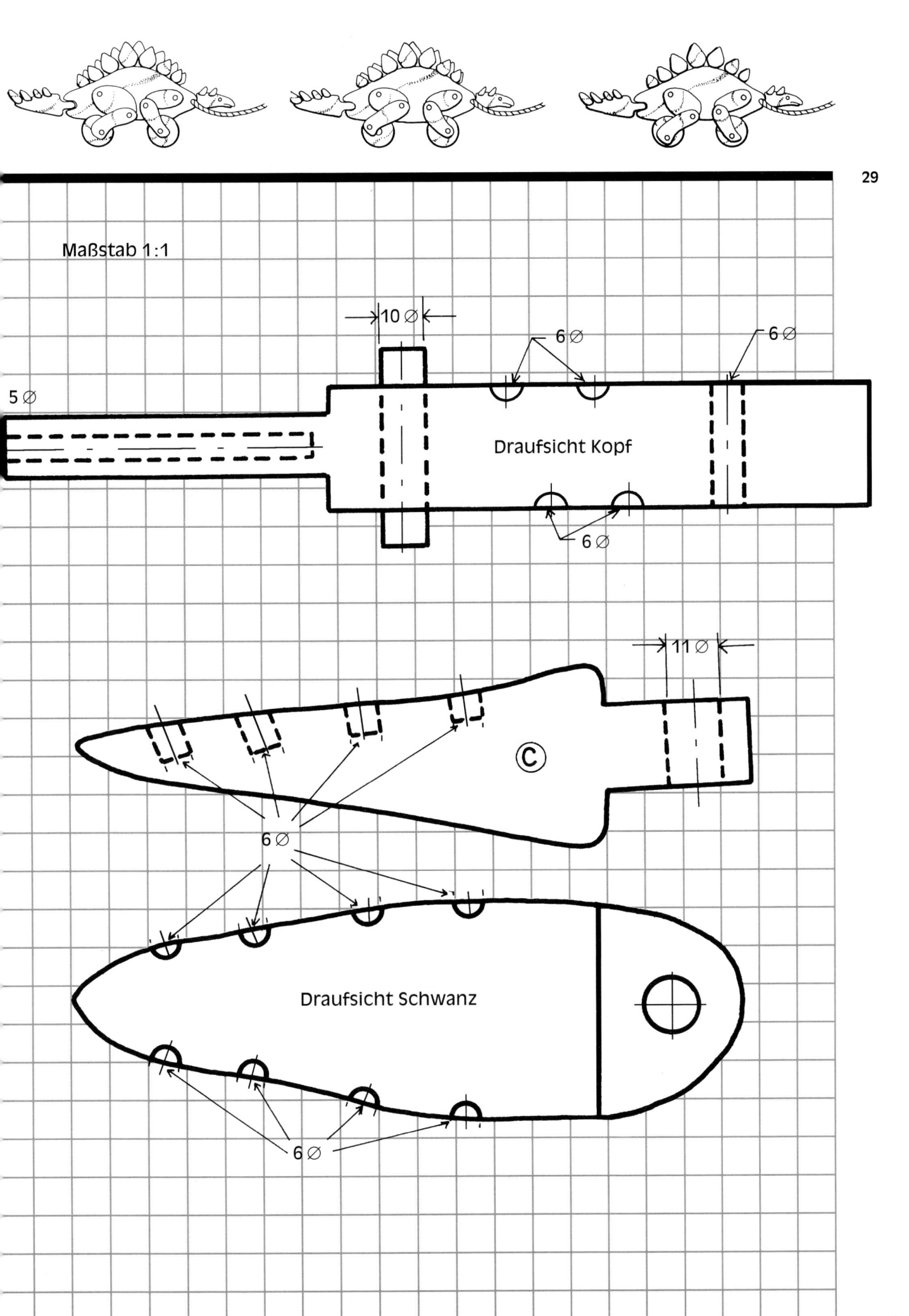

Maßstab 1:1

10 ⌀

6 ⌀

6 ⌀

5 ⌀

Draufsicht Kopf

6 ⌀

11 ⌀

Ⓒ

6 ⌀

Draufsicht Schwanz

6 ⌀

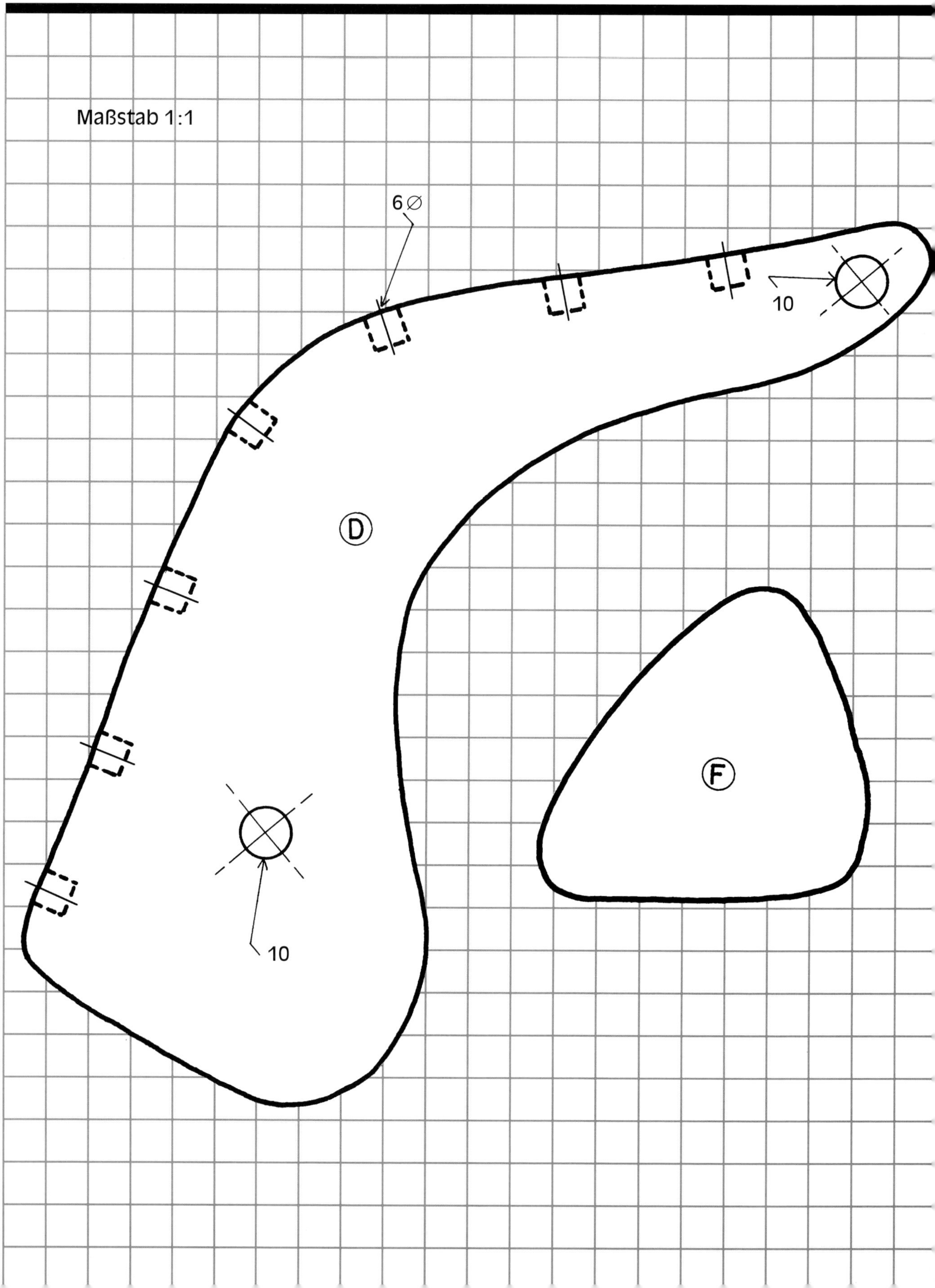

Maßstab 1:1

6 ⌀

10

D

10

F

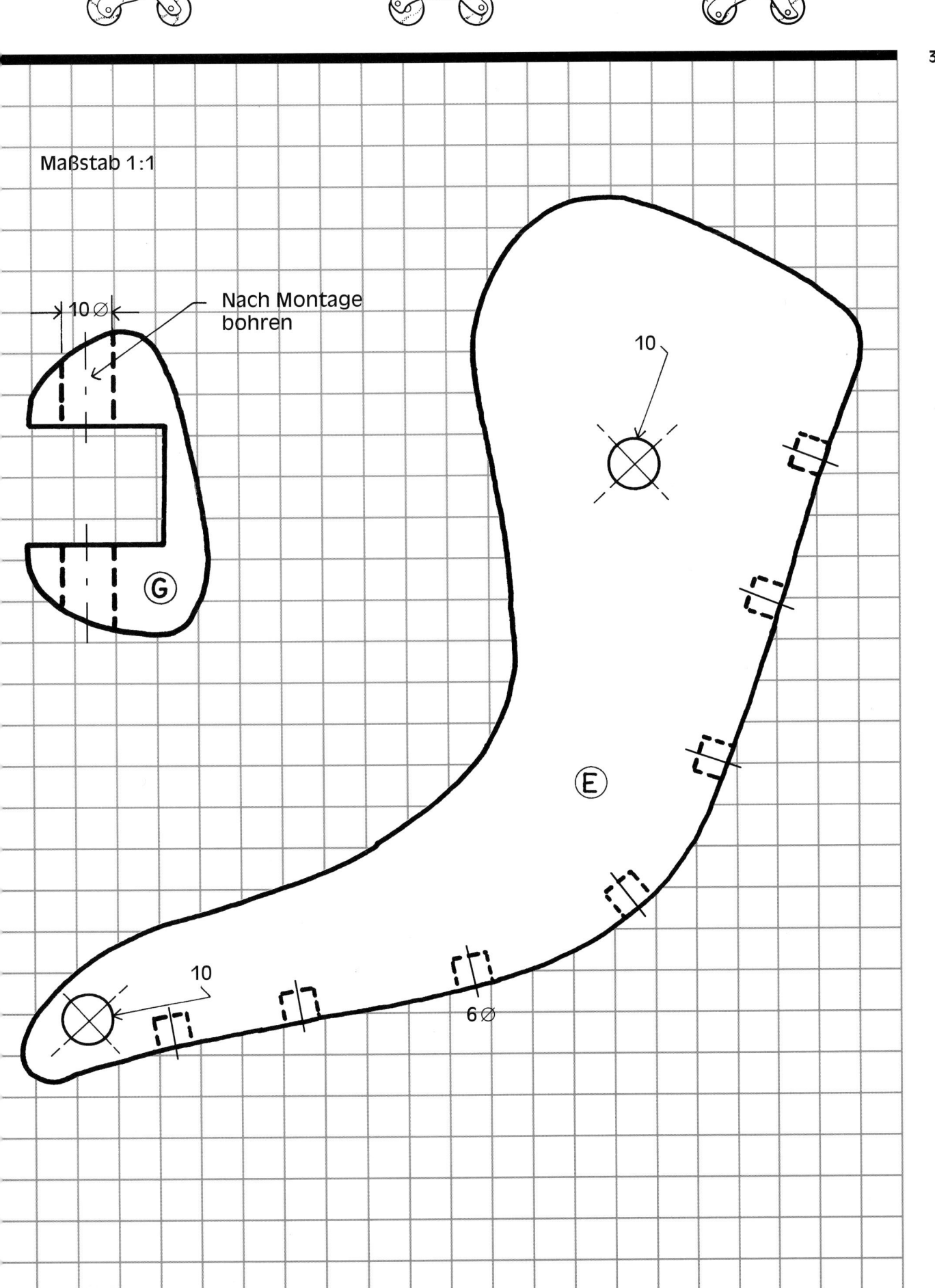

Maßstab 1:1

10 ∅

Nach Montage
bohren

G

10

E

10

6 ∅

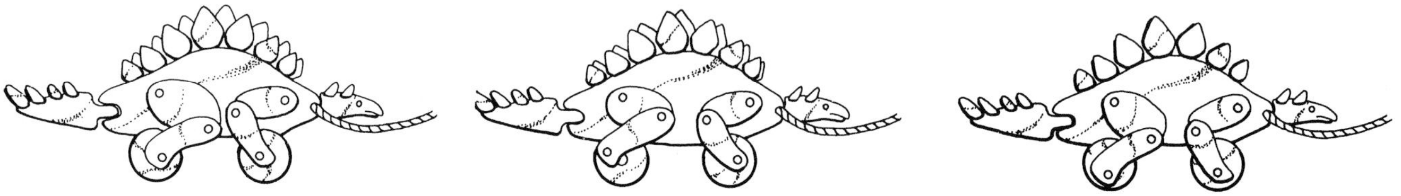

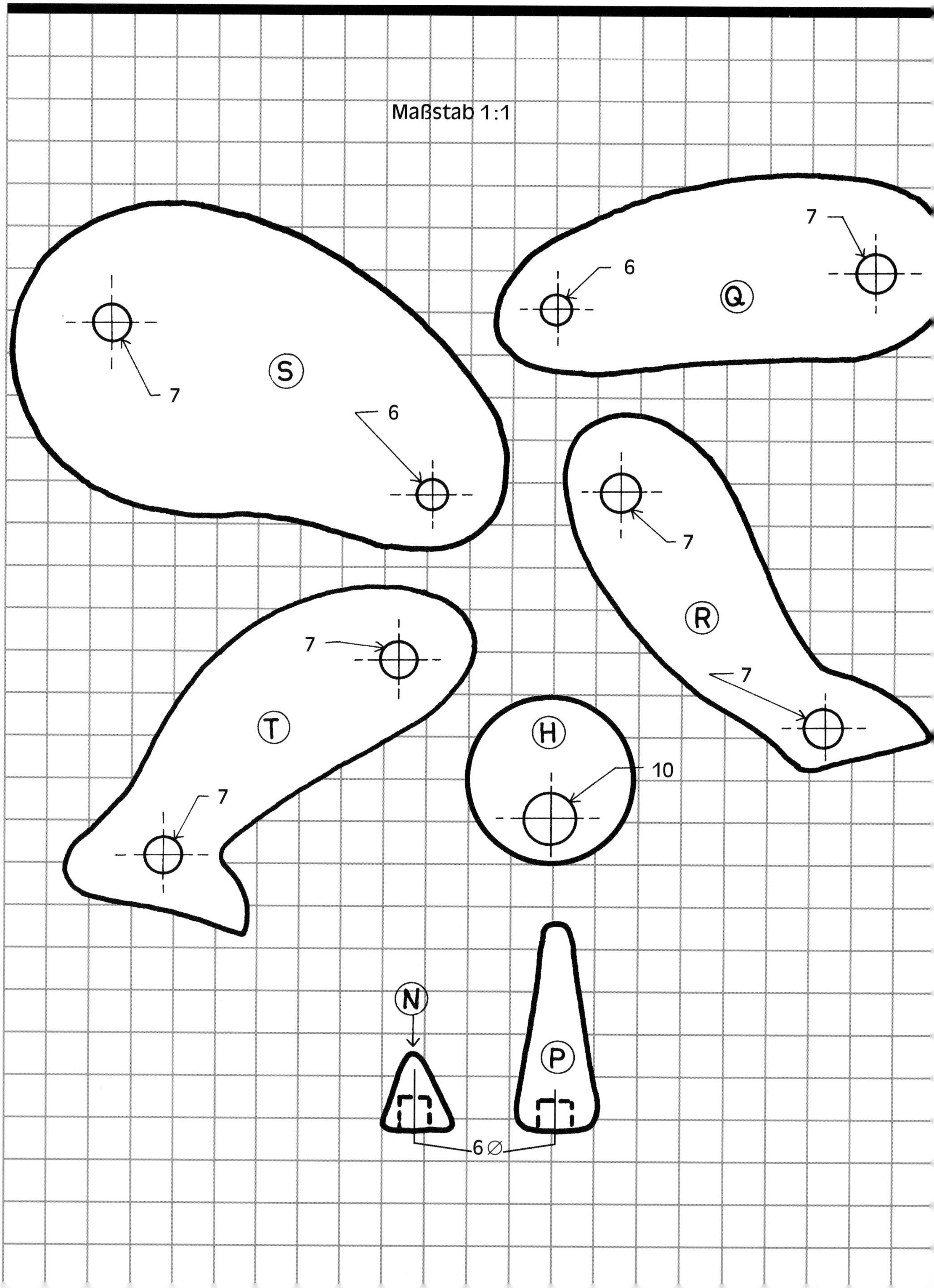

Maßstab 1:1

S

7

6

Q

6

7

R

7

7

T

7

7

H

10

N

P

6 ∅

Maßstab 1:1

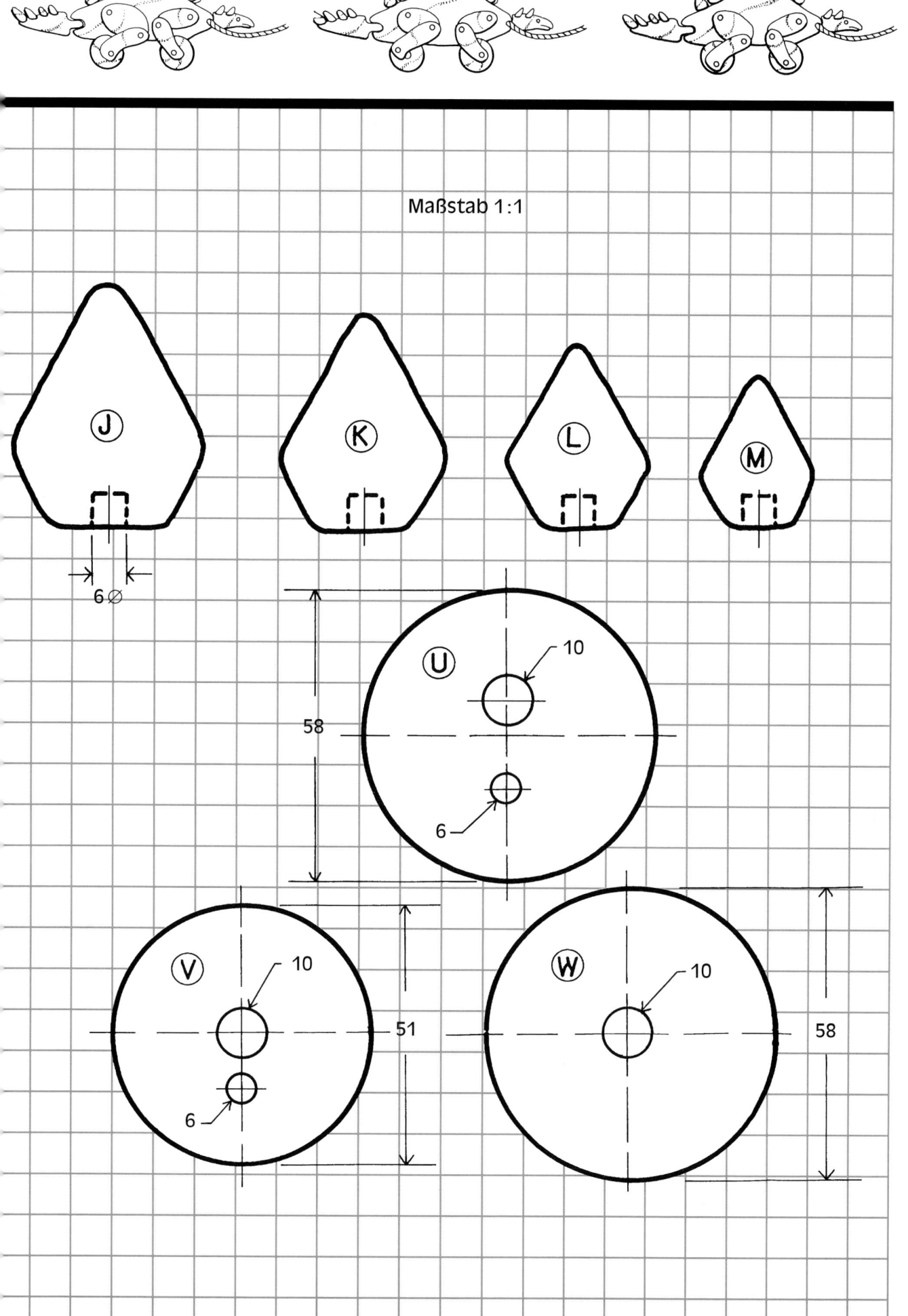

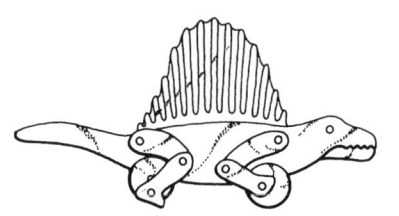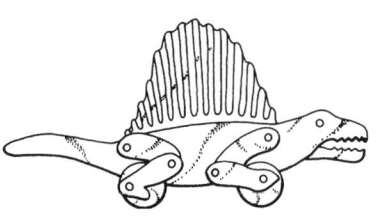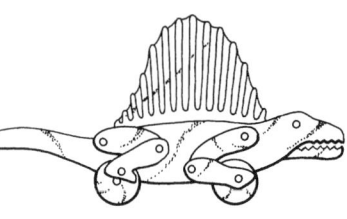

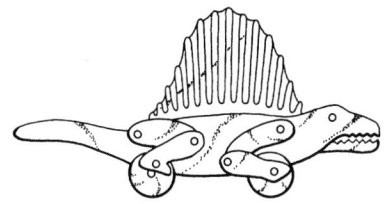

Das Dimetrodon

Als einer der ersten Dinosaurier hat vor 250 Millionen Jahren das Dimetrodon gelebt. Der riesige Kamm auf seinem Rücken verschaffte ihm gegenüber seinen Beutetieren einen erheblichen Vorteil. Dinosaurier waren nämlich Kaltblüter. Schien die Morgensonne auf den Kamm, dann stieg bei ihm die Bluttemperatur rasch an, und es konnte Beutetiere leicht erlegen, während sie noch klamm und steif waren.

Wie funktioniert es?

Wenn man es schiebt, bewegen sich mehrere Teile. Der Exzenter auf der hinteren Achse hebt und senkt den Kamm, der Exzenter auf der vorderen Achse öffnet und schließt das furchterregende Maul, gleichzeitig bewegen sie die mit den Rädern verzapften Beine (siehe Abb. 1).

Die Körperhälften

Vergrößern Sie die Vorlage auf einem Fotokopierer auf 100 %. Da das bei der Größe der Teile nicht auf ein Blatt DIN A3 geht, müssen Sie die 1:1-Vorlage sorgfältig aus zwei Blättern zusammenkleben. Beim Übertragen auf 12 mm starkes Holz sollte die zweite Körperhälfte spiegelbildlich zur ersten aufgezeichnet werden (siehe »Vergrößern und Übertragen der Vorlagen« im ersten Kapitel).

Sägen Sie die beiden Körperhälften (A) aus. Die Lagerbohrungen und die Führungsschlitze werden nicht ganz hindurch gebohrt. Legen Sie die Hälften deckungsgleich aufeinander und bohren Sie die Löcher für die Achsen und Zapfen, aber nicht diejenigen für die Augen. Letztere bohrt man besser nach der Montage, damit die Augen sich genau gegenüber befinden.

An beiden Teilen werden dann die Innen- und Außenflächen geschliffen. Die Kanten des Rückens werden dort, wo der Kamm heraustritt, geschliffen und gefräst. Nachdem an gleicher Stelle die Innenkanten mit Schleifpapier von Hand leicht gebrochen sind, werden die Teile bis zur Montage zur Seite gelegt.

Die Zwischenstücke

Sägen Sie die drei Zwischenstücke (B, C, D) aus 22 mm starkem Holz aus. Alle drei Stücke haben Kanten, die sichtbar bleiben, aber nach der Montage nicht mehr

geschliffen werden können. Schleifen Sie deshalb diese Stellen jetzt schon so, daß später beim Kantenschleifen nach der Montage ein sauberer Übergang entsteht (am vorderen Ende des Schwanz-Zwischenstücks, oben und an beiden Enden des Bauch-Zwischenstücks sowie an Unter- und Rückseite des Kopf-Zwischenstücks).

Der Kamm

Die Vorlage gilt für alle drei Kammteile (F, G). Um dem verleimten Kamm möglichst hohe Festigkeit zu verleihen, ist es ratsam, die Faserrichtung wie beim Sperrholz abwechselnd längs und quer zu wählen. Bei den beiden äußeren Teilen sollte die Faser in Richtung der Rippen verlaufen, sie sind sonst zu zerbrechlich. Vermutlich müssen Sie sich die dafür erforderliche Breite aus zwei oder drei Brettchen zusammenleimen. Bei dem Mittelstück sollte die Faserrichtung dann um 90° gedreht, also von vorn nach hinten verlaufen.

Am besten wird das Mittelteil (aus Holz mit kontrastierender Farbe) erst dann im Umriß ausgesägt, wenn die vorsichtig gebohrten und ausgesägten Rippenteile schon aufgeleimt sind. Das soll jetzt im einzelnen erklärt werden.

Die Rippenteile werden auf die verleimten und geschliffenen Brettchen gezeichnet (Faser in Richtung der Rippen). Als erstes werden die beiden Lagerbohrungen von 10 mm Ø und die Löcher von 8 mm Ø am Grund zwischen jeweils zwei Rippen gebohrt. Dann wird der Umriß vorsichtig ausgesägt. Wenn Sie sehr vorsichtig sind, können Sie die Kanten der Rippen von Hand mit Schleifpapier leicht brechen, so daß die vom Sägen herrührenden losen Fasern verschwinden.

Reißen Sie das Mittelstück an und bohren Sie die beiden Lagerbohrungen von 10 mm Ø. Richten Sie alle drei Teile nach diesen Bohrungen aus. Zum Verleimen darf nur ganz wenig Leim an die Rippen gegeben werden, damit er nicht beim Spannen aus den Ritzen quillt, wo er sich nur sehr schwer entfernen läßt. Um beim Spannen den Druck gleichmäßig auf die ganze Fläche zu verteilen, wird das Ganze zwischen zwei 25 mm starke Bretter entsprechender Größe gelegt. Setzen Sie möglichst viele Schraubzwingen an und passen Sie auf, daß sich die Teile beim Spannen nicht gegeneinander verschieben. Wenn die Löcher mit Dübeln von 10 mm Ø zusammengesteckt werden, kann nichts schiefgehen. Falls Leim an diese Dübel gelangt, können sie später herausgebohrt werden.

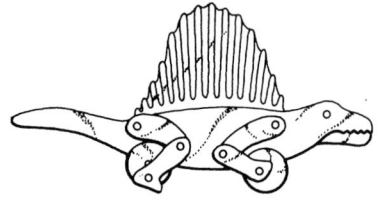 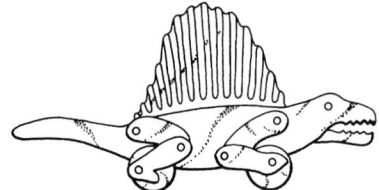 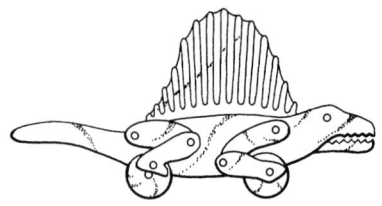

Wenn die Verleimung abgebunden hat, kann man nun den Umriß des Mittelstücks aussägen, die Kanten schleifen und mit Schleifpapier von Hand leicht brechen. Die Länge von Drehwelle und Führungsstift sollte 22 mm plus Summe der Bohrungtiefen in den Körperhälften minus 1,6 mm Luft betragen. Sie werden auf Länge gesägt, an den Enden abgerundet und so eingeleimt, daß sie auf beiden Seiten genau gleichweit herausragen.

Der Unterkiefer

Zeichnen Sie die Seitenansicht auf ein Stück Holz von 51 mm Stärke. Zuerst wird das Loch von 6 mm ∅ gebohrt, dann der Umriß ausgesägt und geschliffen. Anschließend werden die hinten am Unterkiefer wegzunehmenden Partien entsprechend der Draufsicht und der Seitenansicht mit einer Rückensäge abgesägt. Danach spannen Sie das Stück ein, sägen vorn am Maul die schrägen Stücke ab und verrunden die Kanten mit Raspel und Feile. Zum Schluß glätten Sie alle sichtbaren Kanten von Hand mit Schleifpapier. Die Kanten der Zähne fast man am besten mit einer Feile an, damit der scharfkantige Eindruck erhalten bleibt.

Die Beine

Zeichnen Sie die Beine (H, J, K, L) auf und bohren Sie alle Löcher. Vier davon haben 6 mm ∅, die restlichen 7 mm ∅. Die Teile werden dann ausgesägt, allseitig geschliffen und die Kanten gebrochen. Setzen Sie sie zu spiegelbildlichen Paaren zusammen und achten Sie darauf, daß genügend Luft zwischen den Teilen bleibt, damit sie sich leicht bewegen können.

Die Räder und Exzenter

Die vier Räder erhalten zusätzlich zur Achsbohrung ein Zapfenloch von 6 mm ∅, wie aus der Zeichnung ersichtlich. Die Exzenter kann man aus zwei glatten Rädern von 32 mm ∅ anfertigen, in denen die vorhandene Achsbohrung ausgefuttert und nach Zeichnung exzentrisch neu gebohrt wird.

Der Zusammenbau

Sie sollten erst einmal alles ohne Leim zusammensetzen, um noch eventuell notwendige Korrekturen vornehmen zu können. Legen Sie zunächst den Kamm einzeln auf jede Körperhälfte, um zu sehen, ob sich Drehwelle und Führungsstift einwandfrei in Bohrung und Schlitz bewegen. Wenn dabei etwas klemmt, arbeiten Sie die Führungsschlitze entsprechend nach. Wenn beide Seiten zufriedenstellend passen, legen Sie den Kamm auf die eine Körperhälfte, die drei Zwischenstücke an ihren Platz und zum Schluß die andere Körperhälfte obenauf. Halten Sie das Ganze fest zusammengedrückt und überzeugen Sie sich, daß sich der Kamm auch jetzt frei bewegen läßt. Falls er klemmt, muß die Länge von Drehwelle und Führungsstift überprüft werden, ebenso die Fluchtung der Bohrungen.

Jetzt wird eine Körperhälfte mit dem eingepaßten Kamm flach hingelegt und die drei, auf beiden Seiten mit Leim versehenen Zwischenstücke genau auf ihren Platz gebracht. Dann kommt die andere Körperhälfte obenauf. Das Ausrichten gelingt leichter, wenn man Dübel von 10 mm ∅ durch die Achsbohrungen steckt.

Drücken Sie nun alles fest zusammen und prüfen Sie, ob sich der Kamm immer noch leicht bewegen läßt. Setzen Sie Schraubzwingen direkt über den Zwischenstücken an, legen Sie aber Beilagen aus Holz oder Gummi auf beiden Seiten unter, um Druckstellen auf den Außenflächen zu vermeiden. Prüfen Sie beim Anziehen der Zwingen immer wieder die Gängigkeit des Kamms.

Nachdem der Leim Zeit zum Abbinden gehabt hat, reißen Sie das Loch für die Augen sorgfältig an und bohren es durch beide Körperhälften. Damit die Bohrungsränder beim Durchbohren nicht aussplittern, wird ein 22 mm starkes Holzstück innen zwischengesteckt und auch ein Abfallstückchen untergelegt. Nun kann die Kontur an Kopf, Schwanz und Bauch fertig gesägt und der gesamte Umriß geschliffen werden. Alle Kanten werden noch gefräst, bei den Zähnen natürlich nicht.

Übertragen Sie dann die Draufsicht von Kopf und Schwanz aus der Vorlage und sägen Sie deren Form mit der Bandsäge aus. Schleifen Sie die Kanten, spannen Sie den Körper ein und verrunden Sie die Kanten mit Raspel und Feile. Alle quer zur Faser vorhandenen Bearbeitungsspuren werden von Hand mit Schleifpapier Körnung 80 entfernt. Zuletzt wird der gesamte Körper mit Schleifpapier der Körnung 120 geglättet. Fügen Sie beim Montieren der Achsen und Räder die Exzenter ein. Achten

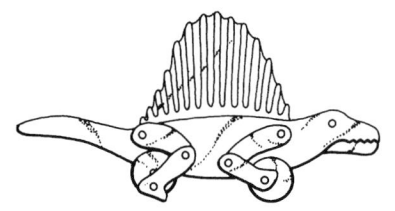 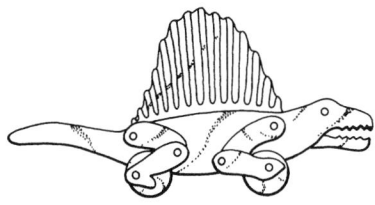 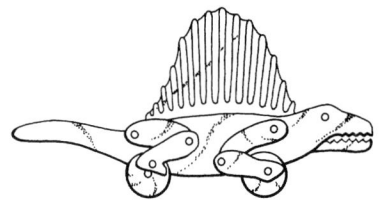

Sie darauf, daß die Zapfenlöcher der Räder diametral versetzt stehen (eins oben, eins unten). Die Enden der Achsen werden bündig geschliffen. Verbohren Sie den vorderen und hinteren Exzenter mit einem Bohrer von 3 mm ∅ auf den Achsen und leimen Sie Dübel von 3 mm ∅ in die Löcher (siehe Abb. 3 im ersten Kapitel). Die Dübelenden und sonstige Rauhigkeiten auf der Exzenterlauffläche müssen glattgeschliffen werden.

Zum Schluß tragen Sie etwas Leim im Zapfenloch des Unterkiefers auf. Bringen Sie ihn dann sorgfältig in seine richtige Lage und klopfen Sie die beiden Augenzapfen auf jeder Seite hinein. Passen Sie auf, daß der Unterkiefer dabei genau in der Mitte bleibt und an beiden Seiten gleichmäßig viel Luft hat.

Nehmen Sie die Oberflächenbehandlung mit Öl vor, und dann kann es losgehen.

Abbildung 1
Wenn eine Körperhälfte entfernt ist, kann man erkennen, wie der Kamm und der Unterkiefer von den Exzentern bewegt werden

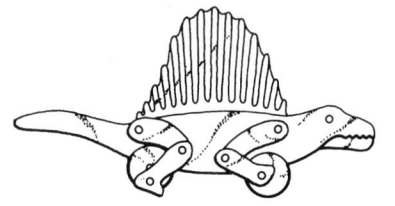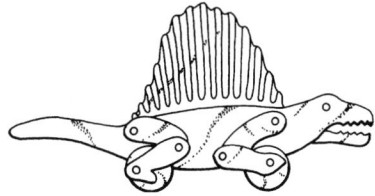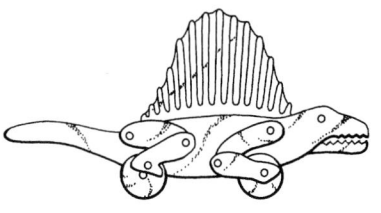

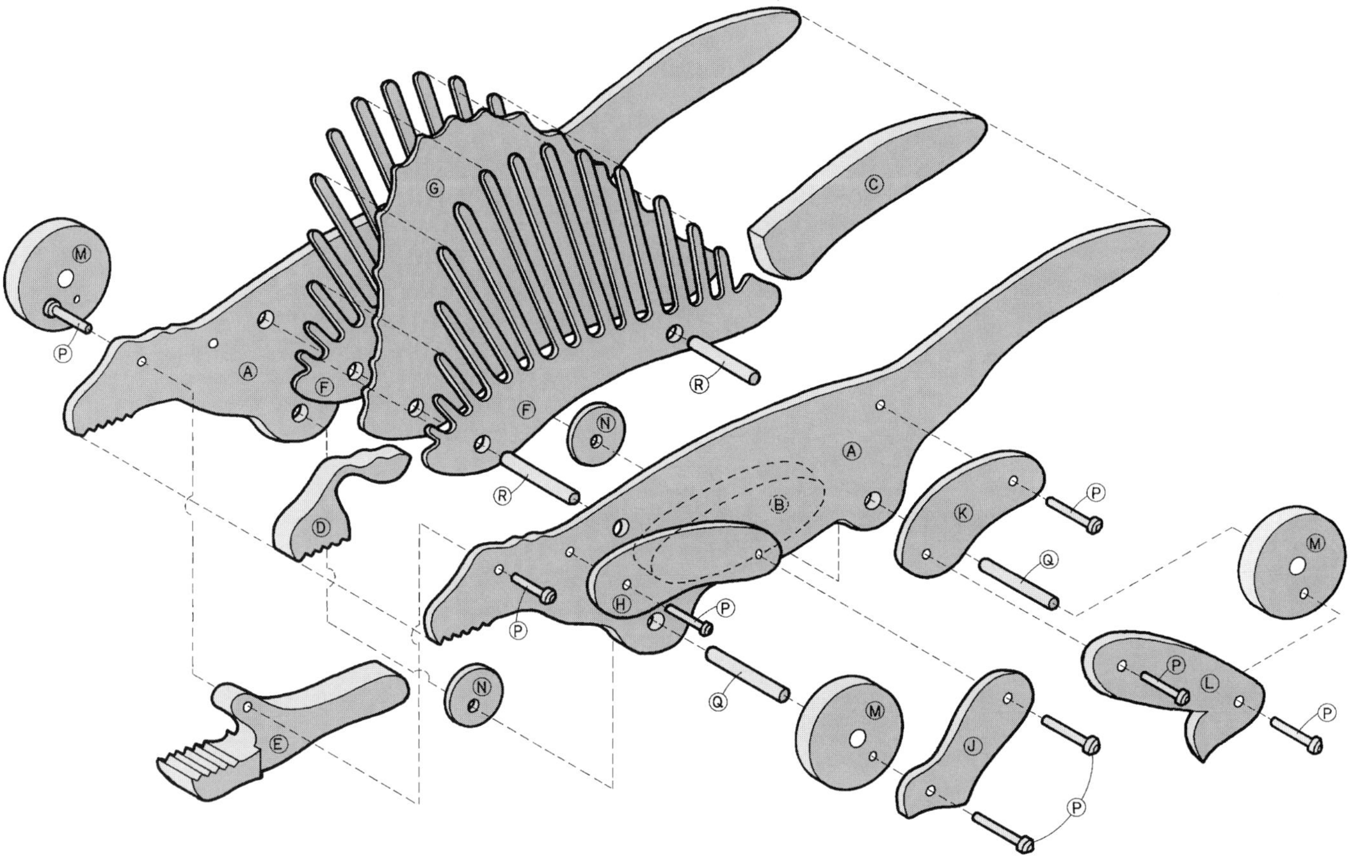

Materialliste					
Teil	Benennung	Anz.	Stärke	Breite oder ⌀	Länge
A	Körperhälfte	2	12	89	470
B	Zwischenstück, Bauch	1	22	25	89
C	Zwischenstück, Schwanz	1	22	38	180
D	Zwischenstück, Kopf	1	22	38	89
E	Unterkiefer	1	51	44	134
F	Kamm, seitliche Rippen	2	6	216	165
G	Kamm, Mittelstück	1	6	165	216
H	Oberschenkel, vorn	2	12	38	95
J	Unterschenkel, vorn	2	12	32	95
K	Oberschenkel, hinten	2	12	38	95
L	Unterschenkel, hinten	2	12	44	89
M	Rad	4	16	51	
N	Exzenter	2	12	32	
P	Zapfen	14	Kopf 10	6	Schaft 27
Q	Achse	2		10	83
R	Drehwelle, Führungsstift	2		10	42

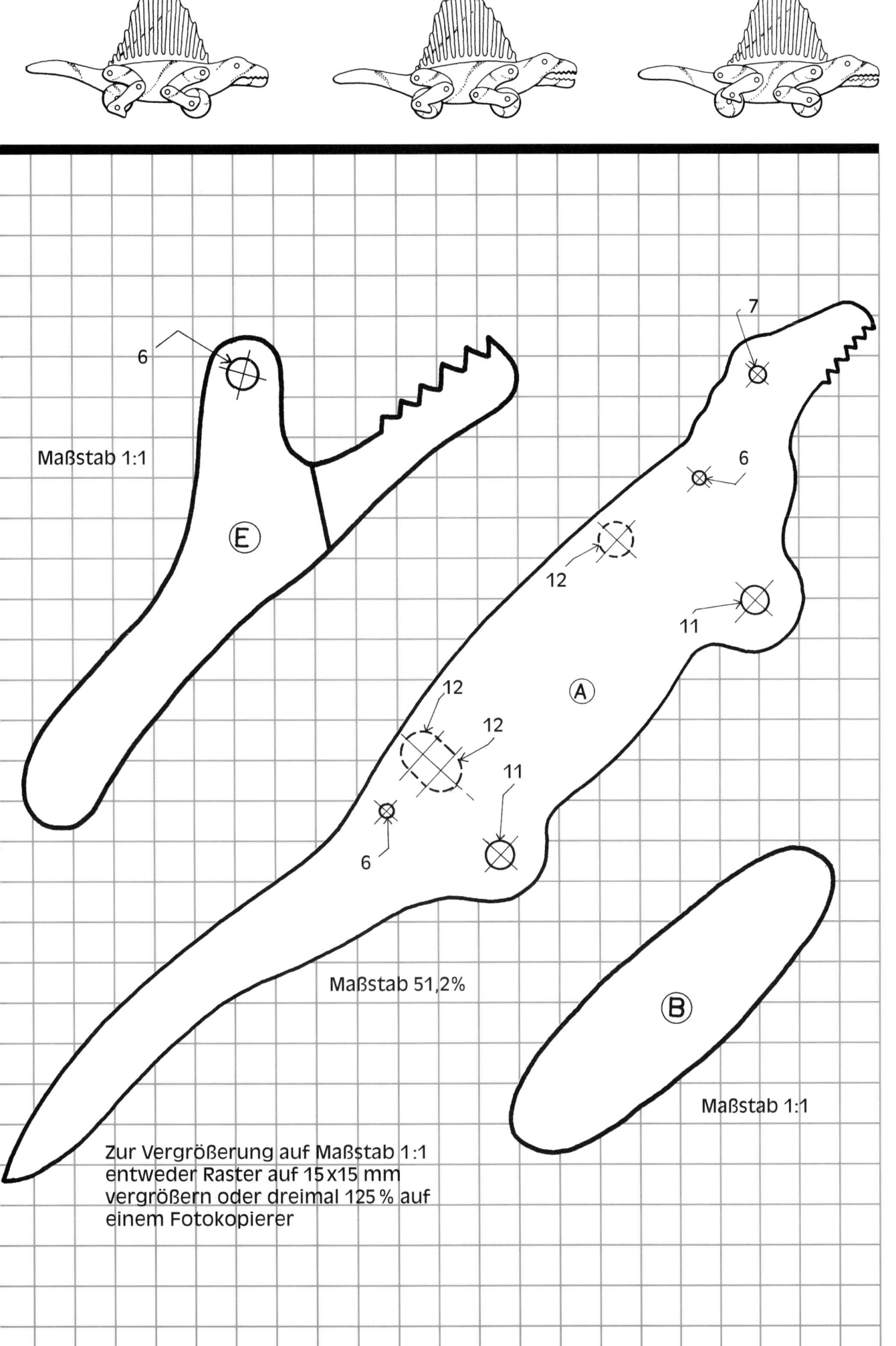

Maßstab 1:1

Ⓔ

6

7

6

12

11

12

12

11

6

Ⓐ

Maßstab 51,2%

Ⓑ

Maßstab 1:1

Zur Vergrößerung auf Maßstab 1:1
entweder Raster auf 15 x 15 mm
vergrößern oder dreimal 125 % auf
einem Fotokopierer

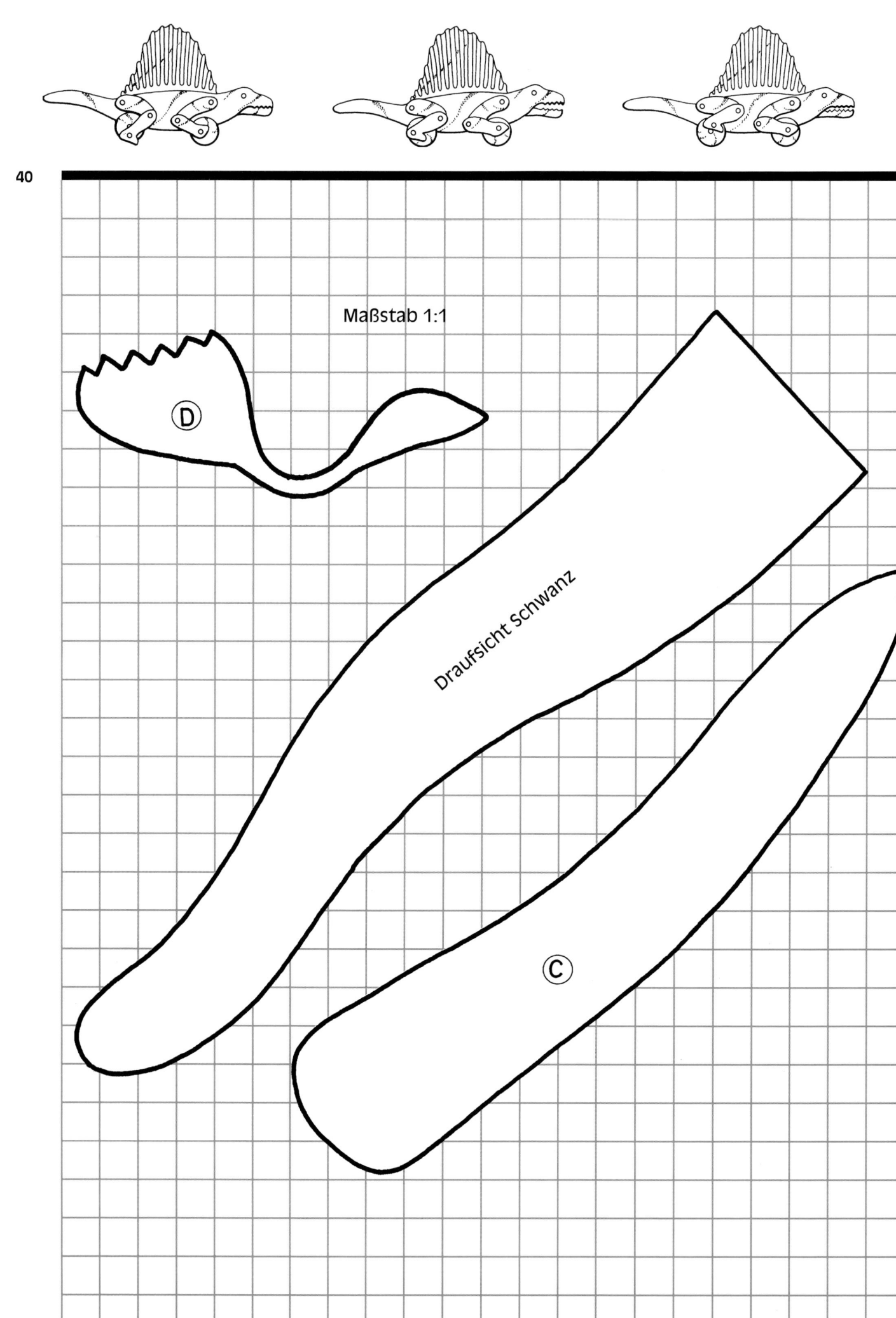

40

Maßstab 1:1

D

Draufsicht schwanz

C

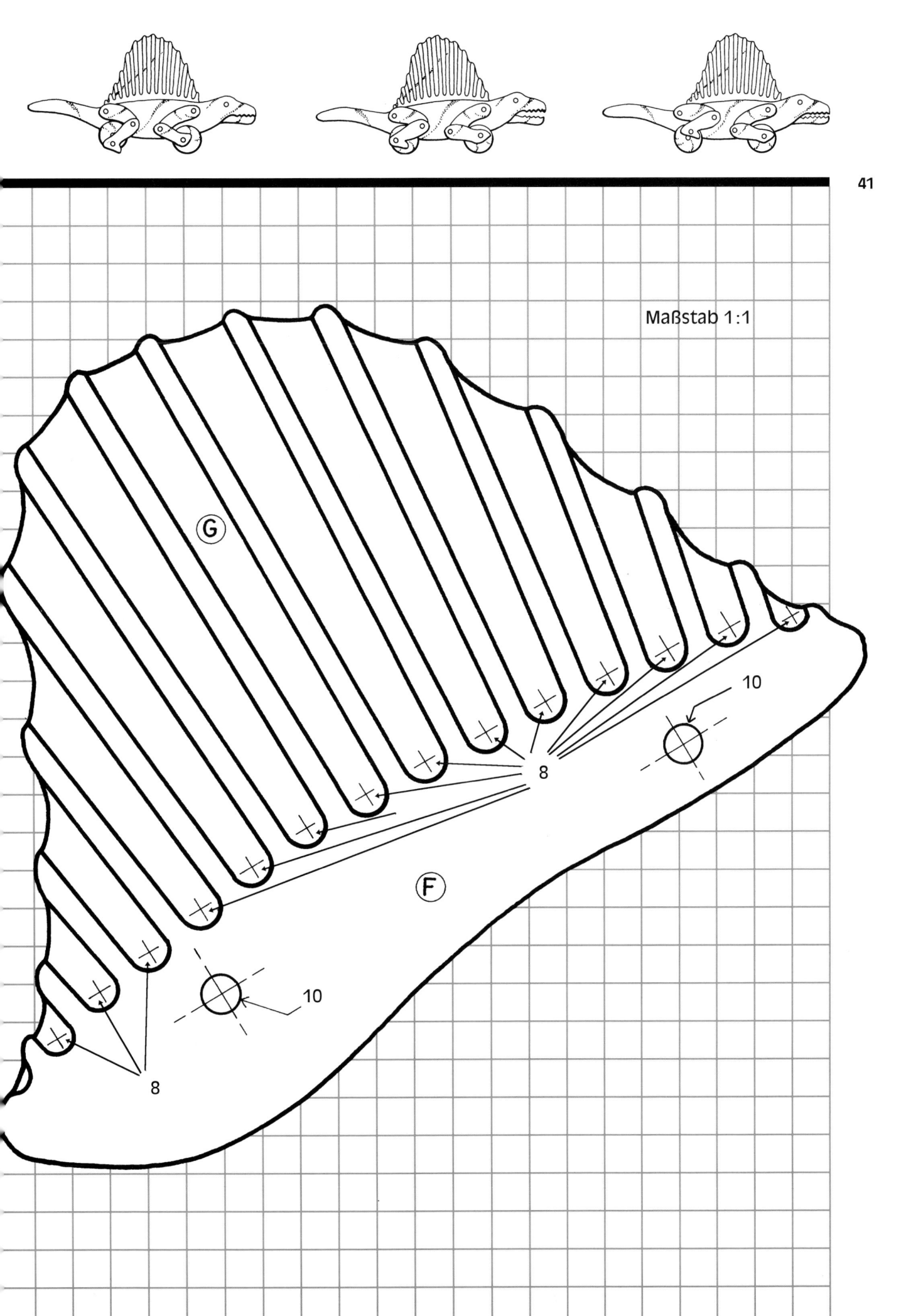

Maßstab 1:1

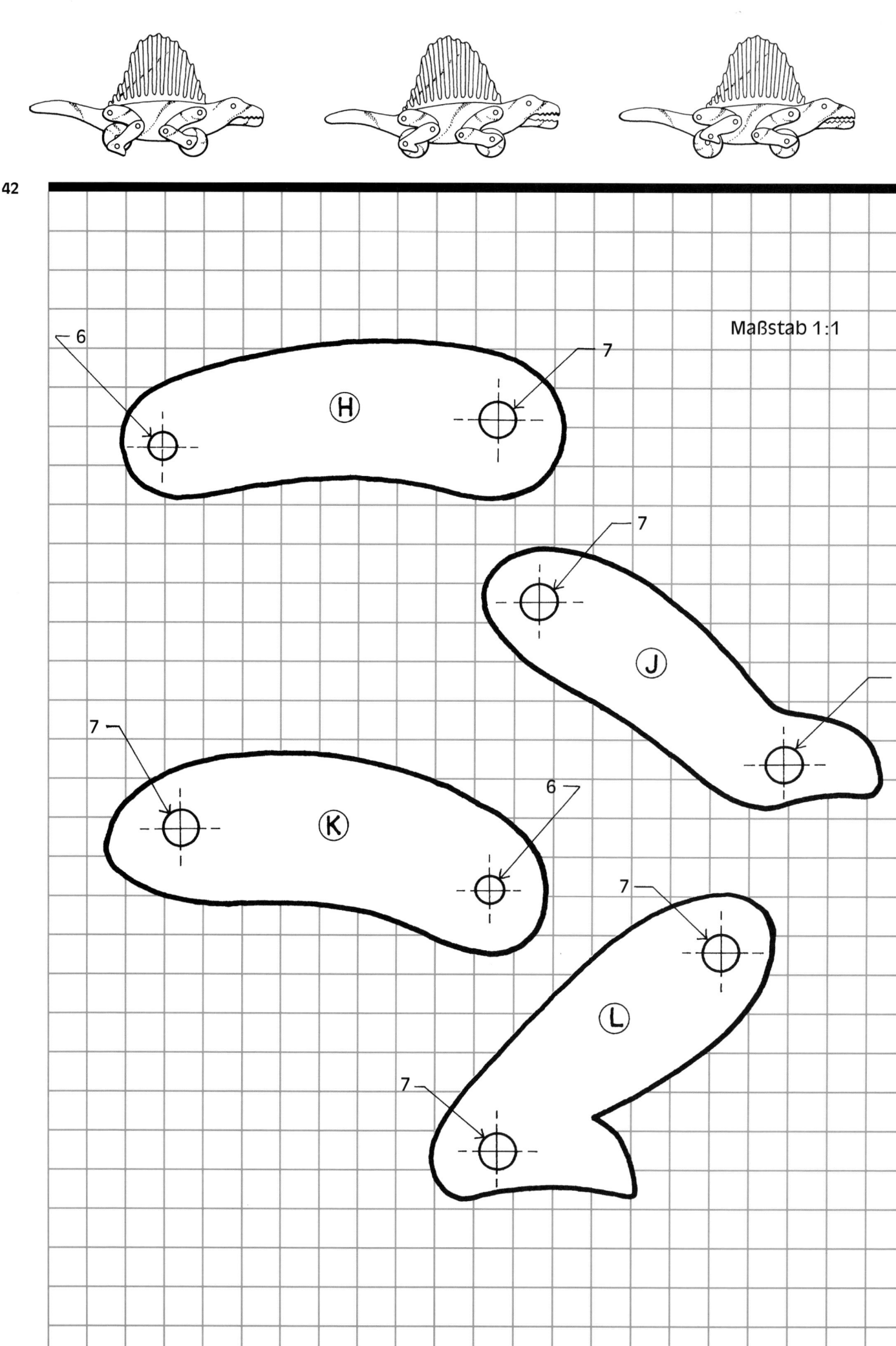

42

Maßstab 1:1

6

7

(H)

7

(J)

7

(K)

6

7

(L)

7

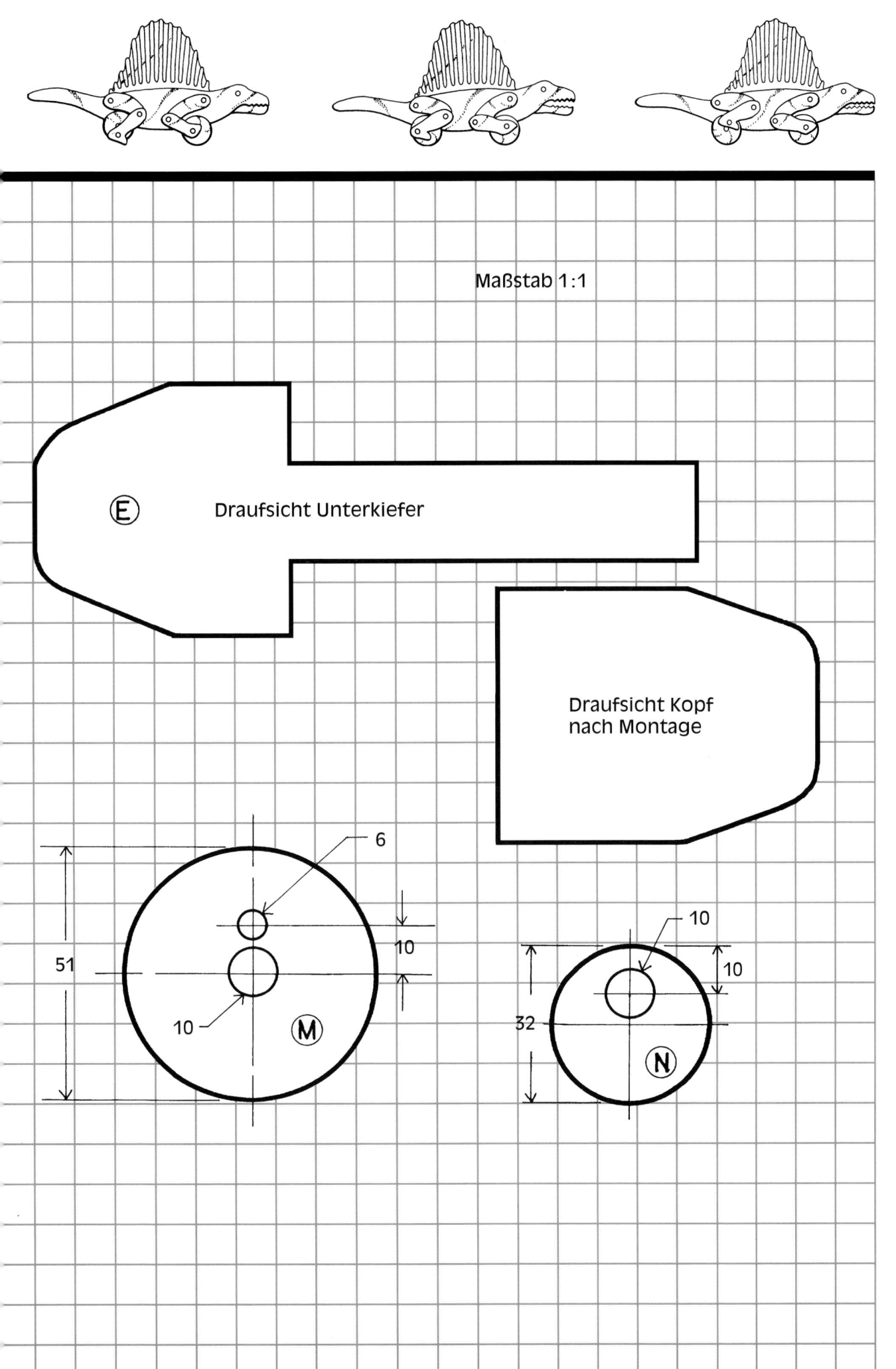

Maßstab 1:1

Draufsicht Unterkiefer

E

Draufsicht Kopf
nach Montage

6

10

51

10

M

10

10

32

N

10

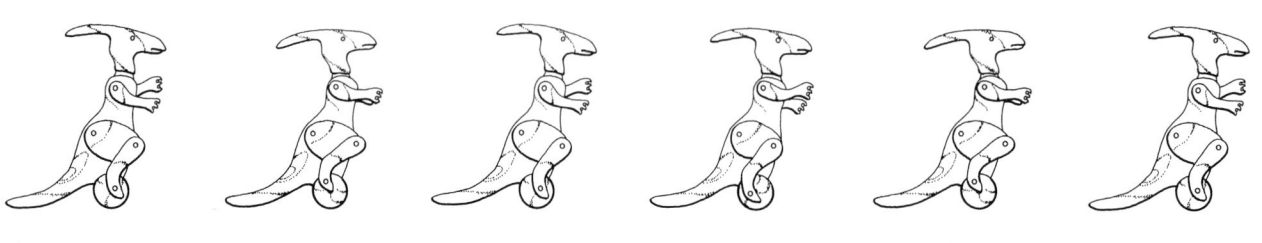

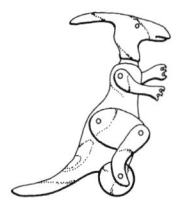

Der Hadrosaurus

Der Parasaurolophus gehörte zu den auffälligsten unter den Hadrosauriern oder Schnabeltieren. Er besaß auf dem Hinterkopf einen Kamm von mehr als 1 Meter Länge. Dieses »Horn« war hohl und hatte Verbindung zum Nasen-Rachen-Raum. Man ist sich heute weitgehend darüber einig, daß dieser Resonanz-Hohlraum den Schrei des Tieres verstärkte, der dem Ton einer Trompete nicht unähnlich gewesen sein mag.

Die Hadrosaurier hatten außerdem Schwimmhäute zwischen den Zehen, vermutlich um es diesen hilflosen Tieren zu ermöglichen, hungrigen Fleischfressern dadurch zu entkommen, daß sie ins offene Wasser schwammen.

Wie funktioniert er?

Dieses Spielzeug besitzt einen ungewöhnlichen Bewegungsablauf. Während seines schwerfälligen Ganges, hervorgerufen durch die diametral versetzten, leicht exzentrisch auf der Achse sitzenden Räder, bewegt sich der Kopf vor und zurück. Durch das Zusammenwirken der unten an einer Verlängerung befindlichen Gabel mit einem auf der Achse befestigten Exzenter, dreht sich der ganze Kopfteil um eine Welle mitten im Körper (siehe Abb. 1).

Die Körperhälften

Reißen Sie die Körperhälften (C) an und stellen Sie zunächst die Bohrungen für die Achsen her, ehe Sie den Umriß an der Bandsäge aussägen. Die Hälften werden dann deckungsgleich, ausgerichtet nach den Achsbohrungen, aufeinandergelegt, damit die Lagerbohrungen und die Löcher von 6 mm ∅ zum Anbringen der Arme und Beine durch beide Teile gleichzeitig gebohrt werden können. Auf diese Weise werden sie genau zueinander fluchten.

Schleifen Sie dann die Körperhälften auf beiden Seiten. Die Kanten dürfen aber jetzt nur in den Bereichen geschliffen werden, die nicht an die Zwischenstücke stoßen (Nacken- und Radbereich). Fräsen Sie dort auch die äußeren Kanten und brechen Sie die inneren mit Schleifpapier von Hand. Geben Sie acht, die Kanten innen nicht im Bereich der Zwischenstücke zu brechen, da sonst dort nach dem Zusammenbau Ritzen zurückbleiben.

Die Zwischenstücke

Reißen Sie die Zwischenstücke an und sägen Sie sie aus. Die Flächen werden nur ganz leicht geschliffen, so daß eventuell vorhandene Spuren von einem Dicktenhobel gerade eben verschwinden. Die Flächen der Teile müssen exakt parallel bleiben, sonst klaffen nach dem Zusammenbau mit den Körperhälften an einigen Stellen Ritzen. Verrunden Sie an beiden Zwischenstücken die später freiliegenden Kanten am Halsansatz und bei den Rädern, damit sie am fertigen Stück sauber aussehen.

Der Kopf

Es gibt gute Gründe, den Kopf aus drei Schichten zu verleimen: erstens wird so der Kopf breit genug, damit man ihm die typische Schnabeltierform geben kann, zweitens laufen die Holzfasern bei der Verlängerung für den Schwenkmechanismus in Längsrichtung, wodurch besonders die Gabel ihre erforderliche Festigkeit bekommt, drittens verlaufen auch die Holzfasern außen am Kamm in dessen Längsrichtung und verleihen ihm ebenfalls Festigkeit.

Reißen Sie das lange Kopfstück (A) an und bohren Sie die Lagerbohrung vor dem Aussägen des Umfangs. Das Loch für das Auge wird erst nach der Montage gebohrt. Beide Flächen des Stücks werden flachgeschliffen, die Kanten dürfen nur bis an die Grenze geschliffen werden, die den Beginn der Aufleimungen markiert. Am besten reißt man diese Grenze auf dem Stück an, damit man beim Kantenfräsen daran denkt, ebenfalls nur bis dahin zu gehen. Glätten Sie die gefrästen Kanten an den später sichtbaren Stellen (Nacken und Gabel) von Hand mit Schleifpapier.

Zeichnen Sie die beiden Kopf-Seitenteile (B) so auf, daß die Holzfasern in Längsrichtung laufen. An beiden Teilen werden die Innen- und Außenflächen geschliffen. Die Kanten werden nur am unteren Ende und den dort anschließenden Ecken geschliffen, da man nach dem Verleimen dort nicht mehr ankommen kann. Die gleiche Partie wird auch gefräst und von Hand mit Schleifpapier geglättet.

Leimen Sie die Seitenteile exakt ausgerichtet auf das Mittelstück. Dabei sollte unten nur wenig Leim angegeben werden, damit nicht so viel herausquillt. Das läßt sich dort nachher nur schlecht entfernen. Setzen Sie möglichst viele Schraubzwingen an (mit Beilagen).

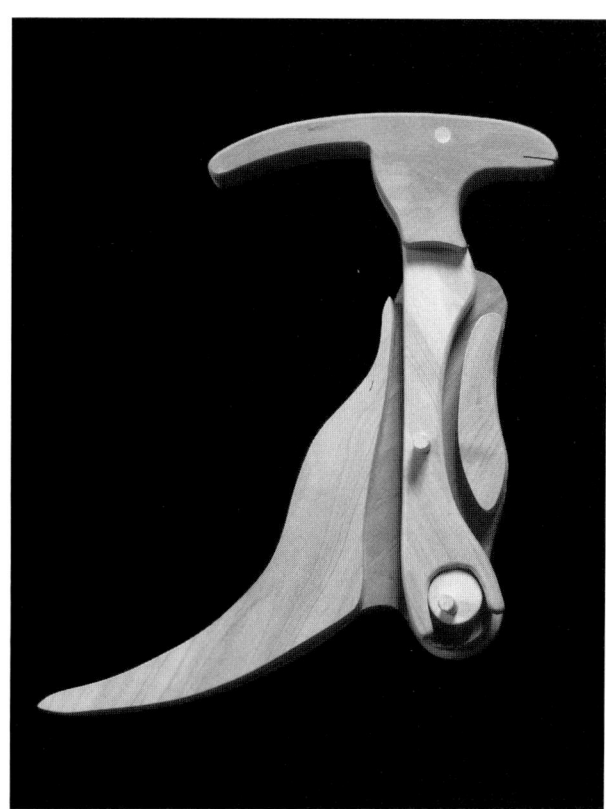

Abbildung 1
Ist eine Körperhälfte entfernt, kann man erkennen, wie der Exzenter in der Gabel den Kopf vor und zurück bewegt, wenn sich die Räder drehen

Wenn die Verleimung abgebunden hat, wird das Loch für die Augen gebohrt. Legen Sie dabei ein Stück Abfallholz unter, um das Aussplittern des Lochrandes zu vermeiden. Sägen Sie nun den Umriß auf seine endgültige Form, so daß alle drei Teile erfaßt werden, und schleifen Sie jetzt diese Kanten. Leimen Sie den Dübel ein, der die Augen bildet. Wenn die Verleimung fest geworden ist, wird der Überstand abgesägt. Dann müssen noch die beiden Dübelenden bündig geschliffen werden.

Reißen Sie die Draufsicht des Kopfes an und schleifen Sie die flachen Kurven hinter der Schnauze an der Umlenkrolle der Bandschleifmaschine.

Spannen Sie den Kopf ein und fräsen Sie den Umriß. An den Stellen, die mit dem Fräser nicht bearbeitet werden können, müssen Raspel und Feile benutzt werden. Glätten Sie den gesamten Kopf mit Schleifpapier von Hand.

Beim Einleimen der Drehwelle (M) muß man sehr vorsichtig sein, damit das Stück dort nicht platzt. Es ist ratsam, mit Schleifpapier die Welle von 10 mm ⌀ ein wenig dünner zu machen, damit sie leichter eingebaut werden kann. Wenn Sie sie in das Loch treiben, sollten Sie unmittelbar um das Loch herum etwas unterlegen, um diesen schmalen Teil ausreichend zu unterstützen. Achten Sie darauf, daß die Welle auf beiden Seiten gleichviel herausragt.

Die Arme und Beine

Zeichnen Sie die Arme (F) und die Beine (G, H) auf Holz von 12 mm Stärke. Bohren Sie dann zunächst die Löcher für die Zapfen und die Durchgangslöcher. Die Schwimmhäute werden angedeutet, indem Löcher von 6 mm ⌀ zwischen den Fingern gebohrt und mit eingeleimten Dübeln wieder verschlossen werden. Hat der Leim abgebunden, werden die überstehenden Enden der Dübel abgesägt und auf der Rückseite bündig geschliffen, damit man die Teile flach auf den Tisch der Bohrmaschine legen kann. Dann werden Löcher von 6 mm ⌀ so gebohrt, daß sie die eingeleimten Dübel gerade eben anschneiden.

Sägen Sie jetzt die Umrisse aus, schleifen Sie die Flächen und Kanten (Vorsicht mit den Fingern) und brechen Sie die Kanten von Hand mit Schleifpapier.

Die Räder und der Exzenter

Bei den Rädern (J) müssen eventuell vorhandene Achsbohrungen ausgefuttert werden. Die nun zu bohrenden Löcher liegen so dicht beieinander, daß zuerst das Loch mit 6 mm ⌀ gebohrt werden muß. damit es nicht zu dem größeren durchbrechen kann. Für das Loch mit 10 mm ⌀ nimmt man dann am besten einen Forstnerbohrer, um zu vermeiden, daß nun der größere Bohrer zu dem kleinen Loch durchbricht.

Wenn Sie sich den Exzenter selbst anfertigen, sollten Sie die Bohrung von 10 mm ⌀ anbringen, ehe Sie den Umfang aussägen, dann besteht keine Gefahr, daß das Teil beim Bohren platzt.

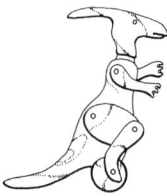

Der Zusammenbau

Es empfiehlt sich, die Gängigkeit des Kopfes vor dem endgültigen Verleimen zu prüfen. Legen Sie dazu den Kopf und die Zwischenstücke an ihren Platz. Stecken Sie eine Welle von 10 mm ⌀ durch den Exzenter und dann zusammen mit dem Exzenter in die Lagerbohrung in die Körperhälfte (siehe Abb. 1).

Jetzt kann man beim Drehen der Welle sehen, ob der Exzenter leicht in der Gabel läuft. Klemmt dieser, dann arbeiten Sie die Gabel an der betreffenden Stelle ein wenig nach (nicht zuviel), bis gleichmäßig leichter Lauf erreicht ist. Prüfen Sie dann, ob sich das Kopfstück frei bewegt, ohne an die Zwischenstücke zu stoßen. Wenn das doch der Fall sein sollte, kann man entweder an der betreffenden Stelle das Zwischenstück nacharbeiten oder aber das Zwischenstück als ganzes bei der Montage ein wenig nach außen rücken.

Geben Sie nun Leim an die Zwischenstücke und setzen Sie sie an richtiger Stelle auf eine Körperhälfte. Dann kommt das Kopfstück an seinen Platz, und zum Schluß wird die andere Körperhälfte vorsichtig obenaufgelegt. Ein Dübel von 10 mm ⌀, durch beide Achsbohrungen gesteckt, hilft beim genauen Ausrichten. Prüfen Sie, ob die Drehwelle in der Mitte noch leichtgängig ist.

Spannen Sie alles mit möglichst vielen Schraubzwingen zusammen, die Sie über den Zwischenstücken (mit Beilagen) ansetzen müssen. Achten Sie darauf, daß sich beim Anziehen der Zwingen nichts verschiebt. Prüfen Sie wieder, ob sich das Kopfstück leicht bewegen läßt und ob die Achsbohrungen fluchten. Noch lassen sich die Körperhälften zurechtrücken.

Wenn der Leim abgebunden hat, kann der Umriß nötigenfalls nachgesägt werden. Diese frisch gesägten Kanten müssen dann auch geschliffen werden. Zum Schluß werden alle bisher noch nicht bearbeiteten Kanten gefräst und von Hand geschliffen.

Die Draufsicht des Schwanzes wird als nächstes aufgezeichnet, an der Bandsäge ausgesägt und geschliffen. Mit einem in die Bohrmaschine eingespannten Schleifzylinder lassen sich Bearbeitungsspuren quer zur Holzfaser gut entfernen. Spannen Sie das Spielzeug jetzt mit dem Schwanz nach oben ein und runden Sie alle nicht mit dem Fräser erreichbaren Kanten mit Raspel und Feile. Dann glätten Sie den ganzen Schwanz mit Schleifpapier von Hand.

Leimen Sie ein Rad auf seine Achse und stecken Sie diese durch die Lagerbohrungen, wobei Sie den Exzenter an seinem Platz einfügen. Beim Aufleimen des anderen Rades ist darauf zu achten, daß die Zapfenlöcher diametral zueinander versetzt stehen (eins oben, eins unten). Schleifen Sie die Enden der Achsen bündig und entfernen Sie dabei auch herausgequollenen Leim.

Das Spielzeug wird dann mit dem Kopf nach unten an der Bohrmaschine eingespannt, damit das Loch von 3 mm ⌀ durch Exzenter und Welle gebohrt werden kann. Vorstehende Enden des darin eingeleimten Dübels müssen bündig geschliffen werden.

Die Beine werden zu spiegelbildlichen Paaren zusammengesetzt, mit 3 mm Luft zwischen den Teilen. An der Innenseite herausgequollener Leim muß abgeschliffen werden. Die Beine werden dann mit dem Körper und den Rädern verzapft und verleimt, wieder sollte 3 mm Zwischenraum als Luft bleiben. Die Arme werden mit Zapfen so an den Körper geleimt, daß sie sich gerade noch bewegen lassen.

Wenn das Ganze mit Öl getränkt wird, müssen die Arme beim Abwischen überschüssigen Öls recht oft bewegt werden. Dort, wo sich diese Teile berühren, zieht das Öl nicht besonders gut ein.

Nun ist er fertig. Geben Sie ihm einen Schubs und schauen Sie zu, wie er sich bewegt. Sie sollten ihm aber einen kräftigen Schubs geben, falls ein Tyrannosaurus in der Nähe ist.

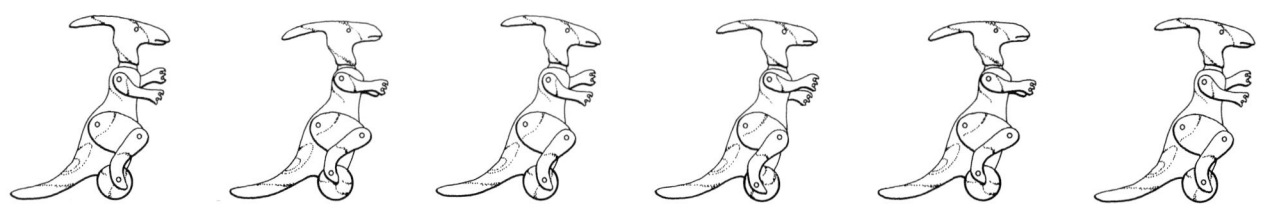

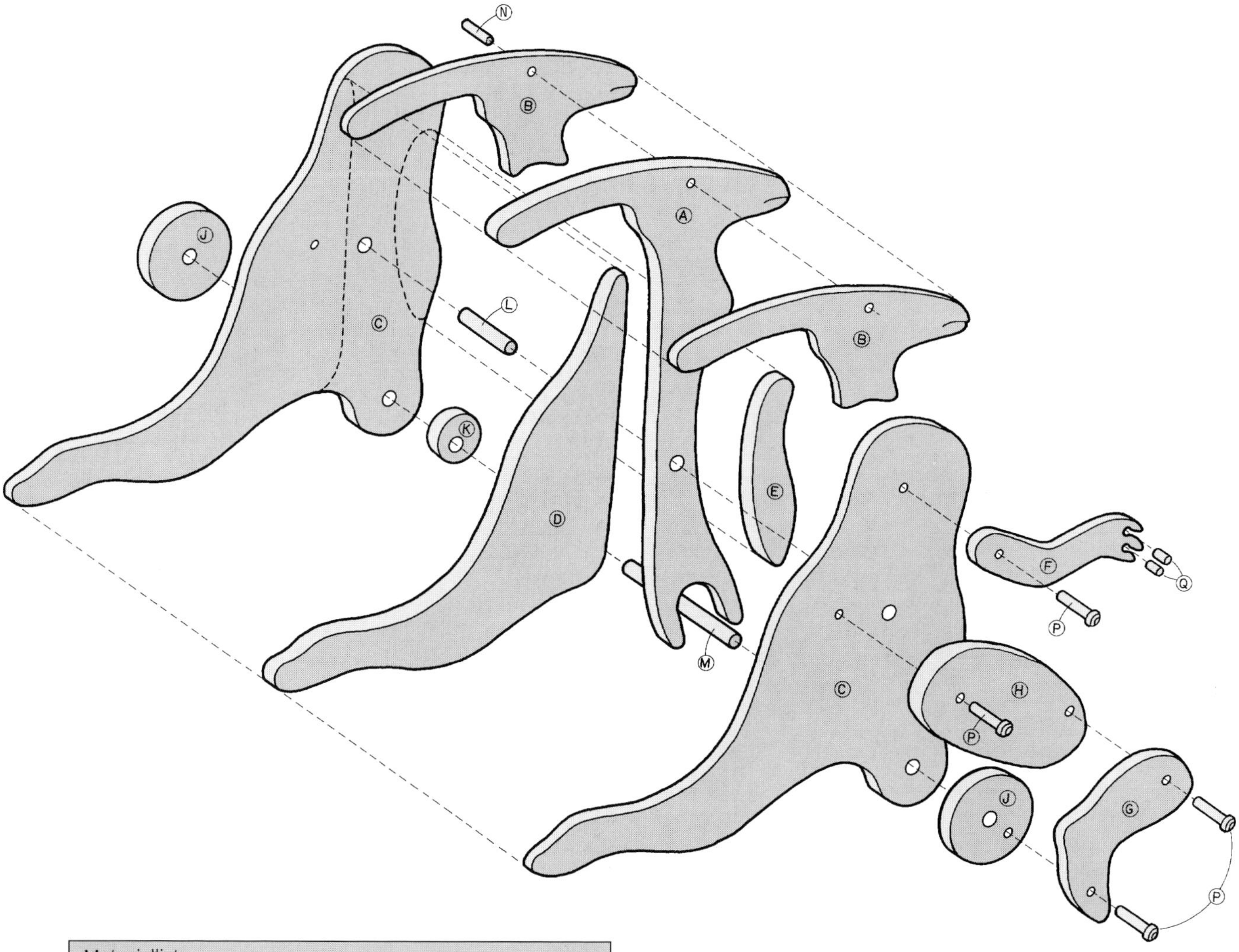

Materialliste					
Teil	Benennung	Anz.	Stärke	Breite oder ⌀	Länge
A	Kopf, Schwenkteil	1	19	210	305
B	Kopf, Seitenteil	2	12	89	210
C	Körperhälfte	2	12	180	368
D	Zwischenstück, Schwanz	1	22	70	203
E	Zwischenstück, Bauch	1	22	25	120
F	Arm	2	12	38	115
G	Unterschenkel	2	12	58	115
H	Oberschenkel	2	12	70	108
J	Rad	2	12 oder 16	58	
K	Exzenter	1	16	32	
L	Drehwelle	1		10	42
M	Achse	1		10	89
N	Auge	1		10	44
P	Zapfen	6	Kopf 10	6	Schaft 27
Q	Schwimmhaut	4		6	15

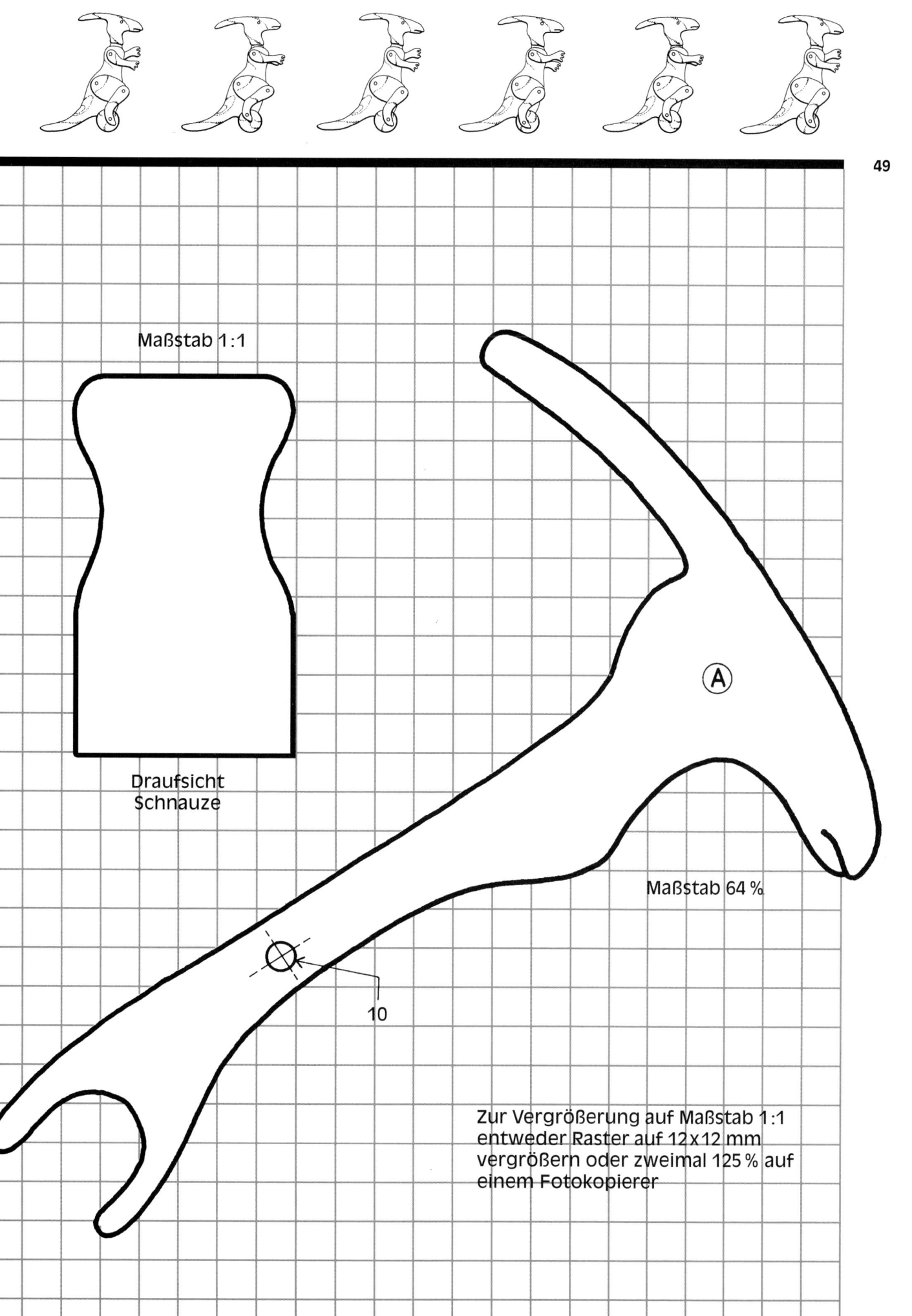

Maßstab 1:1

Draufsicht
Schnauze

Ⓐ

Maßstab 64 %

10

Zur Vergrößerung auf Maßstab 1:1
entweder Raster auf 12x12 mm
vergrößern oder zweimal 125 % auf
einem Fotokopierer

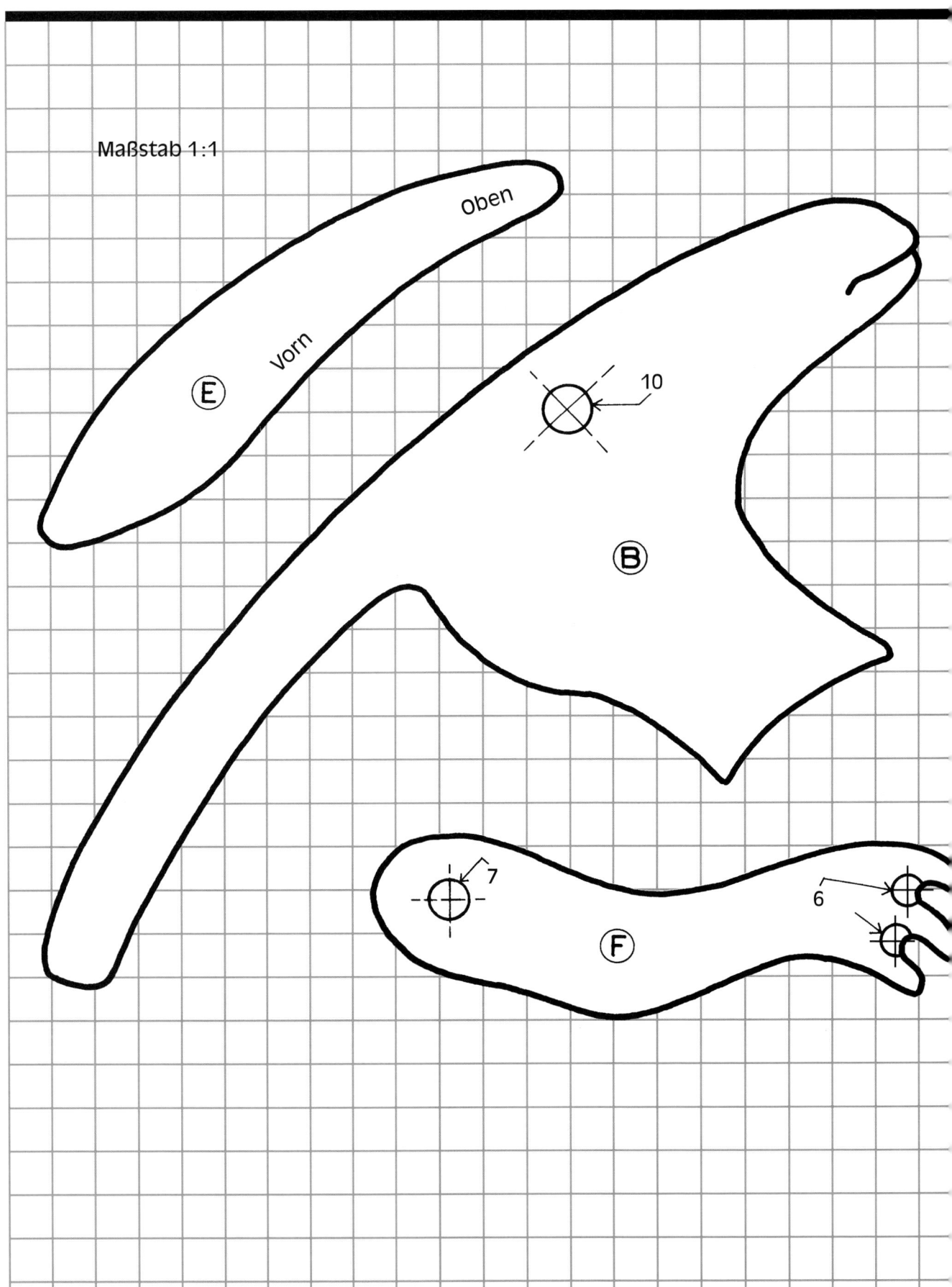

50

Maßstab 1:1

E

Vorn

Oben

B

10

F

7

6

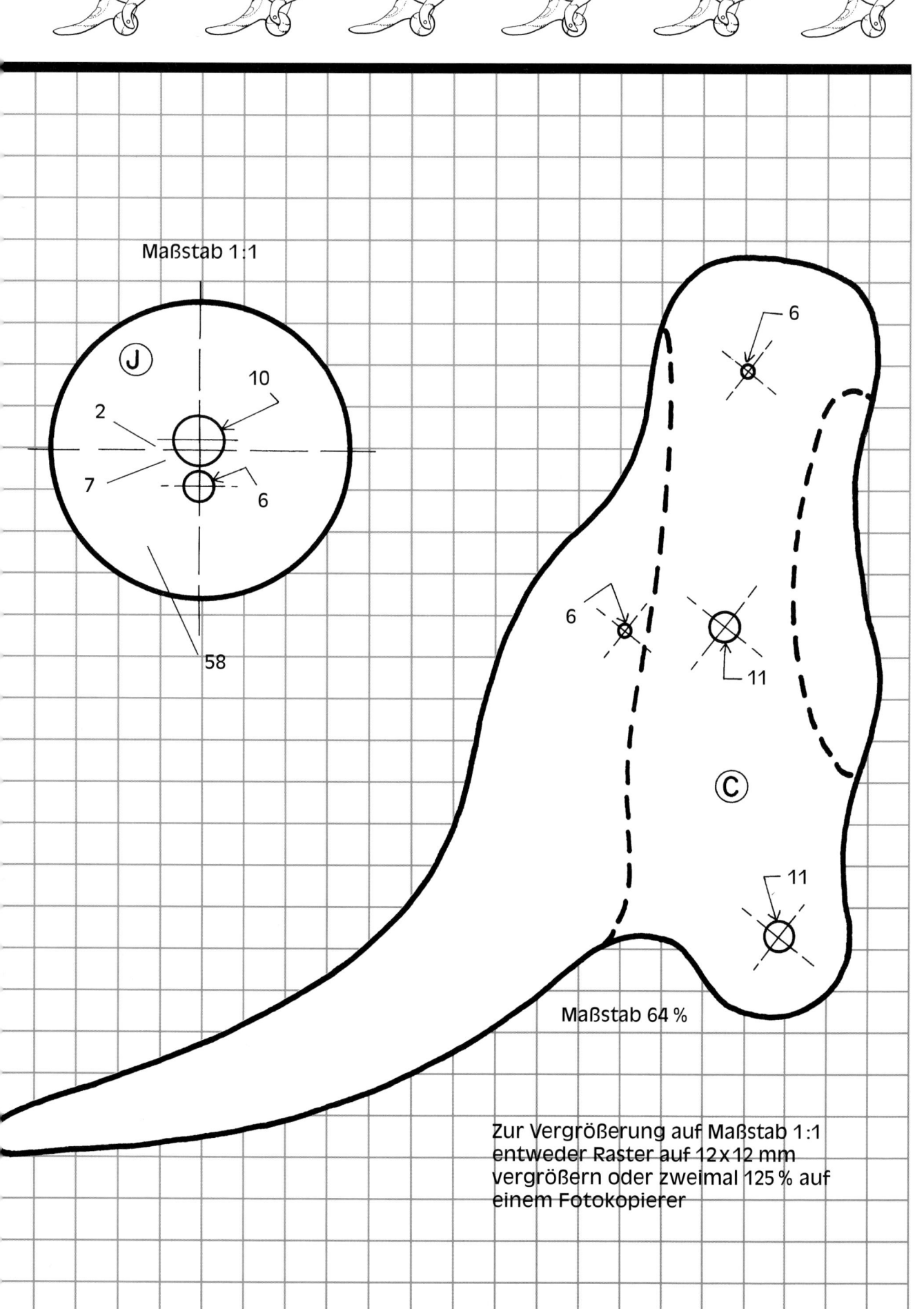

Maßstab 1:1

J

10

2

7

6

58

6

6

11

C

11

Maßstab 64 %

Zur Vergrößerung auf Maßstab 1:1
entweder Raster auf 12x12 mm
vergrößern oder zweimal 125 % auf
einem Fotokopierer

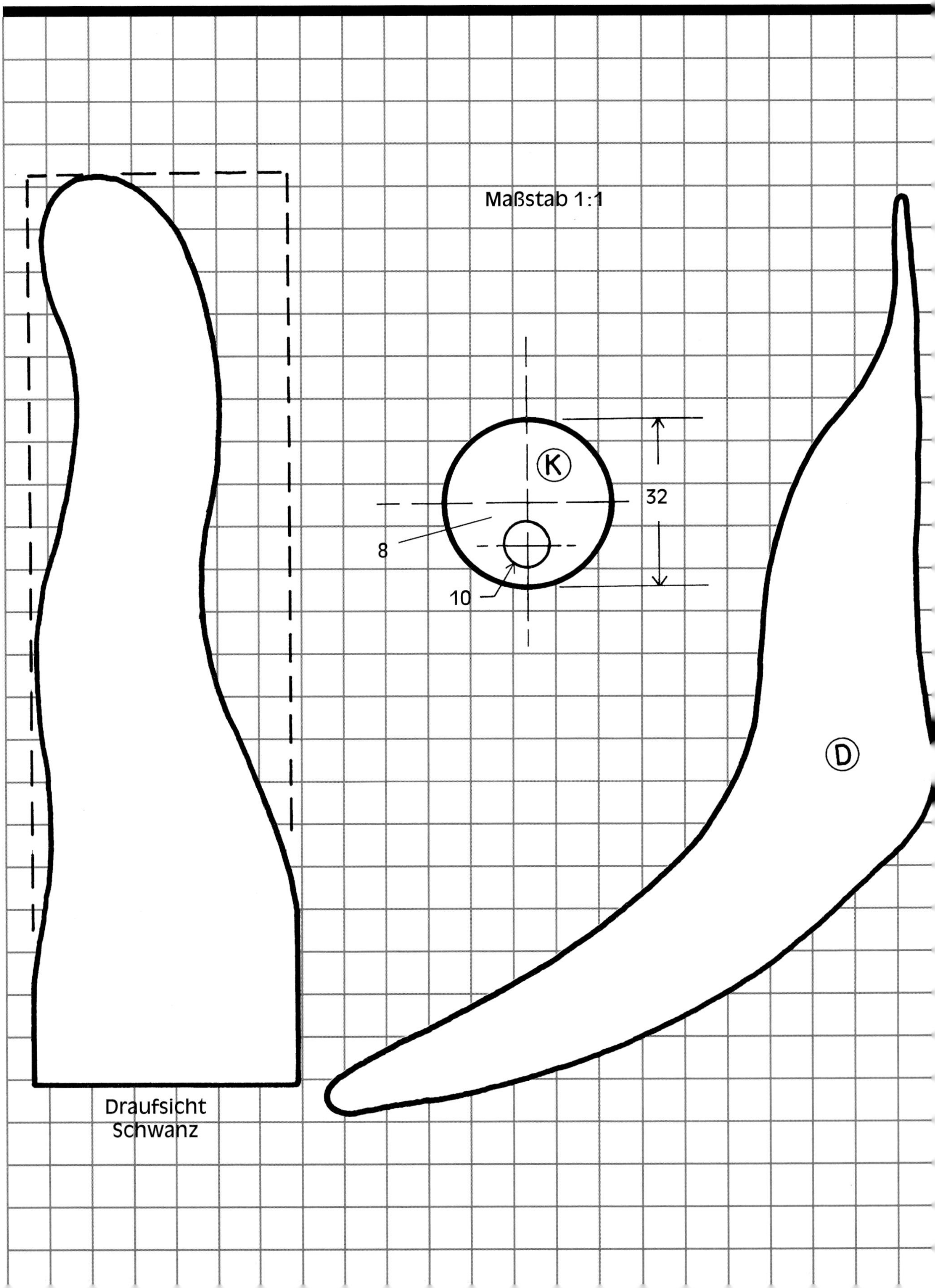

Maßstab 1:1

(K)

32

8

10

(D)

Draufsicht
Schwanz

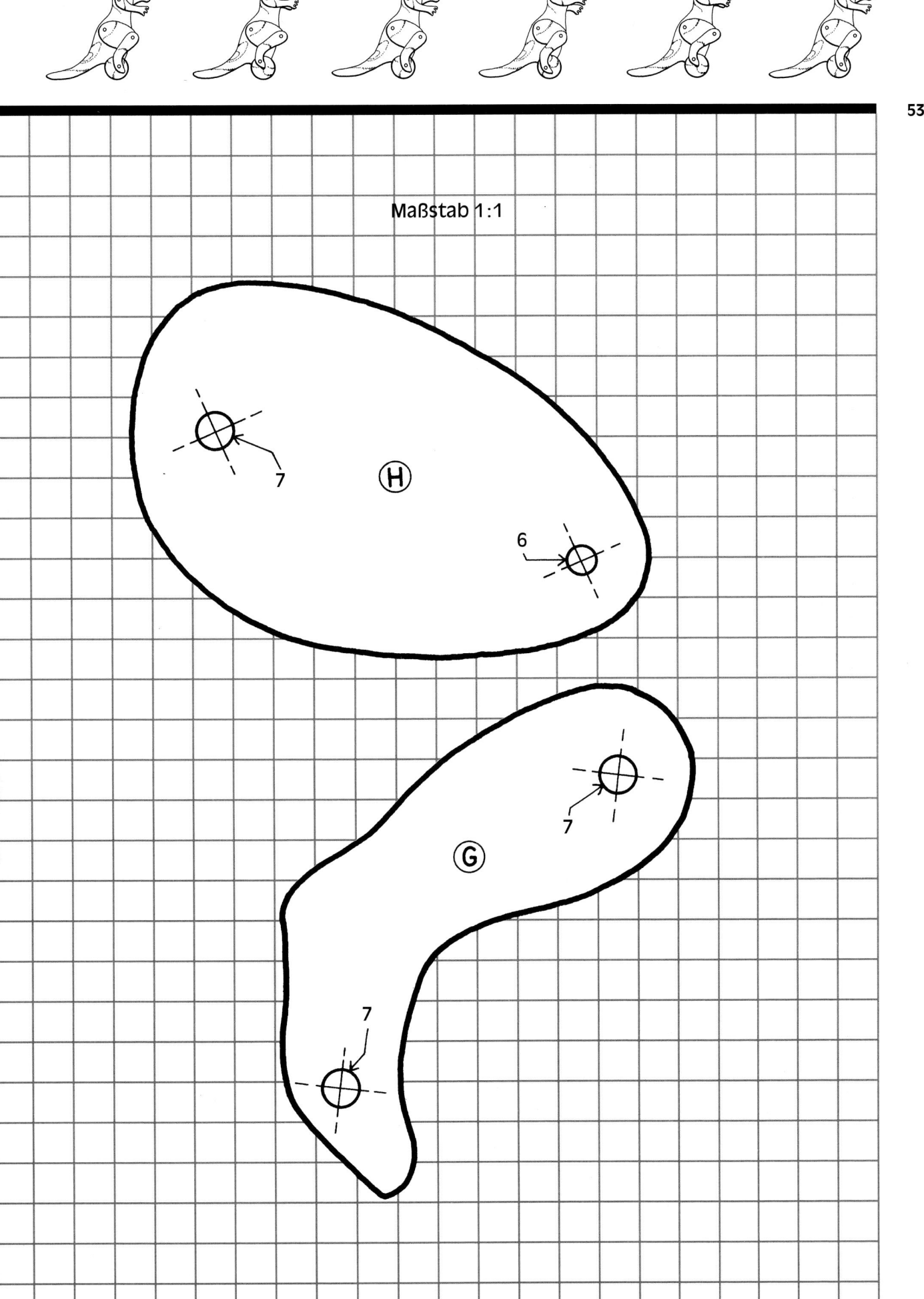

Maßstab 1:1

Der Stenosaurus

Dies ist eines der wenigen urweltlichen Geschöpfe, die nicht eigentlich ausgestorben sind. Im Laufe der Evolution hat sich aus ihm nämlich das heutige Krokodil entwickelt. Das in Indien beheimatete Sumpfkrokodil besitzt eine große Ähnlichkeit mit dem Stenosaurus.

Wie funktioniert er?

Wenn man dieses Spielzeug schiebt, öffnet es langsam sein Maul und schnappt gefährlich zu. Verborgene Stifte auf der Innenseite der vorderen Räder lösen diese Bewegung aus (siehe Abb. 1). Seine tief angebrachten Beine geben ihm den Anschein, typisch wie ein Krokodil zu kriechen.

Der Körper

Nach dem Anreißen des Körpers (A) sollten alle Löcher vor dem Aussägen der Umrisse gebohrt werden, damit die schmalen Stellen bei den Augen und den Achsen nicht abplatzen. Ist der Umriß dann ausgesägt, folgt das Schleifen der Flächen und Kanten sowie das Fräsen rundherum. Nur der Bereich der Zähne wird nicht gefräst. Reißen Sie dann die Draufsicht des Schwanzes an, sägen Sie sie aus und schleifen Sie die gesägte Kante.

Spannen Sie den Körper anschließend mit dem Schwanz nach oben ein und runden Sie alle Kanten, die nicht gefräst werden konnten mit Raspel, Feile und Schleifpapier. Glätten Sie auch alle anderen rauhen Stellen mit Schleifpapier von Hand und brechen Sie die Kanten der Zähne mit einer Feile.

Reißen Sie die Seiten (B) und das Zwischenstück (C) für den Kopf an. Beachten Sie, daß das Zwischenstück 3 mm stärker als der Körper sein muß. Bohren Sie die Löcher für die Augen und sägen Sie die Teile dann aus. Das Blatt der Bandsäge muß beim Aussägen des Zwischenstücks genau senkrecht zum Sägetisch laufen, sonst wird später der zusammengebaute Kopf schief. An allen drei Teilen werden die Kanten geschliffen, ausgenommen die Oberseite der Schnauze, diese Partie wird erst nach dem Zusammenbau bearbeitet.

Geben Sie Leim an beide Seiten des Zwischenstücks, legen Sie die beiden Seitenteile des Kopfes genau ausgerichtet dagegen und spannen sie das Ganze zusammen. Ein Verrutschen beim Ansetzen der Zwingen läßt sich verhindern, wenn man die drei Teile mit den Fingern gut aneinander drückt. Es kommt bei dieser Verleimung sehr auf Genauigkeit an, denn davon hängt später die Beweglichkeit ab. Direkt über dem Zwischenstück sollten zwei oder drei Zwingen angesetzt werden.

Wenn der Leim abgebunden hat, schleifen Sie die Oberseite der Schnauze und die Seitenflächen. Fräsen Sie die Kanten mit Ausnahme des Bereichs der Zähne. Brechen Sie alle scharfen Kanten von Hand mit Schleifpapier. Bei den Zähnen eignet sich dafür eine kleine Feile am besten.

Die Beine

Reißen Sie die Beine (D, E, F, G) an. Denken Sie daran, daß die vorderen Oberschenkel aus 19 mm starkem Holz gefertigt werden müssen, damit genügend Platz für die innen an den Rädern befindlichen Stifte von 10 mm Ø vorhanden ist. Beim Bohren der Löcher sind die unterschiedlichen Durchmesser zu beachten. An den vorderen Oberschenkeln wird je ein Loch zunächst 12 mm tief mit 12 mm Ø angesenkt, ehe mit 7 mm Ø ganz durchgebohrt wird. Dann reicht nämlich die herausschauende Länge der durchgesteckten Zapfen aus, um sie am Körper zu befestigen.

Wenn alle Löcher gebohrt sind, sägen Sie die Beinteile aus, schleifen Umrisse und Flächen und brechen die scharfen Kanten mit Schleifpapier von Hand.

Abbildung 1
Die Stifte auf den Innenseiten der Räder bewirken, daß sich das Maul öffnet

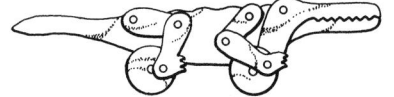 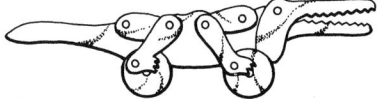 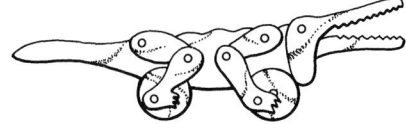

Die Räder und Exzenter

Legen Sie die Vorderräder mit der Außenseite nach unten auf den Bohrmaschinentisch und bohren Sie die 10 mm tiefen Löcher für die Stifte. Bohren Sie dann die Löcher mit 6 mm Ø diametral gegenüber und auch an den Hinterrädern. Sägen Sie zwei Stifte (L) von 10 mm Ø auf 19 mm Länge ab, runden Sie die Enden von Hand ab und leimen Sie sie in die dafür vorgesehenen Löcher. Diese Stifte müssen zur Innenfläche der Räder genau rechtwinklig stehen.

Der Zusammenbau

Wenn Sie beabsichtigen, dieses Spielzeug farbig anzumalen, sollten Sie das vor dem Zusammenbau tun. Das auf der Farbabbildung gezeigte Exemplar habe ich mit Latex-Farbe bemalt.

Sägen Sie die vordere Achse (J) so lang ab, daß sie durch den Körper und beide Räder mit den nach innen stehenden Stiften reicht und zusätzlich noch etwa 3 mm Luft bleibt. Die Räder werden auf die Achsen geleimt (um 180° versetzt – ein Stift oben, der andere unten). Wenn der Leim abgebunden hat, schleifen Sie die Enden der Achse, um herausgequollenen Leim zu entfernen und sie zu glätten.

Setzen Sie die Beine mit ausreichend Spielraum zu spiegelbildlichen Paaren zusammen. Schleifen Sie noch einmal über die Innenflächen der Beine, um herausgequollenen Leim zu entfernen. Befestigen Sie die Beine am Körper und an den Rädern mit eingeleimten Zapfen. Auf der Innenseite der Räder herausquellender Leim muß beseitigt werden.

Verfahren Sie mit den hinteren Rädern (H) und den hinteren Beinen genauso, nur mit dem Unterschied, daß hier keine Stifte einzusetzen sind.

Abschließend wird am Körper etwas Leim in die Löcher für die Augen gegeben und mit Hilfe von Zapfen der Kopf/Oberkiefer montiert. Achten Sie darauf, daß dieser nicht einseitig sitzt und daß die Zapfen nicht zu tief hineingedrückt sind, sonst läßt er sich nicht einwandfrei bewegen.

Wenn Sie Ihren Stegosaurus nicht anmalen wollen, tränken Sie ihn mit Öl, nachdem der Leim abgebunden hat. Gehen Sie nicht zu nahe ans Wasser, er könnte nach Ihnen schnappen!

Materialliste					
Teil	Benennung	Anz.	Stärke	Breite oder Ø	Länge
A	Körper	1	44		496
B	Kopf, Seitenteil	2	10	77	140
C	Kopf, Zwischenstück	1	48	12	92
D	Oberschenkel, vorn	2	19	32	70
E	Unterschenkel, vorn	2	12	32	99
F	Oberschenkel, hinten	2	12	35	77
G	Unterschenkel, hinten	2	12	35	92
H	Rad	4	16	58	
J	Achse, vorn	1		10	99
K	Achse, hinten	1		10	80
L	Stift für Vorderrad	2		10	19
M	Zapfen	14	Kopf 10	6	Schaft 27

M
C
B
B
M
H
J
H
K
A
D
M
L
F
M
H
E
H
G
M
M

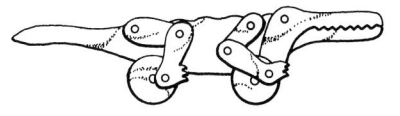

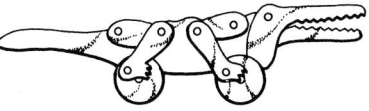

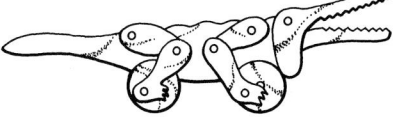

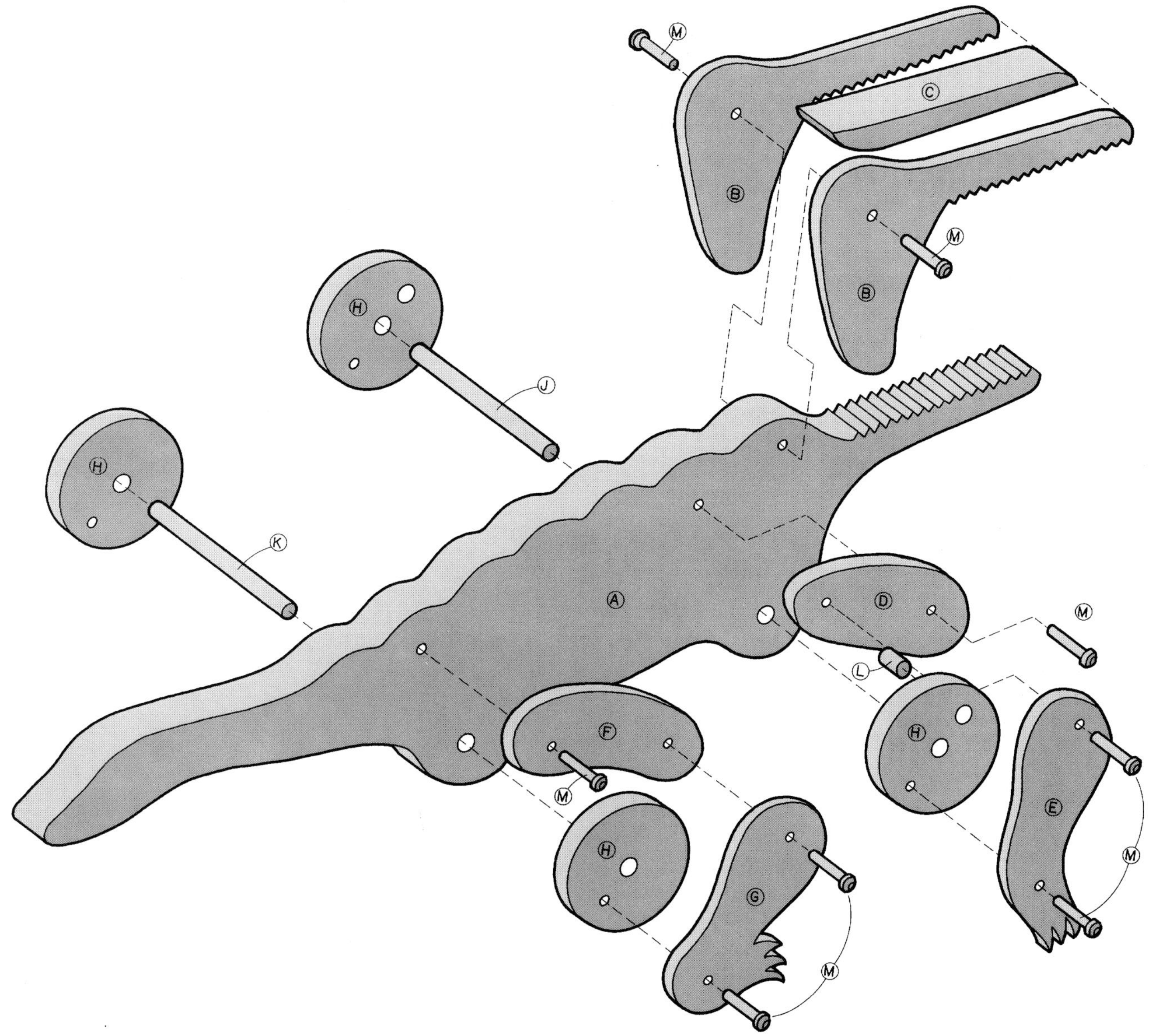

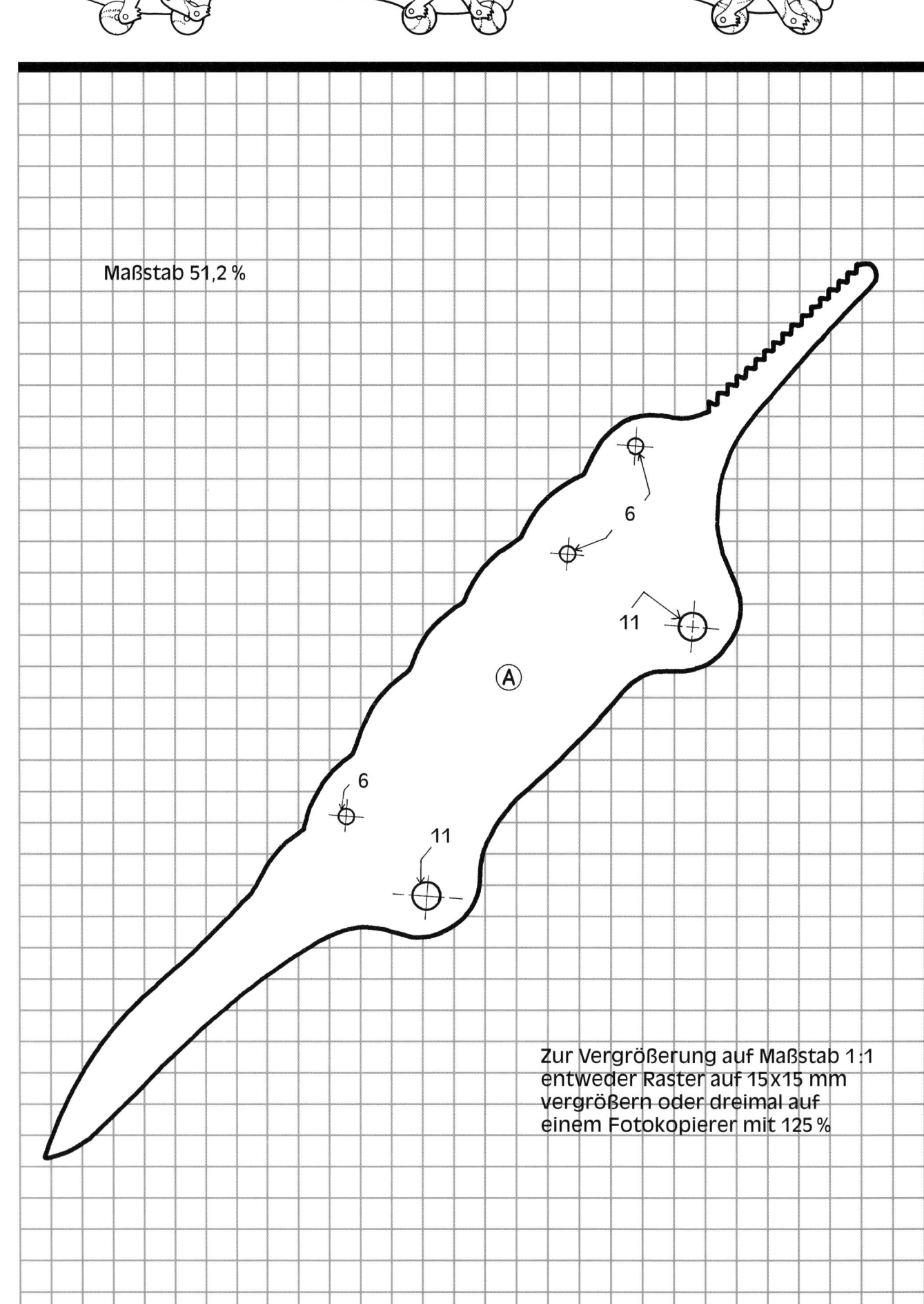

Maßstab 51,2 %

6

11

Ⓐ

6

11

Zur Vergrößerung auf Maßstab 1:1
entweder Raster auf 15 x 15 mm
vergrößern oder dreimal auf
einem Fotokopierer mit 125 %

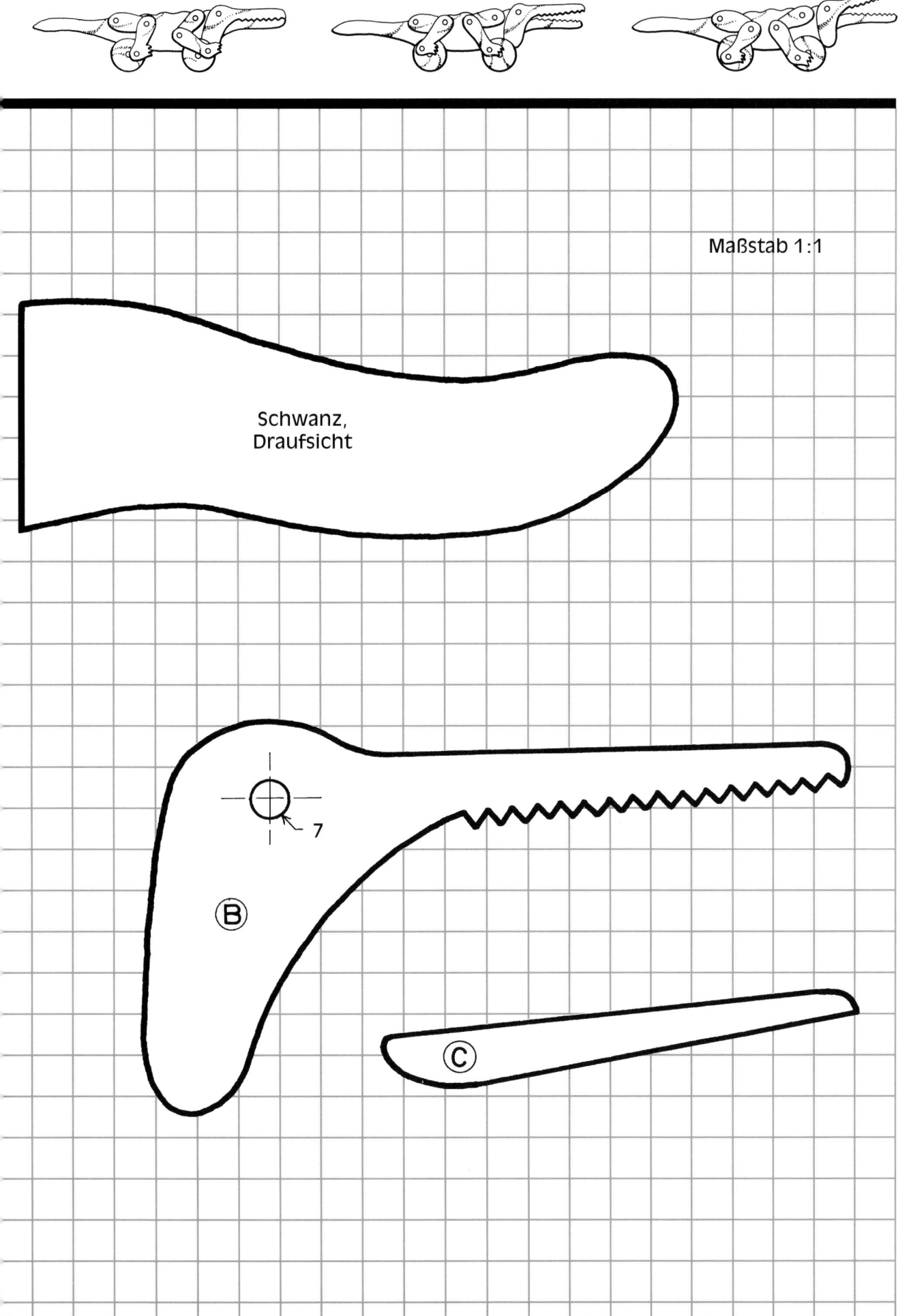

Maßstab 1:1

Schwanz,
Draufsicht

7

B

C

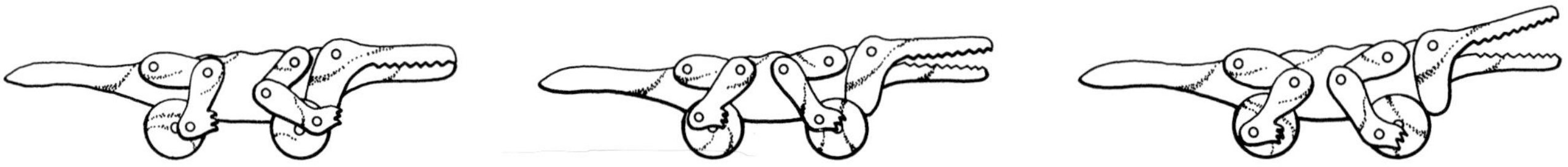

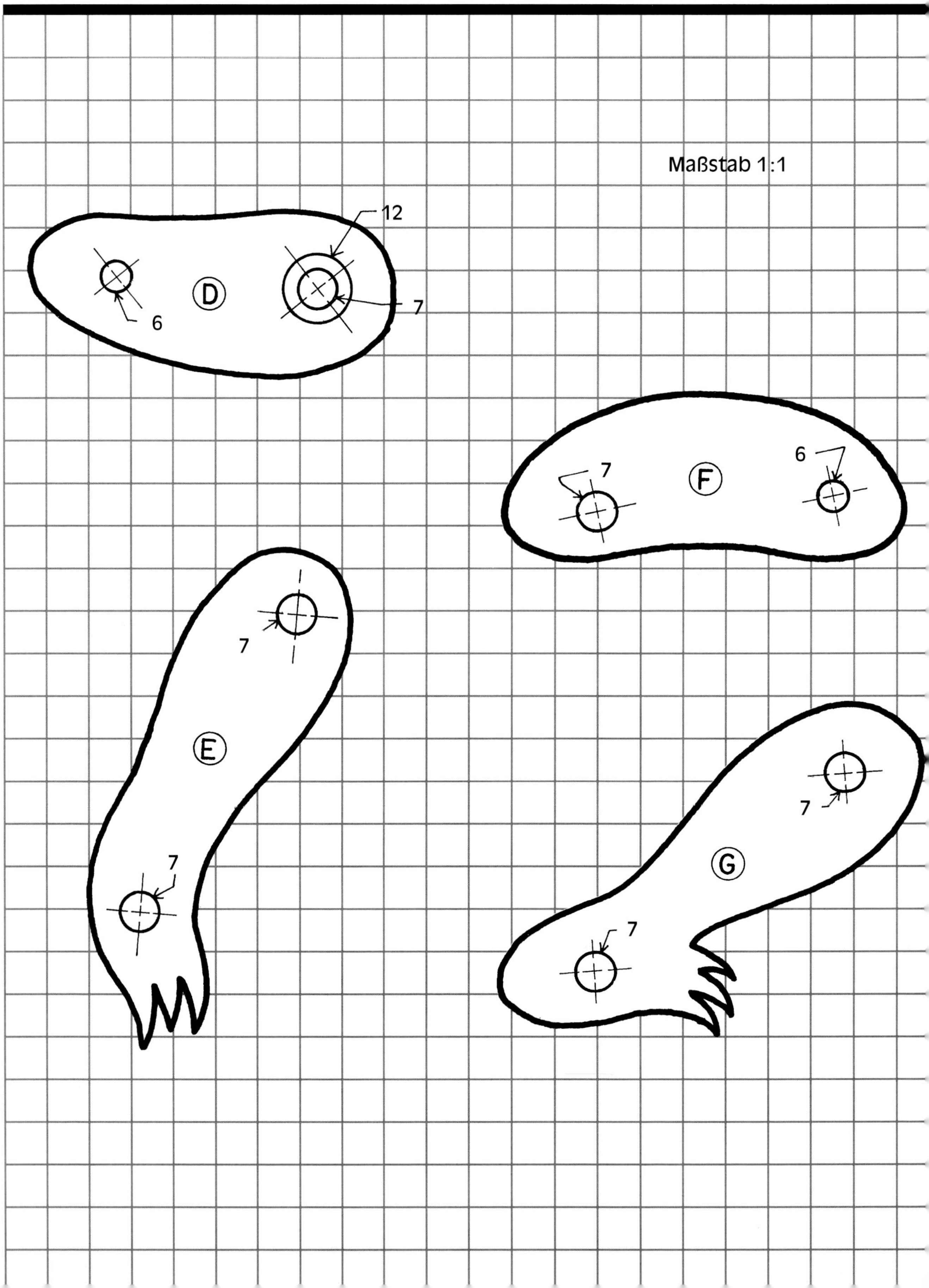

Maßstab 1:1

D — 12 — 6 — 7

F — 7 — 6

E — 7 — 7

G — 7 — 7

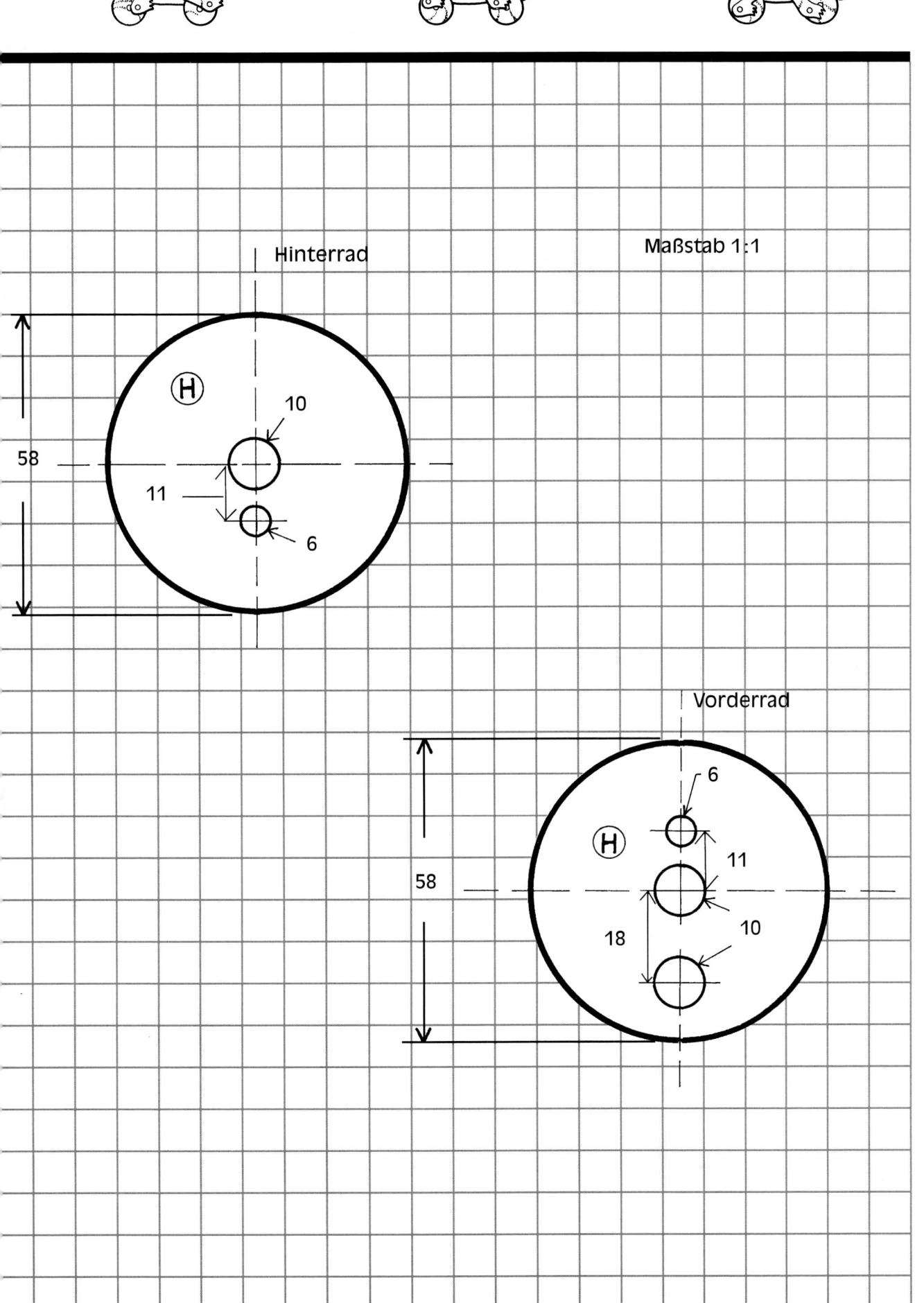

Hinterrad

Maßstab 1:1

58

Ⓗ

10

11

6

Vorderrad

58

6

11

18

10

Ⓗ

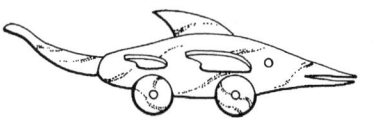 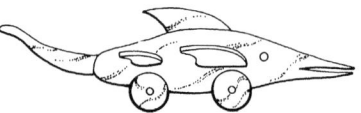 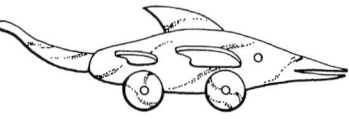

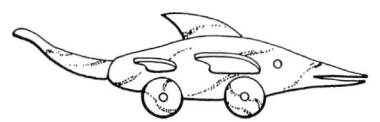

Der Ichthyosaurus

Der Ichthyosaurus war eines der ersten fischähnlichen Reptilien und sah wie eine Kreuzung von Delphin und Haifisch aus. Er war ein gefährliches Raubtier und fraß so ziemlich alles, was im Wasser schwamm.

Wie funktioniert er?

Wenn Sie dieses Spielzeug hinter der Rückenflosse anfassen und schieben, hebt und senkt der Exzenter auf der hinteren Achse Schwanz und Rückenflosse. Die gleichsinnig exzentrisch auf der vorderen Achse sitzenden Räder verleihen ihm eine Schwimmbewegung: der Körper hebt sich, wenn die Flossen heruntergehen, die Flossen gehen nach oben, wenn sich der Körper senkt. Der Mechanismus bewirkt, daß alle Bewegungen sanft und fließend erfolgen (siehe Abb. 1).

Die Körperhälften

Reißen Sie die Körperhälften (A) an und bohren Sie die Löcher für die Achsen vor dem Aussägen der Umrisse mit der Bandsäge, damit nichts spaltet (der das Maul bildende Schlitz wird erst nach dem Zusammenbau gesägt). Sind die Hälften ausgesägt, werden sie zum Bohren der Löcher für die Augen deckungsgleich aufeinander gelegt und nach den Achsbohrungen ausgerichtet, damit die Augen später genau einander gegenüber liegen.

Reißen Sie die Zapfenlöcher für die vorderen Flossen auf der Innenseite der Körperhälften an und bohren Sie zunächst mit einem Bohrer von 12 mm ⌀ nur 6 mm tief auf. Dann werden die Löcher von 7 mm ⌀ ganz hindurch gebohrt. Diese Löcher sind nicht mittig, sondern oben und unten in der Ansenkung von 12 mm ⌀, so daß Schlitze entstehen, in denen sich die Zapfen bewegen können, wenn die Flossen auf und ab gehen. Putzen Sie diese senkrechten Schlitze nach, bis sie gleichmäßige Form haben. Bohren Sie die Löcher mit 6 mm ⌀ für die hinteren Flossen erst dann, wenn die entsprechenden Löcher in die Flossen selbst gebohrt sind. Auf diese Weise läßt sich die genaue Fluchtung der Bohrungen sicherstellen.

Schleifen Sie die Seitenflächen an beiden Teilen. Die Kanten werden nur dort geschliffen, wo keine Zwischenstücke angrenzen. Diese Bereiche werden nach dem Zusammenbau nachgesägt und geschliffen.

Fräsen Sie dann die geschliffenen Kanten, wieder mit Ausnahme der Partien, an die die Zwischenstücke grenzen. Abschließend glätten Sie die gefrästen Kanten mit Schleifpapier von Hand. Sparen Sie auch hierbei die Bereiche bei den Zwischenstücken aus, sonst verbleiben dort nach dem Zusammenbau Ritzen.

Die Zwischenstücke

Sägen Sie die drei Zwischenstücke (B, C, D) aus. Bis auf die Stellen, wo sie später mit den Kanten der Körperhälften zusammenfallen, sollten Sie die Kanten an den Zwischenstücken schleifen, sie sehen dann sauberer aus, soweit man sie nach dem Zusammenbau sehen kann.

Der Schwanz und die Rückenflosse

Reißen Sie die Rückenflosse (E) an und lassen Sie sie am hinteren Ende noch länger (wie in der Vorlage abgebildet). Das Ende wird erst bearbeitet, wenn der Schwanz angeleimt ist. Sehen Sie sich an, wie Rückenflosse und Schwanz verbunden werden sollen. Bohren Sie das Loch für die Augen und sägen Sie das Teil dann aus.

Schleifen Sie beide Seitenflächen und den Umriß, achten Sie dabei aber darauf, daß die obere Kante des hinteren Endes exakt gerade bleibt, damit sie genau in die Nut im Schwanz paßt. Fräsen Sie die später sichtbaren Kanten der Rückenflosse und glätten Sie sie mit Schleifpapier von Hand.

Der Schwanz (F) kann auf zweierlei Weise angefertigt werden. Bei der ersten Methode ist es möglich, die Nut mit der Kreissäge herzustellen. Bei der zweiten wird weniger Holz verschwendet, aber die Nut muß von Hand herausgearbeitet werden.

Um nach der ersten Methode zu verfahren, wird zunächst ein Holzblock von 127 mm Breite, 89 mm Stärke und 180 mm Länge zusammengeleimt. Dann wird der Länge nach eine Nute von 19 mm Breite und 29 mm Tiefe gesägt. Anschließend werden nacheinander die Seitenansicht und die Draufsicht angerissen und ausgesägt.

Für die Anfertigung nach der zweiten Methode wird die Seitenansicht auf einem Holzklotz von 51 mm Stärke, 127 mm Breite und 180 mm Länge angerissen und ausgesägt. Als nächstes reißen Sie die Draufsicht

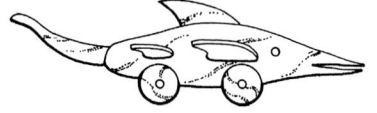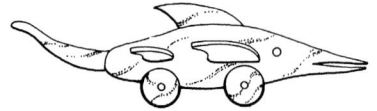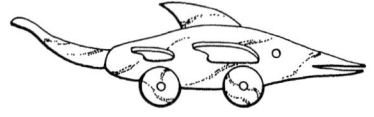

an und sägen diese aus. Die Nute wird ganz zum Schluß angerissen. Ihre Flanken müssen nun mit einer Feinsäge eingeschnitten und der Abfall bis auf die vorgesehene Tiefe mit einem Stemmeisen herausgearbeitet werden.

Ober- und Unterseite des Schwanzes können an der Umlenkrolle des Bandschleifers zügig geschliffen werden. Mit Raspel und Feile werden dann die Kanten verrundet und von Hand mit Schleifpapier geglättet.

Legen Sie die Rückenflosse auf eine Körperhälfte, so daß die Bohrungen für die Augen genau fluchten und die hinteren Enden beider Teile über die Kante der Werkbank ragen. Stecken Sie nun den Schwanz so nahe wie möglich zur Körperhälfte auf das hintere Flossenende. Der Schwanz darf bei seiner Auf- und Abbewegung die Körperhälfte nicht berühren. Reißen Sie die Verbindungsstelle mit einem Bleistift an. Leimen Sie Rückenflosse und Schwanz nach diesem Riß zusammen. Sie spannen die Teile am besten mit Weichholzbeilagen in der Hobelbank ein, dann gibt es nicht so leicht Druckstellen wie beim Ansetzen von Schraubzwingen.

Wenn der Leim genug Zeit zum Abbinden gehabt hat, sägen Sie das überflüssige Holz mit einem Sägebogen ab und schleifen Sie die Partie an der Bandschleifmaschine über.

Die Flossen

Am einfachsten lassen sich die Löcher in die beiden Flossenpaare (G) bohren, solange deren Umrisse noch nicht ausgesägt sind. Reißen Sie die Flossen auf rechtkantigen Holzabschnitten an, wobei jeweils ein Hirnholzende die Innenkante (die später an den Körper anschließt) bilden muß. Wenn Sie alle vier Abschnitte gleichbreit und -lang machen, können Sie sie zu einem Block zusammenspannen und gemeinsam auf den Tisch der Bohrmaschine stellen. Dann lassen sich die Löcher von 6 mm ∅ für die Dübel und Zapfen ohne Schwierigkeiten genau senkrecht in die Teile bohren. Wenn Sie die Bohrungsmitten auch noch ankörnen, kann der Bohrer nicht verlaufen.

Anschließend werden die Flossen an der Bandsäge ausgesägt und allseitig geschliffen. Die Kanten der dicken vorderen Flossen können gefräst werden, wenn der 6-mm-Viertelstabfräser auf etwa die Hälfte der normalen Frästiefe eingestellt wird. Versuchen Sie

aber nicht, solch kleine Teile zu fräsen, solange Sie im Fräsen nicht ausreichend geübt und sich Ihrer Sache nicht absolut sicher sind. Die Kanten lassen sich mit Raspel und Feile genausogut abrunden. In jedem Fall müssen die gerundeten Kanten mit Schleifpapier von Hand geglättet werden.

An den kleinen Flossen werden die Kanten lediglich mit Schleifpapier leicht gebrochen. Benutzen Sie diese Flossen dann als Anreißlehre zum Bohren der Befestigungslöcher von 6 mm ∅ hinten im Körper.

Der Exzenter und die Räder

Wenn Sie sich den Exzenter selbst anfertigen, bohren sie das Loch zuerst, ehe Sie den Umfang aussägen.

Bei den Vorderrädern müssen eventuell vorhandene Achslöcher ausgefuttert und gemäß Zeichnung neu gebohrt werden.

Die Vorderräder haben vom Körper 12 mm Abstand, damit sie die Flossen bewegen können. Je ein zwischen Körper und Vorderrad eingebautes Rad von 32 mm ∅ sorgt für diesen Abstand. Im Laden erhältliche Räder dieser Größe haben meist eine Achsbohrung von 6 mm ∅. Werden solche Räder verwendet, dann muß die Achsbohrung auf 10 mm ∅ aufgebohrt werden.

Der Zusammenbau

Leimen Sie die Zwischenstücke genau ausgerichtet auf eine Körperhälfte. Legen Sie dann das Rückenflossen-Schwanzteil an seinen Platz, wobei der Schwanz über die Kante der Werkbank hinausragen muß. Anschließend wird die andere Körperhälfte ausgerichtet nach den Bohrungen für die Augen und Achsen aufgeleimt. Spannen Sie das Ganze mit möglichst vielen Zwingen zusammen (Beilagen als Schutz gegen Druckstellen nicht vergessen!). Sie können Dübel von 10 mm ∅ durch die Achsbohrungen stecken, um sicher zu sein, daß sie genau fluchten. Die Löcher für die Augen und das Loch in der Rückenflosse müssen dann auch exakt in einer Linie liegen. Es ist von entscheidender Bedeutung, daß alle diese Bohrungen einwandfrei fluchten.

Wenn der Leim abgebunden hat, sägen Sie das überstehende Holz im Bereich der Zwischenstücke ab. Sie

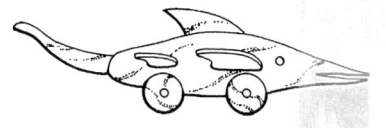 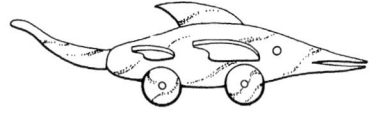 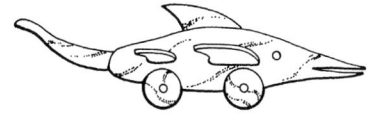

müssen das Ganze auf einen Holzklotz legen, damit Sie am hinteren Zwischenstück sägen können, ohne daß der Schwanz stört. Auch beim Bandschleifen der frisch gesägten Partien werden Sie für diese Stelle einen Holzklotz unterlegen müssen. Es folgt das Fräsen, wobei Sie am hinteren Zwischenstück mit Raspel und Feile arbeiten müssen, da Sie dort mit der Oberfräse wegen des hinderlichen Schwanzes nicht ankommen können. Alle Kanten werden dann noch mit Schleifpapier von Hand geglättet.

Sägen Sie die Zapfen, die die Augen darstellen sollen, so auf Länge, daß auf jeder Seite etwa 1,5 mm Luft zwischen Zapfenkopf und Körper bleibt und daß die beiden Zapfen mitten im Loch in der Rückenflosse gerade eben nicht aneinanderstoßen. Bringen Sie etwas Leim in das Loch in der Rückenflosse, achten aber darauf, keinen Leim in die Augenlöcher in den Körperhälften gelangen zu lassen. Setzen Sie die beiden Zapfen dann ein. Die Rückenflosse muß genau mittig sitzen und die vorgesehene Luft von etwa 1,5 mm zwischen Zapfenkopf und Körper auf jeder Seite vorhanden sein.

Wenn Sie gekaufte, einseitig profilierte Räder verwenden, müssen die Vorderräder mit der glatten Seite nach außen montiert werden, damit die exzentrisch angeordnete Achse bündig geschliffen werden kann. Damit das Ganze einheitlich aussieht, sollten Sie die Hinterräder auch mit der glatten Seite nach außen montieren (die Vorderräder werden aber nicht als erste montiert).

Verleimen Sie Hinterräder, Exzenter und Achse, indem Sie den Exzenter beim Durchstecken der Achse einfügen. Verbohren Sie den Exzenter auf der Achse mit einem Bohrer von 3 mm ∅ und leimen Sie einen Dübel von 3 mm ∅ in das Loch. Schleifen Sie vorstehende Dübelenden mit der Exzenterlauffläche bündig. Schleifen Sie auch die Achsenden mit den Rädern bündig.

Als nächstes werden die vorderen Flossen angebracht (die Vorderachse kommt erst nachher, sie würde sonst den Zugang zum Einfügen der Zapfen versperren). Geben Sie nur wenig Leim in die Zapfenlöcher in den vorderen Flossen (zuviel Leim würde verhindern,

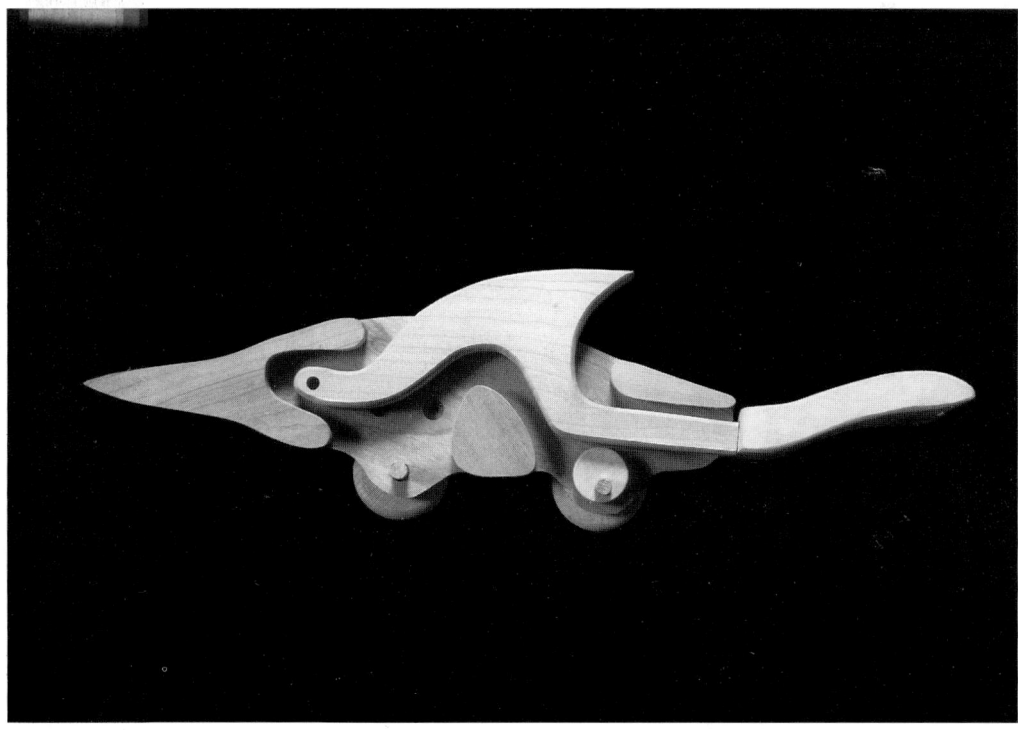

Abbildung 1
Wenn eine Körperhälfte abgenommen ist, kann man erkennen, wie der Exzenter auf der Hinterachse Rückenflosse und Schwanz gemeinsam anhebt

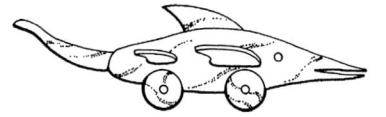 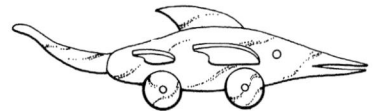 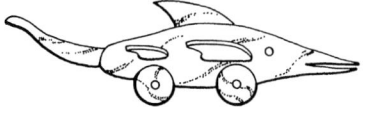

daß man sie weit genug auf die Zapfen drücken kann). Stecken Sie die Zapfen von innen durch die Körperhälften und drücken Sie dann die Flossen auf die Zapfen. Die Innenkanten der Flossen müssen parallel zum Körper ausgerichtet sein und so nahe wie möglich herangebracht werden, so daß sich die Flossen noch gerade eben leicht auf- und abbewegen lassen.

Leimen Sie ein Rad auf die Vorderachse (glatte Seite außen) und fügen Sie die beiden Räder von 32 mm Ø ein, während Sie die Achse durch die Bohrung im Körper stecken. Gehen Sie sparsam mit dem Leim um, denn Sie müssen nachher die Enden der Achsen von Hand bündig schleifen. Richten Sie die inneren Räder so aus, daß sie an den Innenflächen der Körperhälften gerade freigehen und die äußeren Räder so, daß sie gleichen Abstand zum Körper haben. Schleifen Sie die Achsenden bündig. Die beiden Räder von 32 mm Ø werden dann mit der Achse verbohrt (Bohrer 3 mm Ø) und mit eingeleimten Dübeln von 3 mm Ø gesichert. Vorstehende Dübelenden werden bündig geschliffen.

Als nächstes können nun die hinteren Flossen mit je zwei Dübeln angebracht werden.

Wenn alle Verleimungen abgebunden haben, können Sie Ihre »bösartige Echse« mit Öl einlassen. Allerdings sollten sich dann vor diesem gefräßigen Raubtier in acht nehmen.

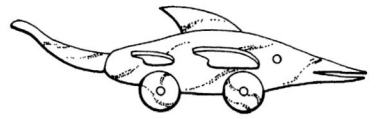 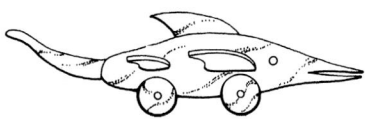 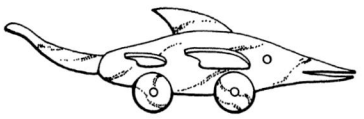

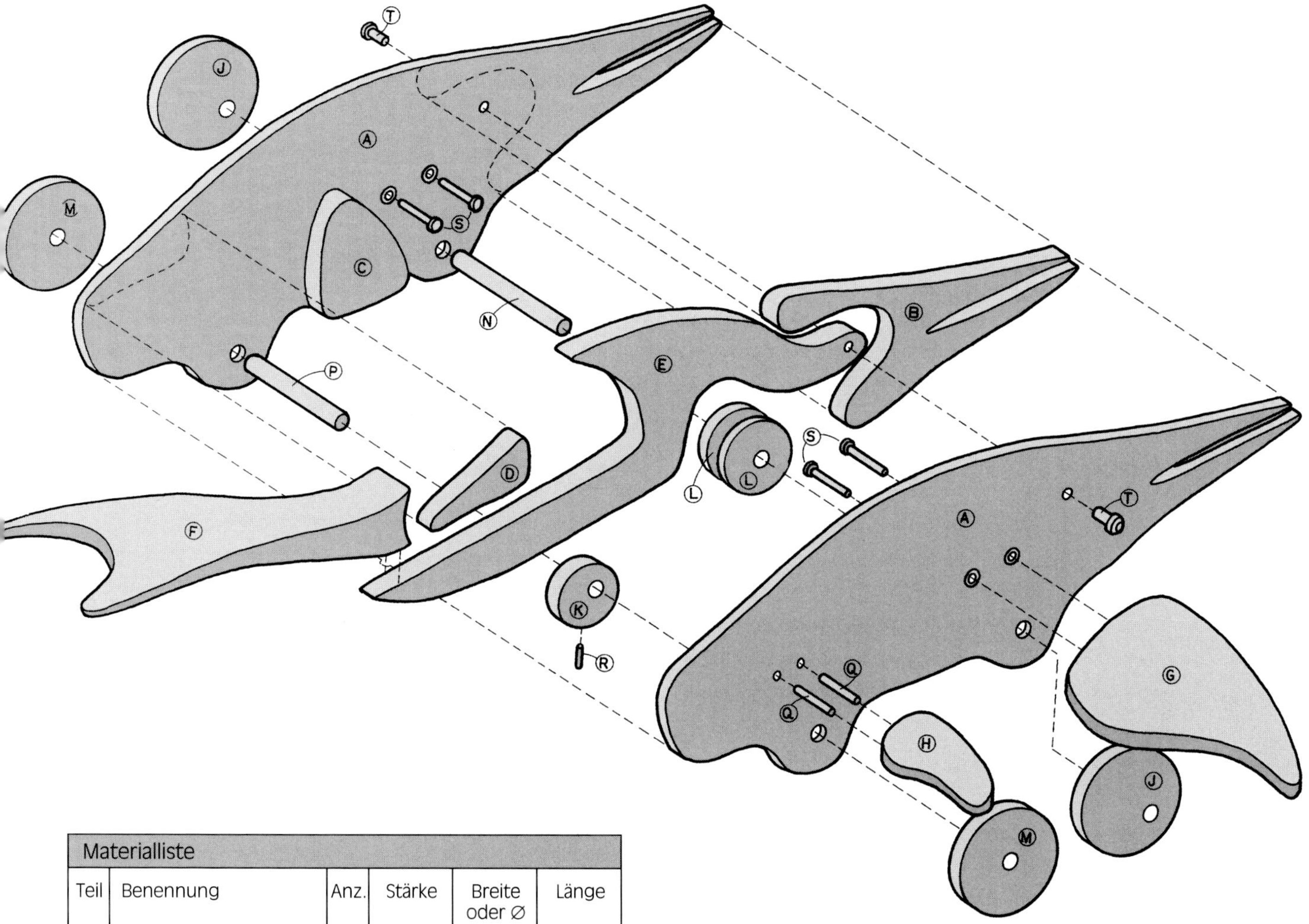

Materialliste					
Teil	Benennung	Anz.	Stärke	Breite oder ∅	Länge
A	Körperhälfte	2	10	108	368
B	Zwischenstück, Kopf	1	22	80	153
C	Zwischenstück, Bauch	1	22	54	54
D	Zwischenstück, Schwanz	1	22	22	77
E	Rückenflosse	1	19	70	229
F	Schwanz	1	51	127	180
G	Flosse, vorn	2	12	77	115
H	Flosse, hinten	2	10	54	51
J	Rad, vorn außen	2	16	58	
K	Exzenter	1	12	32	
L	Rad, vorn innen	2	10	32	
M	Rad, hinten	2	16	58	
N	Achse, vorn	1		10	102
P	Achse, hinten	1		10	80
Q	Dübel, hintere Flosse	4		6	12
R	Dübel, Exzenter	1		3	19
S	Zapfen, vordere Flosse	4	Kopf 10	6	Schaft 27
T	Augen	2	Kopf 12	8	Schaft 40

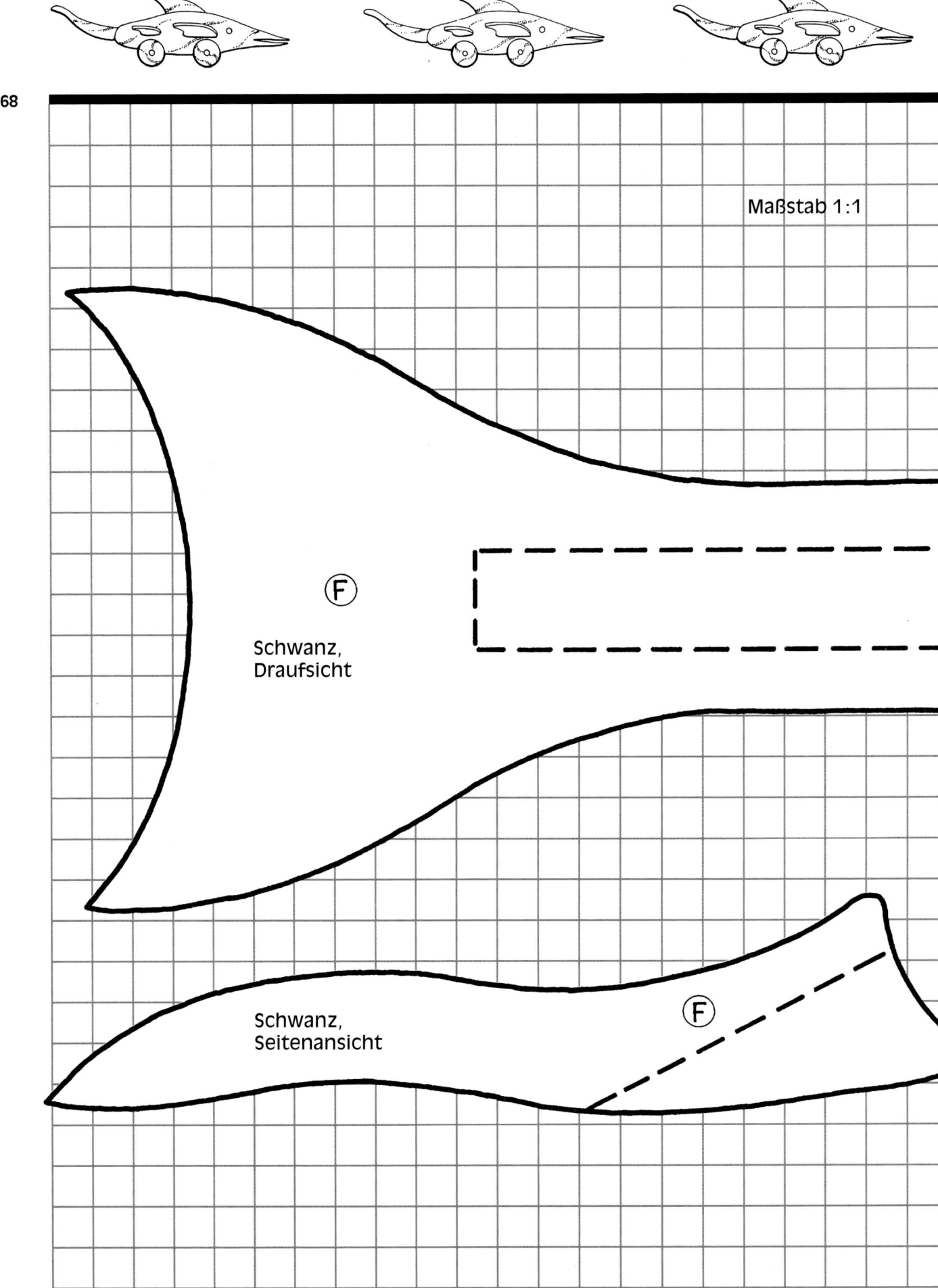

68

Maßstab 1:1

Ⓕ

Schwanz,
Draufsicht

Schwanz,
Seitenansicht

Ⓕ

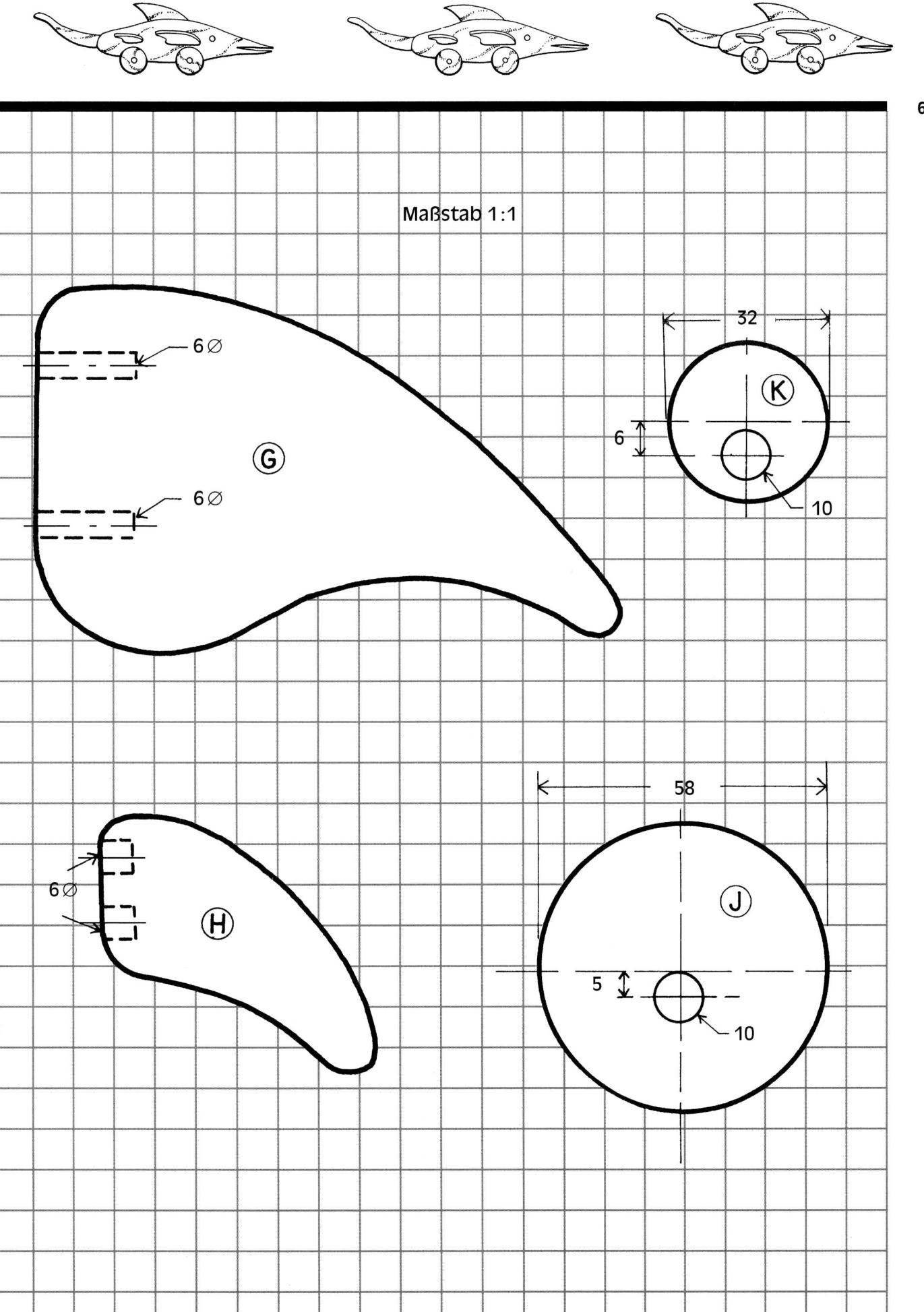

Maßstab 1:1

G

6⌀

6⌀

K

32

6

10

H

6⌀

J

58

5

10

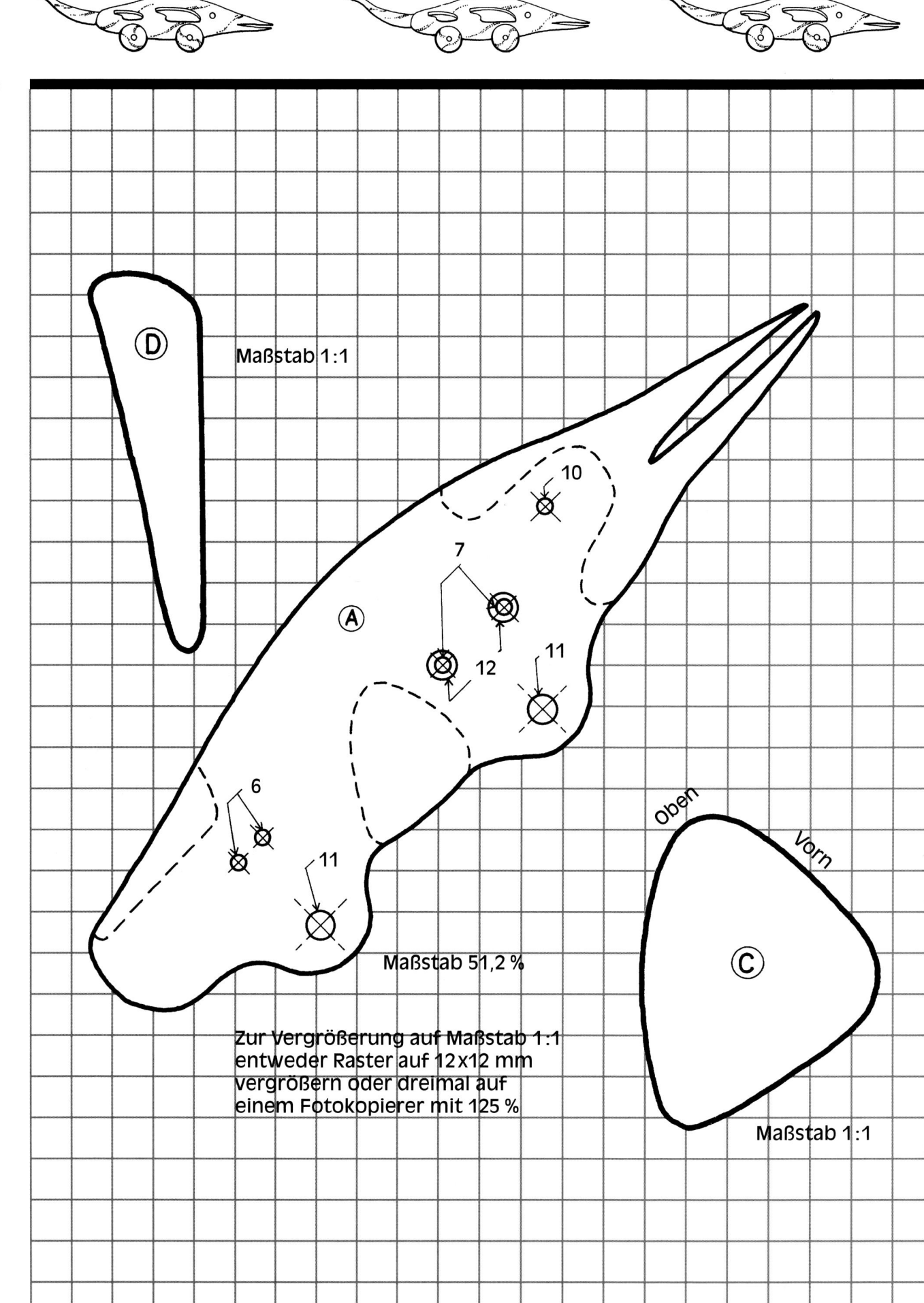

70

Maßstab 1:1

D

A

10

7

11

12

6

11

11

Maßstab 51,2 %

Zur Vergrößerung auf Maßstab 1:1
entweder Raster auf 12x12 mm
vergrößern oder dreimal auf
einem Fotokopierer mit 125 %

Oben

Vorn

C

Maßstab 1:1

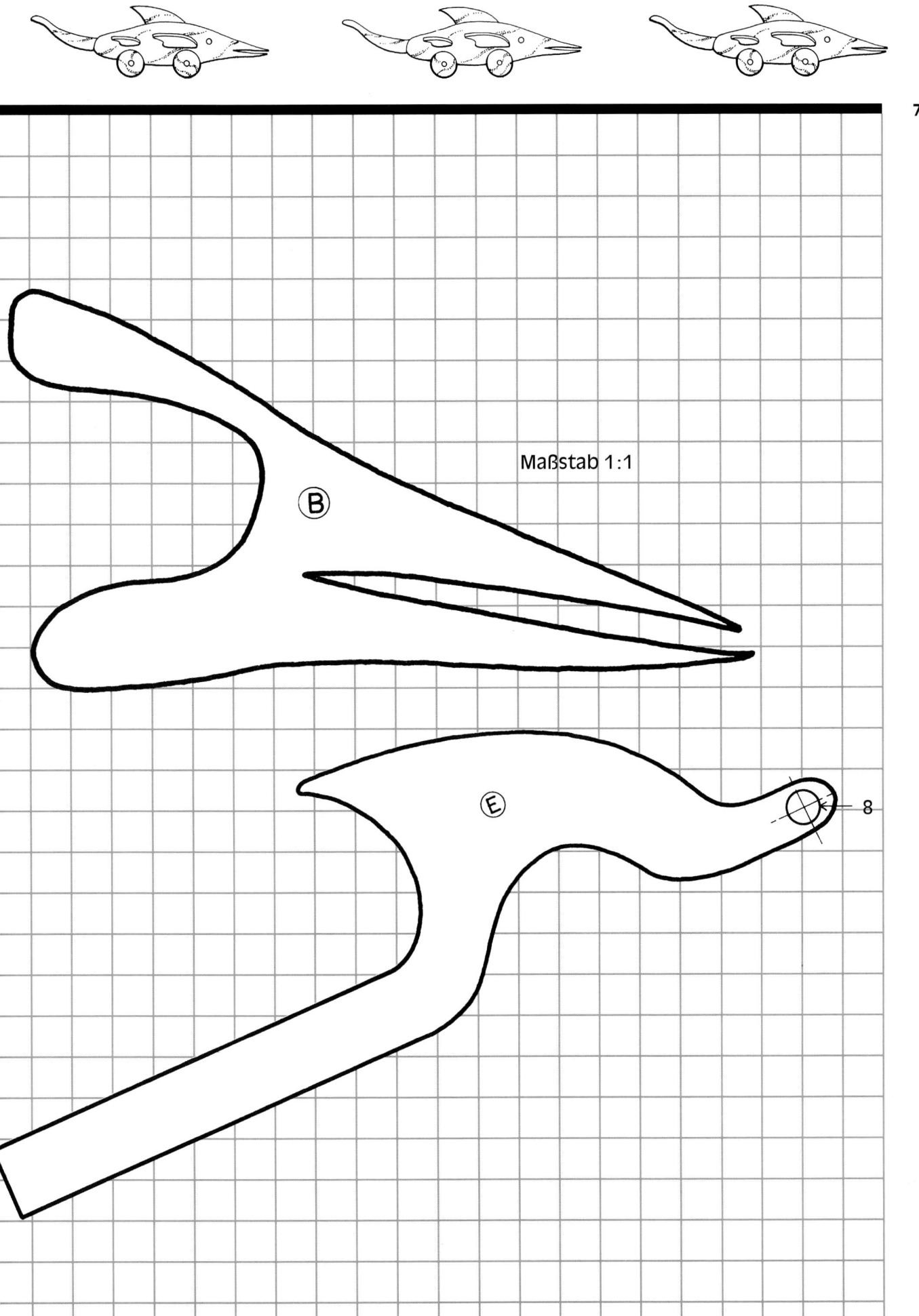

Maßstab 1:1

Ⓑ

Ⓔ

8

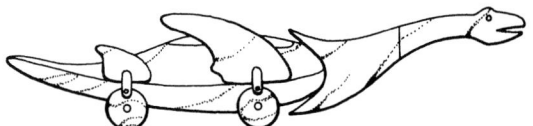
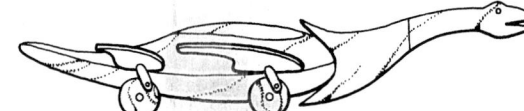

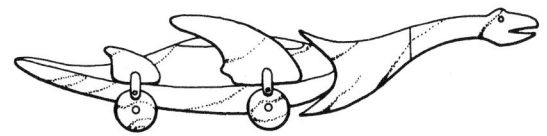

Der Plesiosaurus

Der Plesiosaurus war ein riesiges Meereslebewesen. In Australien fand man ein Fossil dieser Art mit einem Kopf von 2,45 Meter Länge. Bekanntlich fahnden einige Leute noch immer nach dem Ungeheuer von Loch Ness. Sie glauben, daß es ein Plesiosaurus sein könnte, der dort herumspukt, und von Zeit zu Zeit seinen riesigen Kopf, Hals und Schwanz sehen läßt.

Wie funktioniert er?

Dieses Spielzeug ist von allen beschriebenen am schwierigsten herzustellen, gehen Sie also mit Geduld heran. Einige Bereiche sind besonders kompliziert.

Zwei ovale Räder, die schräg auf der vorderen Achse befestigt sind, bewegen den Kopf seitwärts hin und her. Der den Kopf tragende Nacken ist schwenkbar gelagert und ein Führungsstift von 6 mm Ø darin reicht zwischen die schräg stehenden Räder, die bei jeder Umdrehung bewirken, daß sich der Kopf von rechts nach links windet. Am hinteren Ende des Halses ist zusätzlich ein Stützrad von 25 mm Ø angebracht, das das vorderlastige Gewicht von Kopf und Hals abfängt und für eine leichte Beweglichkeit ohne viel Reibung sorgt (siehe Abb. 1).

Die Flossen werden durch kurze Stößel bewegt, die an den Rädern befestigt sind (siehe Abb. 2).

Der Körper

Reißen Sie die beiden Körperteile (A, B) auf 25 mm starkem Holz an. Die Bohrungen für die Achsen müssen genau rechtwinklig zu den seitlichen Kanten des einen Körperteils gebohrt werden. Reißen Sie die Bohrungsmitten auf einer Kante so weit unten an, daß die relativ kleinen Räder dem Körper noch ausreichend Bodenfreiheit geben. Spannen Sie das Teil auf dem Bohrmaschinentisch fest und bohren Sie die beiden Achsbohrungen.

Stellen Sie die rechteckige Aussparung im Mittelbereich der Vorderachse her, indem Sie zunächst in jede Ecke ein Loch bohren und dann das Abfallstück mit der Bogen- oder Laubsäge heraussägen. Läßt sich der Tisch Ihrer Bandsäge auf 45° Neigung einstellen, dann kann der Umriß des unteren Körperteils gleich auf entsprechende Form gesägt werden.

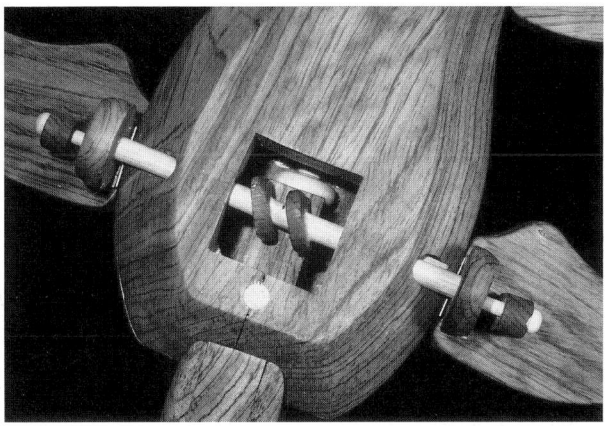

Abbildung 1 .
Die ovalen, schräggestellten Räder schwenken beim Drehen der Achse von einer Seite zur anderen und bewegen über den zwischen diesen Rädern laufenden Führungsstift den Kopf hin und her. Man erkennt auf dem Bild auch das Stützrad von 25 mm Ø, das die Reibung weitgehend reduziert und für leichte Beweglichkeit des Kopf-/Halsteils sorgt

Abbildung 2
Die Stößel sind exzentrisch außen an den Rädern angebracht und bewegen die mit Scharnieren am Körper befestigten Flossen, wenn sich die Räder drehen

Reißen Sie dann das Gegenstück (oberes Körperteil) auf 44 mm starkem Holz an. Zum Aussägen des Umrisses und der Aussparung, in der sich der Hals bewegen soll, muß der Tisch der Bandsäge wieder genau senkrecht zum Sägeblatt eingestellt werden.

Ziehen Sie mit einem Bleistift auf dem Umriß eine Linie in 10 mm Abstand von unten. Um sicher zu sein, welches die untere Seite ist, legen Sie das Teil am besten

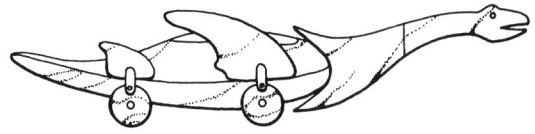
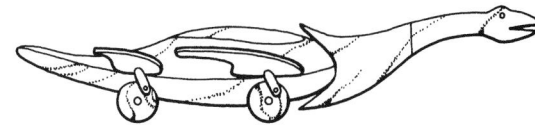

zur Probe auf das untere Körperteil. Der 10 mm breite Streifen ringsum bleibt zum Anbringen der Scharniere senkrecht. Oberhalb davon soll das Stück unter 45° abgeschrägt werden, jedoch nicht in Bereich der Aussparung.

Mit dem Bandsägentisch um 45° geneigt führen Sie den Sägeschnitt entlang der Bleistiftlinie so aus, daß unten der 10 mm breite Streifen voll erhalten bleibt.

Legen Sie die obere Körperhälfte dann umgekehrt auf 32 mm starkes Holz und reißen Sie rundum die Berührungslinie an. Dies ist der Umriß des Rückenstücks. Sägen Sie es an der Bandsäge mit dem Tisch um 45° geneigt aus. Gegen Ende des Sägeschnitts wird die Auflagefläche auf dem Sägetisch recht klein geworden sein. Weil es dann fast unmöglich ist, unsaubere Sägeschnitte nachträglich noch zu korrigieren, sollten Sie gegen Ende des Umrisses besonders sorgfältig und genau sägen.

Sie sollten die Seiten der Aussparung für den Hals jetzt sauber schleifen, da diese Partie später sichtbar bleibt.

Leimen Sie dann den Körper zusammen. Beginnen Sie damit, die beiden großen Teile zwischen Preßplatten zu verleimen (siehe Abb. 3). Wenn der Leim abgebunden hat, können Sie in gleicher Weise das Rückenstück aufleimen.

Schleifen Sie den 10 mm breiten Streifen ringsum an der Bandschleifmaschine mit auf 90° eingestelltem Tisch. Dann neigen Sie den Tisch auf 45° und schleifen die schräge Kante unten am Körper.

Die obere Kontur schleift man am besten frei Hand am Bandschleifer. Man kann dabei recht gut fühlen, wann das Schleifband an der ganzen Fläche angreift. Führen Sie das Stück mit leichten, fließenden Bewegungen entlang der Kurven. Dabei sollten alle Spuren der Sägeschnitte verschwinden.

Da sich ein Bandsägentisch nicht über 45° hinaus neigen läßt, müssen Sie die obere Kante des Rückenstücks am Bandschleifer auf etwa 60° abrunden. Damit beide Seiten gleich werden, muß man die oben entstehende Kante im Auge behalten, die Kanten der gegenüberliegenden Seiten sollten sich zum Schluß in der Mitte treffen.

Abschließend muß noch mit Schleifpapier in Richtung der Holzfasern solange geschliffen werden, bis alle

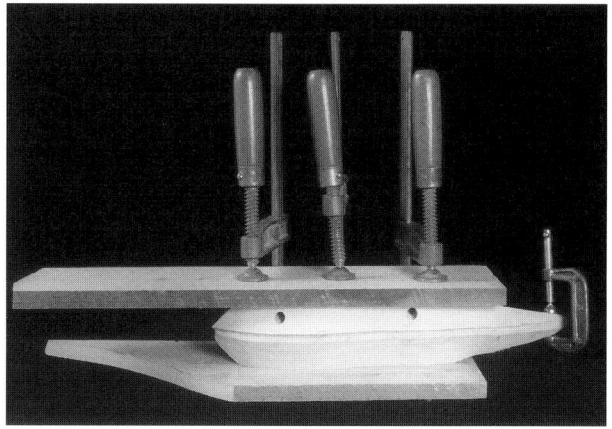

Abbildung 3
Preßplatten verteilen den Spanndruck beim Verleimen der Körperteile

Spuren quer zur Faser verschwunden und sanfte Übergänge entstanden sind.

Als nächstes soll nun das Loch für die Drehwelle von unten her gebohrt werden. Stecken Sie beide Achsen in ihre Bohrungen. Jetzt können Sie den Körper umgekehrt mit den Achsen auf Unterlagen genau gleicher Stärke ruhend, auf den Bohrmaschinentisch legen (siehe Abb. 4). Stellen Sie den Tiefenanschlag so ein, daß Sie bis in das Rückenstück bohren können, ohne oben durchzubohren. Bohren Sie mit einem Forstnerbohrer oder Bohrer mit dreikantiger Spitze, um ein Verlaufen zu vermeiden (10 mm ∅).

Abbildung 4
Damit die Bohrung für die Drehwelle exakt hergestellt werden kann, werden die durchgesteckten Achsen auf dem Tisch der Bohrmaschine auf gleichstarke Unterlagen gelegt

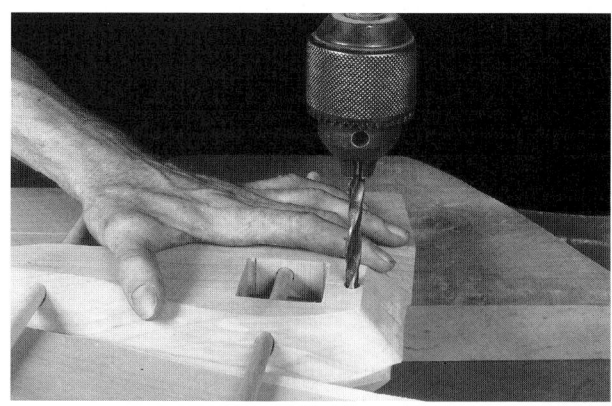

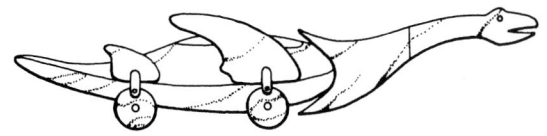 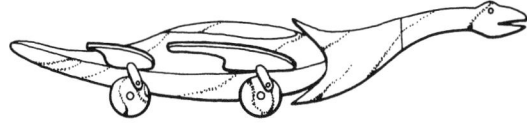

Der Kopf und Hals

Beim Anreißen des Kopfstücks (D) sind die Lochmitten sehr sorgfältig zu übertragen. Bohren Sie das Loch für die Augen, leimen einen Dübel hinein und schleifen Sie die nicht angerissene Fläche, damit sie voll auf dem Bandsägentisch aufliegen kann. Sägen Sie dann den Umriß an der Bandsäge aus. Holen Sie die Risse der Bohrungen für die Drehwelle, den Stützradzapfen und den Führungsstift von 6 mm Ø, der zwischen den ovalen Rädern laufen soll, mit einem Anschlagwinkel von der bereits angerissenen Seite auf die beiden Kanten und die Rückseite herum. Ehe Sie aber daran gehen, diese Löcher zu bohren, setzen Sie das Stück probeweise in den auf dem Rücken liegenden Körper und überzeugen Sie sich, daß der Mittelpunkt des Loches von 6 mm Ø genau über der Achse liegt, wenn der Mittenanriß des Lochs von 10 mm Ø zentrisch in der Drehwellenbohrung erscheint. Vergewissern Sie sich auch, daß für das 10 mm starke Stützrad hinter dem Hals genügend Platz ist. Beim Bohren dieser Löcher kommt es entscheidend darauf an, daß sie alle genau senkrecht zu den angerissenen Flächen stehen.

Sägen Sie die beiden Seitenteile für den Hals aus und versuchen Sie dabei, die Holzmaserung an das Kopf-/Halsteil anzupassen. Schleifen Sie Flächen und Kanten am Kopf/Halsstück. Reißen Sie die Grenzlinie zwischen diesem und den beiden Halsseitenteilen an. Fräsen Sie die Kanten bis an diese Linien. Schleifen Sie bei beiden Seitenteilen die Flächen und den Bogen am hinteren Ende. Runden Sie den Bogen jetzt mit Raspel und Feile und glätten Sie ihn mit Schleifpapier, denn das wäre nach dem Zusammenbau nur noch schwer möglich.

Die Seitenteile werden als nächstes an den Hals geleimt und die aneinander stoßenden Umrißkanten bündig geschliffen. Anschließend wird das Ganze mit der Unterseite nach oben auf den Tisch der Bandsäge gelegt und nun wird der sanfte Schwung des Übergangs vom Kopf in den Hals und konisch über die angeleimten Seitenteile gesägt.

Drehen Sie das Stück um, und reißen Sie oben in der Mitte einen Streifen von 10 mm Breite mit Bleistift an (zwei Linien). Mit dem Tisch der Bandsäge um 45° geneigt, sägen Sie bis an diese Linien heran, so daß an beiden Seiten eine Abschrägung nach außen entsteht. Beginnen Sie hinten am Teil, folgen jeweils der Linie nach innen und lassen die Sägeschnitte vorn sanft auslaufen. Auf dem Photo können Sie sehen, wie die Form sein soll.

Abbildung 5
Die Bohrung in der Flosse wird oben und unten kegelig erweitert, indem die schräggehaltene Flosse auf dem laufenden Bohrer herumgeschwenkt wird

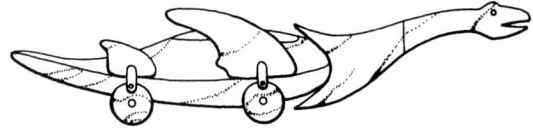
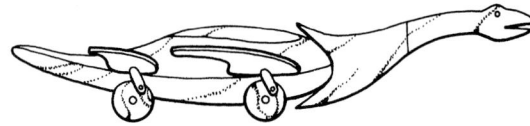

Die schrägen Sägeschnitte lassen sich an der Bandschleifmaschine nachschleifen. Zum Beseitigen der quer zur Faser verlaufenden Spuren und zum Glätten der Übergänge wird Schleifpapier von Hand in Richtung der Holzfasern benutzt. Leimen Sie keine Dübel oder Zapfen vor dem Zusammensetzen ein.

Die Flossen

Reißen Sie die Flossen (F, G) an und sägen Sie sie mit der Bandsäge aus. Dann werden die Löcher zum Anbringen der Stößel angerissen und gebohrt. Zunächst wird das Loch mit 12 mm Ø so tief gebohrt, daß noch etwa ein Drittel der Wandstärke nachbleibt. Anschließend wird das Loch mit 7 mm Ø ganz hindurchgebohrt. Damit der Verbindungszapfen später ungehindert schwenken kann, führen Sie jede Flosse auf dem laufenden Bohrer nach oben, neigen Sie sie um 45° und schwenken Sie sie einmal herum (siehe Abb. 5). Die 7 mm Ø Bohrung wird dabei in der Mitte der Wandstärke nicht größer, wohl aber oben und unten. Achten Sie darauf, daß Sie bei dieser Arbeit die Kante der Bohrung von 12 mm Ø nicht ankratzen, da in diese Bohrung später ein Stopfen eingesetzt wird, der sich an die Oberfläche möglichst unauffällig anpassen soll.

Die Flossen werden dann allseitig mit Bandschleifern und von Hand geschliffen. Die in die Flossen eingesetzten Zapfen (N) müssen ungehindert geschwenkt werden können, deshalb ist beim Einleimen der Stopfen Vorsicht geboten. Stellen Sie die Stopfen von 12 mm Ø und 6 mm Stärke entweder mit einem Scheibenschneider oder als Abschnitte von Rundholz her. Die Zapfen werden eingesetzt und dann die Stopfen vorsichtig eingeleimt. Dabei darf kein Leim bis zu den Köpfen der Zapfen gelangen. Die Stopfen sollen nur etwa 1,5 mm tief in die Löcher hineingedrückt werden. Wenn der Leim ganz abgebunden hat, wird der vorstehende Teil der Stopfen bis auf die Oberfläche der Flossen abgeschliffen.

Übertragen Sie den Riß aus der Zeichnung unten auf die Innenkante der Flossen. Dieser Riß kennzeichnet die Mitte der Scharniere. Das Anbringen der Scharniere hat so zu erfolgen, daß sich das Gewerbe jeweils vor der Kante der Flosse befindet und daß der Scharnierbolzen genau parallel zu dieser Kante liegt. Bohren Sie Löcher für die Holzschrauben vor und achten Sie darauf, daß Sie nicht ganz durch die Flossen hindurchbohren.

Reißen Sie am Körper die Mitten der Achsbohrungen nach oben über den umlaufenden, senkrechten Streifen von 10 mm Breite an. Diese Risse kennzeichnen die Scharniermitte für deren Befestigung am Körper. Auch hier werden Löcher für die Holzschrauben angerissen und vorgebohrt. Der Durchmesser der Vorbohrungen ist von entscheidender Wichtigkeit. Ist er zu groß, halten die Schrauben nicht, ist er zu klein, können die Messingschrauben, was viel schlimmer ist, beim Hineindrehen abreißen. Es empfiehlt sich, zunächst an einem Stück Abfallholz das Vorbohren und Anschrauben auszuprobieren. Nach dem Ergebnis können dann alle Schraubenlöcher vorgebohrt werden.

Die Räder, ovalen Räder und Stößel

Käufliche Räder sind für dieses Spielzeug nicht ohne weiteres geeignet, denn es ist erforderlich, daß sie einseitig kräftig angefast werden, um unter den Flossen freizugehen, wenn diese ganz abgesenkt sind.

Sie können die Räder (K) mit einer Lochsäge, einem Kreisschneider oder der Dekupiersäge aussägen. Das Loch für die Achse sollte jedoch vorher gebohrt werden, denn bei dem kleinen Durchmesser dieser Räder kann das Holz leicht platzen, wenn nachher gebohrt wird.

Die umlaufende, 12 mm breite Fase unter 45° kann an der Dekupiersäge hergestellt werden, wenn deren Tisch um 45° geneigt ist.

Sie können die zylindrische Lauffläche und die Fase vorsichtig an der Bandschleifmaschine schleifen. Für den Schliff der Fase muß der Tisch der Maschine um 45° geneigt werden. Sie müssen dabei behutsam und doch zügig schleifen, um das Rad nicht unrund werden zu lassen. Am sichersten ist das Glätten der Flächen und Kanten mit Schleifpapier von Hand.

Vor dem Bohren der Zapfenlöcher wird ein Rundholz ohne Leim in die Achsbohrung gesteckt, damit diese durch das unmittelbar daneben erfolgende Bohren nicht beschädigt werden kann.

Für die Anfertigung der schräg zu montierenden, ovalen Räder (J) wird zunächst aus Abfallholz eine Auflage mit der Neigung von 30° vorbereitet. Hierauf werden die zur Anfertigung der Räder bestimmten Rohteile gelegt, damit die Bohrung für die Achse mit

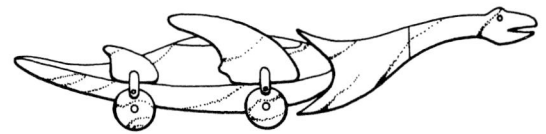 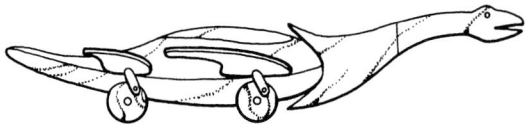

einem Forstnerbohrer hergestellt wird. Sie müssen das Teil auf der Auflage gut festhalten, besonders in dem Moment, wenn der Bohrer gerade hindurchdringt.

Reißen Sie dann das Oval um die Löcher herum an. Auf etwa zwei Drittel des Umfangs wird dieser Riß in gleicher Entfernung zum Lochrand laufen und sich dann davon entfernen und allmählich wieder herankommen. Nach dem Aussägen muß das Rad auf beiden Seiten das gleiche Bild zeigen. Ist das nicht der Fall, dann machen Sie lieber ein neues Rad, es ist nämlich ganz entscheidend, daß es sehr genau hergestellt ist.

Die Stößel (H) müssen ebenfalls maßlich genau stimmen. Es ist ratsam, sie zunächst ohne Leim zu montieren und die Länge durch Probieren zu ermitteln.

Sägen Sie eine Leiste von 10 x 16 x 360 mm zu, dann haben Sie Reserve, falls ein oder zwei Teile beim Bohren Ausschuß werden. Reißen Sie sechs Stößel mit etwas Abstand dazwischen an und bohren Sie vor dem Ablängen zunächst die unteren Zapfenlöcher. So wird die Gefahr verringert, daß das Holz platzt, und Sie können eventuelles Verlaufen des Bohrers beim Ablängen ausgleichen.

Sägen Sie die Teile rechtwinklig auf Länge und spannen Sie sie zusammen aufrecht auf dem Tisch der Bohrmaschine ein. Bohren Sie nun die oberen Zapfenlöcher genau mittig in die Hirnholzenden.

Die nächste Arbeit erfordert einige Sorgfalt. Damit sich der Stößel ungehindert auf dem ins Rad eingesetzten Zapfen bewegen kann, muß die unten angebrachte Querbohrung auf beiden Seiten kegelig erweitert werden.

Bei laufender Maschine wird jeder Stößel auf dem Bohrer von 7 mm Ø nach oben geführt und dort nach allen Seiten gekippt.

Dabei behält das Loch in der Mitte seinen ursprünglichen Durchmesser und wird nur auf beiden Seiten nach außen erweitert.

Anschließend ist noch eine weitere, vorsichtig auszuführende Arbeit an der Bandschleifmaschine zu erledigen. Unten wird jeder Stößel lediglich auf einen zur Bohrung konzentrischen Radius abgerundet.

Aber oben muß an allen vier Seiten ein Radius so angeschliffen werden, daß er vor dem Rand der Bohrung für den Zapfen endet. Wird das nicht beachtet und zuviel abgeschliffen, dann ist der Stößel nachher zu kurz.

Zum Schluß brechen Sie alle Kanten leicht mit Schleifpapier von Hand, besonders am oberen Ende dort, wo sich die vier Radien treffen.

Der Zusammenbau

Der gesamte Zusammenbau sollte zunächst einmal probeweise ohne Leim vorgenommen werden.

Stecken Sie das Stützrad mit seinem Zapfen hinten in den Hals und setzen Sie das Ganze dann in den Körper. Stecken Sie den Führungsstift von 6 mm Ø von unten in den Hals und die Drehwelle von 10 mm Ø ebenfalls von unten durch Körper und Hals. Lassen Sie die Drehwelle noch so lang wie sie ist, damit Sie sie am überstehenden Ende wieder herausziehen können. Merken Sie sich, wo Korrekturen erforderlich sind, nehmen Sie die Teile auseinander und erledigen Sie die Nacharbeiten.

Als nächstes testen Sie die vordere Achse. Sägen Sie sie auf die reichliche Länge von 180 mm ab und führen Sie sie in die Achsbohrung ein. Dabei werden die beiden ovalen Räder in der Aussparung eingefügt. Halten Sie einen Führungsstift von 6 mm Ø genau senkrecht zwischen die beiden Räder, um zu sehen welchen Abstand sie voneinander haben müssen, damit der Führungsstift nicht klemmt. Das Spiel zwischen den Rädern und dem Stift muß so gering wie nur irgend möglich sein, aber der Stift darf an keiner Stelle klemmen.

Wenn Sie die optimale Ausrichtung gefunden haben, montieren Sie die ovalen Räder endgültig, indem Sie sie auf die Achse leimen. Bringen Sie auch etwas Leim mit einem Zahnstocher oder der Tülle einer Leimtube rundum an jeder Seite der Räder auf die Achse. Achten Sie darauf, daß die beiden ovalen Räder in genau übereinstimmender Schräglage ausgerichtet sind und mittig auf der Achse sitzen.

Wenn der Leim ausreichend Zeit zum Abbinden gehabt hat, setzen Sie das Kopf-/Halsstück wie bei der ersten Probe nochmals ein und vergewissern sich, daß der Bewegungsablauf beim Drehen der Achse einwandfrei erfolgt. Machen Sie Korrekturen, falls

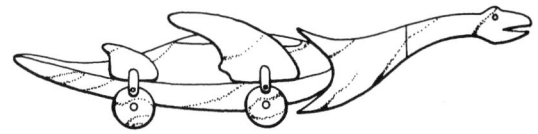

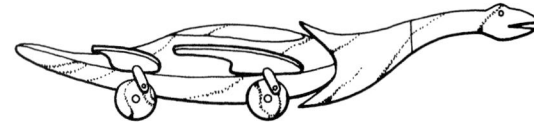

erforderlich. Dann verleimen Sie den Zapfen mit dem aufgesetzten Stützrad hinten im Hals. Bringen Sie darauf etwas Leim mit Zahnstocher oder Leimtube in das obere Sackloch für die Drehwelle von 10 mm ⌀. Setzen Sie das Kopf-/Halsstück in den Körper ein und leimen Sie zuerst den Führungstift von 6 mm ⌀ in sein Loch, ehe Sie die Drehwelle von unten durch Körper und Hals in das mit Leim versehene Loch drücken. Jetzt kann das unten überstehende Ende der Drehwelle abgesägt werden.

Der nächste Schritt ist ganz entscheidend, nehmen Sie sich also genügend Zeit und arbeiten Sie sehr genau. Der Körper wird mit der Unterseite nach oben hingelegt und die Achse gedreht, bis sich die ovalen Räder gerade in ihrer vollen Schräglage zeigen. In dieser Stellung muß der Kopf genau nach vorn gerichtet sein. Zum Einstellen kann man die Achse, ohne sie zu drehen, seitlich verschieben. Wird die Achse in der so gefundenen Einstellung auf beiden Seiten mit Daumen und Zeigefinger direkt neben dem Körper erfaßt und einmal ganz herumgedreht, muß die gesamte Bewegung des Kopfes wie vorgesehen ablaufen: zur einen Seite, umkehren, über die Mitte hinaus zur anderen Seite, umkehren und wieder bis zur Mitte.

Wenn die endgültige Einstellung feststeht, kann die Länge der Achsenden angerissen werden. Vom Körper gemessen, entspricht die freie Länge auf jeder Seite der Stärke des Rades plus 1,5 mm Spiel. Die Achse wird nach diesen Anrissen auf endgültige Länge abgesägt.

Ehe die Räder montiert werden können, müssen die Flossen angeschraubt werden, da die Scharniere hinter den Rädern zu liegen kommen. Beim Aufleimen der Räder auf die Achse sollten die Zapfen für die Stößel (ohne Leim!) eingesteckt sein, damit die dünne Wand zwischen den beiden Bohrungen nicht zerdrückt wird. Die Zapfen für die Stößel müssen gleichsinnig ausgerichtet sein: beide nach oben oder beide nach unten. Die Zapfen werden nach der Montage der Räder wieder herausgenommen.

Die hintere Achse wird in gleicher Weise auf Länge abgesägt, auch hier mit 1,5 mm Spiel auf jeder Seite. Die hinteren Räder werden ebenso wie die vorderen aufgeleimt, und zum Schluß auch hier die vorsorglich hineingesteckten Zapfen wieder herausgenommen. Wenn der Leim abgebunden hat, werden die Außenflächen der Räder von Hand geschliffen, dabei verschwindet herausgequollener Leim und überstehende Achsenden werden mit der Fläche bündig.

Der letzte Arbeitsgang kann zur Frustration ausarten. Ist alles sehr genau abgelängt und gebohrt, dann können Sie Glück haben, daß die Stößel auf Anhieb richtig funktionieren. Sonst müssen Sie neue Stößel in besser passender Länge neu anfertigen. Auf jeden Fall ist es nicht zu umgehen, die Montage zunächst ohne Leim probeweise vorzunehmen. Drücken Sie dabei aber die Zapfen sowohl bei den Flossen als auch an den Rädern nicht zu tief in die Stößel, sonst wird die Beweglichkeit beeinträchtigt.

Sie sollten sich merken, daß die Flossen bei zu kurzen Stößeln auf den Boden schlagen, wenn das Spielzeug gerollt wird; sind sie zu lang, dann klemmen die Flossen in der oberen Stellung. Im Idealfall müssen die Spitzen der Flossen gerade wieder nach oben gehen, wenn sie den Boden zu berühren scheinen.

Haben Sie diesen Zustand erreicht, dann können Sie alle Zapfen an den Stößeln und den Rädern endgültig einleimen. Nach dem Abbinden des Leims folgt das Einölen und dann kann es losgehen. Das Ungeheuer von Loch Ness lebt!

Materialliste					
Teil	Benennung	Anz.	Stärke	Breite oder ⌀	Länge
A	Körper, Oberteil	1	44	140	381
B	Körper, Unterteil	1	25	140	381
C	Rückenstück	1	32	77	242
D	Kopf	1	22	89	337
E	Hals, Seitenteil	2	12	89	143
F	Flosse, vorn	2	10	67	134
G	Flosse, hinten	2	10	54	102
H	Stößel	4	10	16	54
J	Rad, ovales	2	6	19	≈35
K	Rad	4	10	38	
L	Achse, vorn	1		10	165
M	Achse, hinten	1		10	115
N	Zapfen	9	Kopf 10	6	Schaft 27
P	Stützrad	1	10	25	
Q	Führungsstift	1		6	12
R	Drehwelle	1		10	67
S	Augen	1		6	22
T	Scharnier m. Schrauben	4		10	25
U	Stopfen	4	1,5	12	

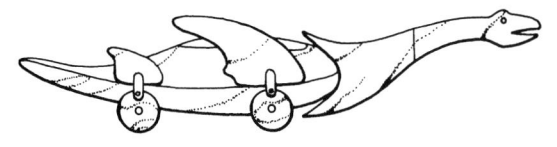

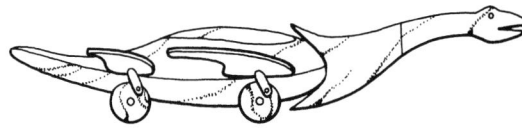

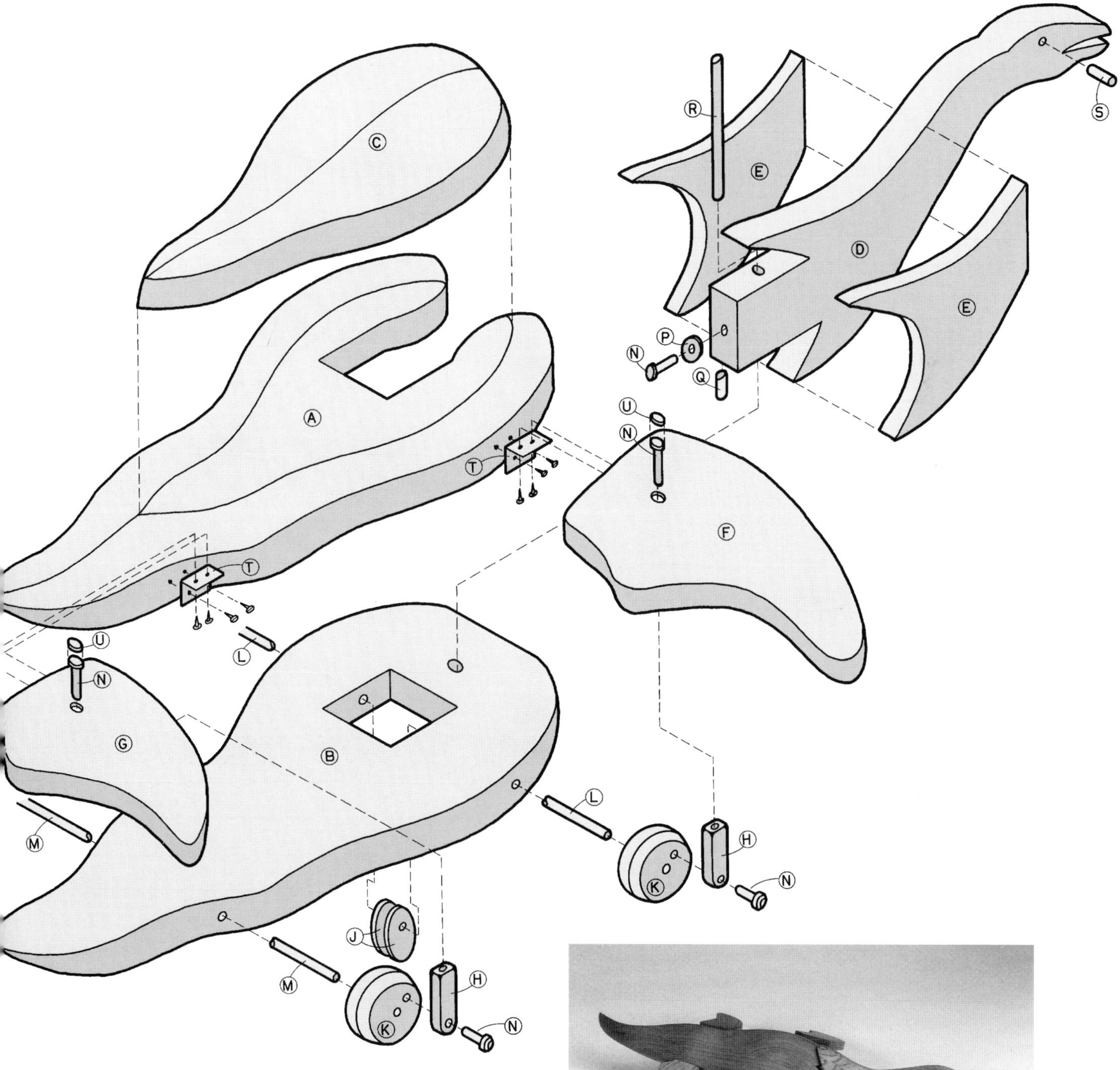

C

A

R

E

D

E

S

T

P

N

O

Q

U

N

F

T

U

N

G

M

B

L

L

K

H

N

J

M

H

K

N

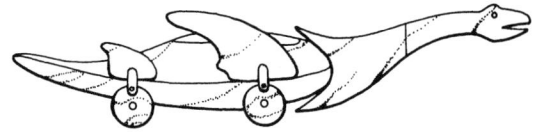 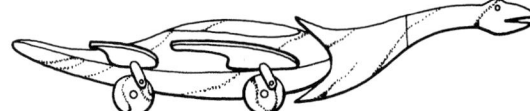

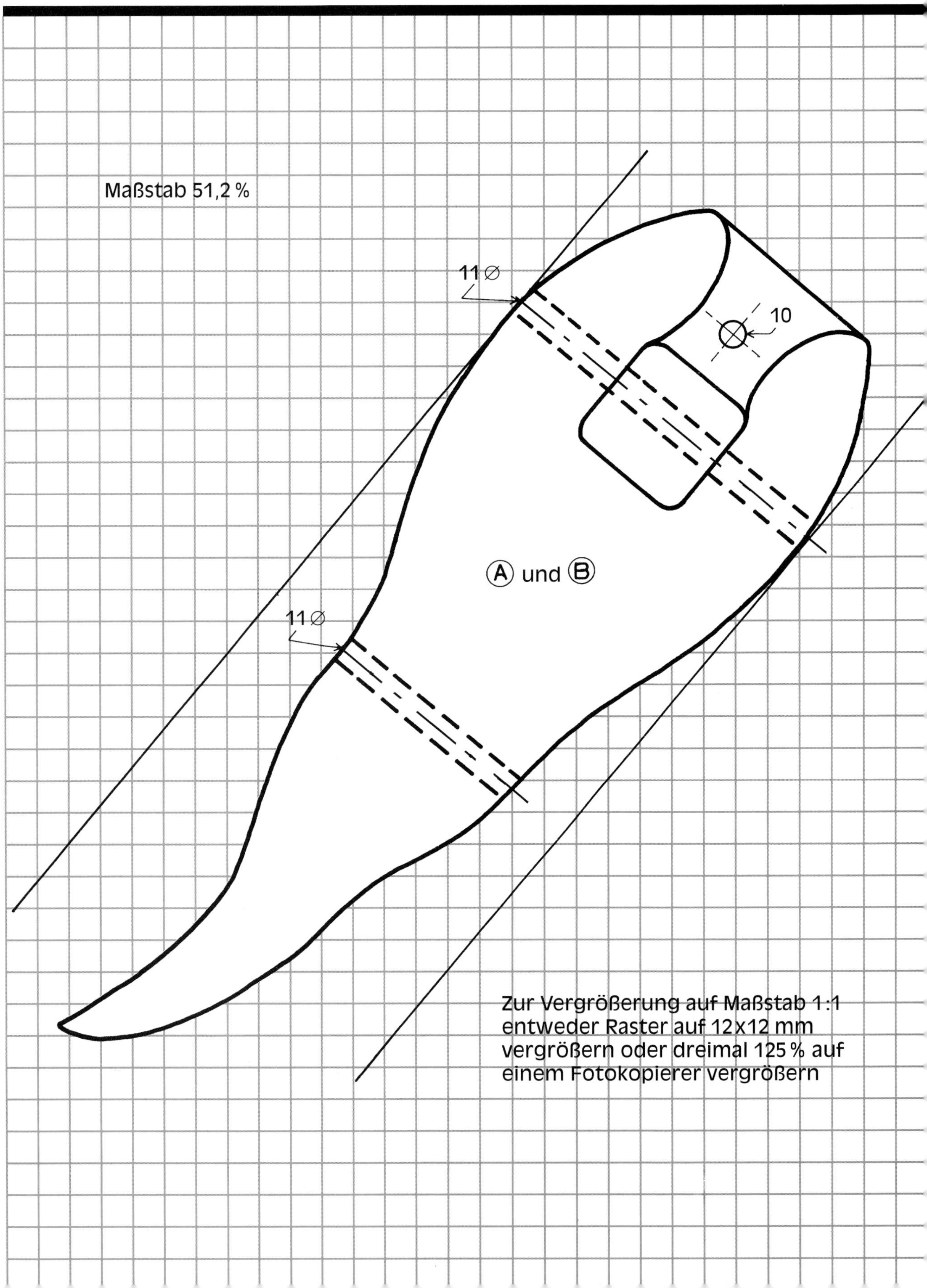

Maßstab 51,2 %

11 ∅

10

11 ∅

Ⓐ und Ⓑ

Zur Vergrößerung auf Maßstab 1:1
entweder Raster auf 12x12 mm
vergrößern oder dreimal 125 % auf
einem Fotokopierer vergrößern

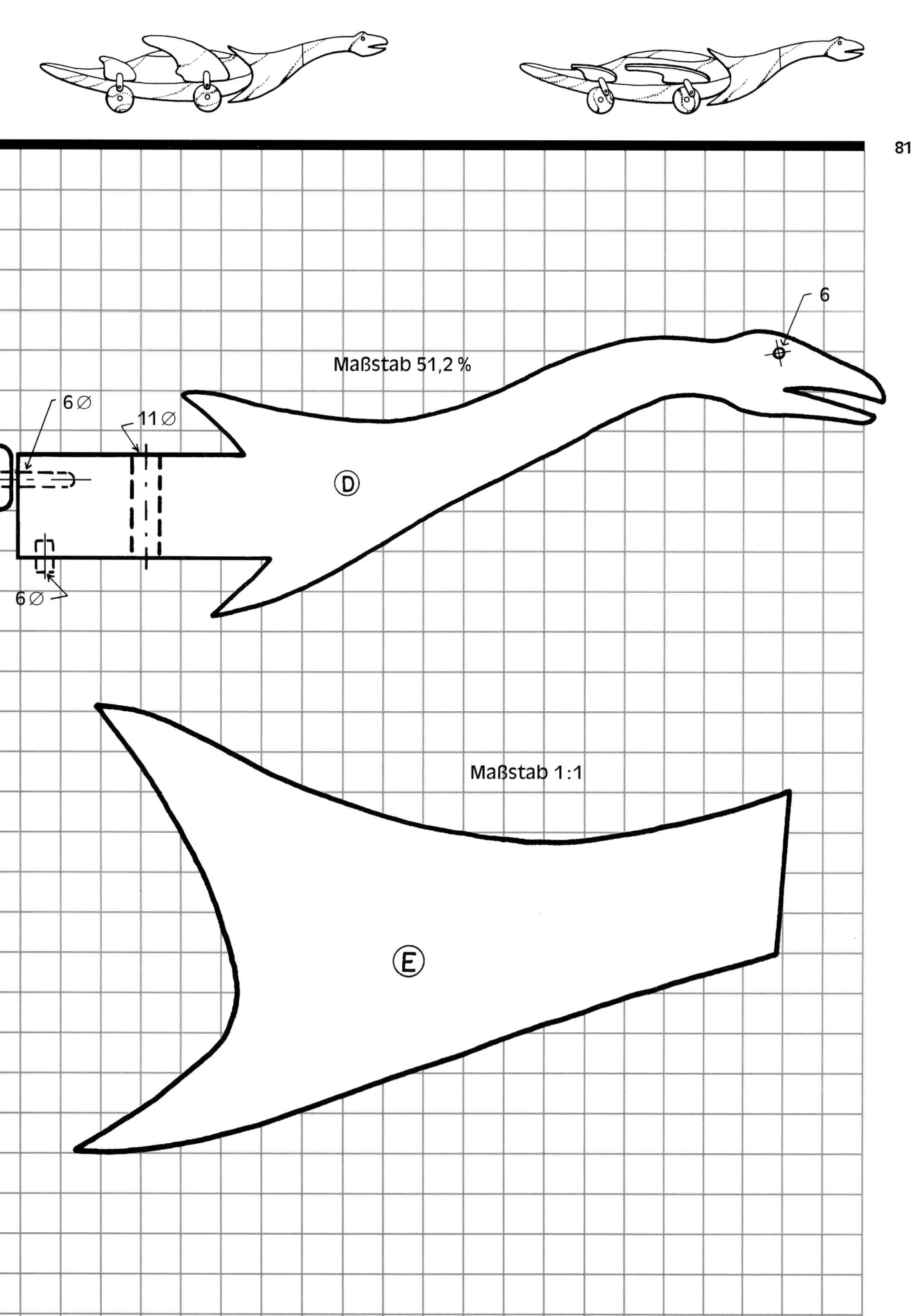

Maßstab 51,2 %

6

6 ∅

11 ∅

6 ∅

D

Maßstab 1:1

E

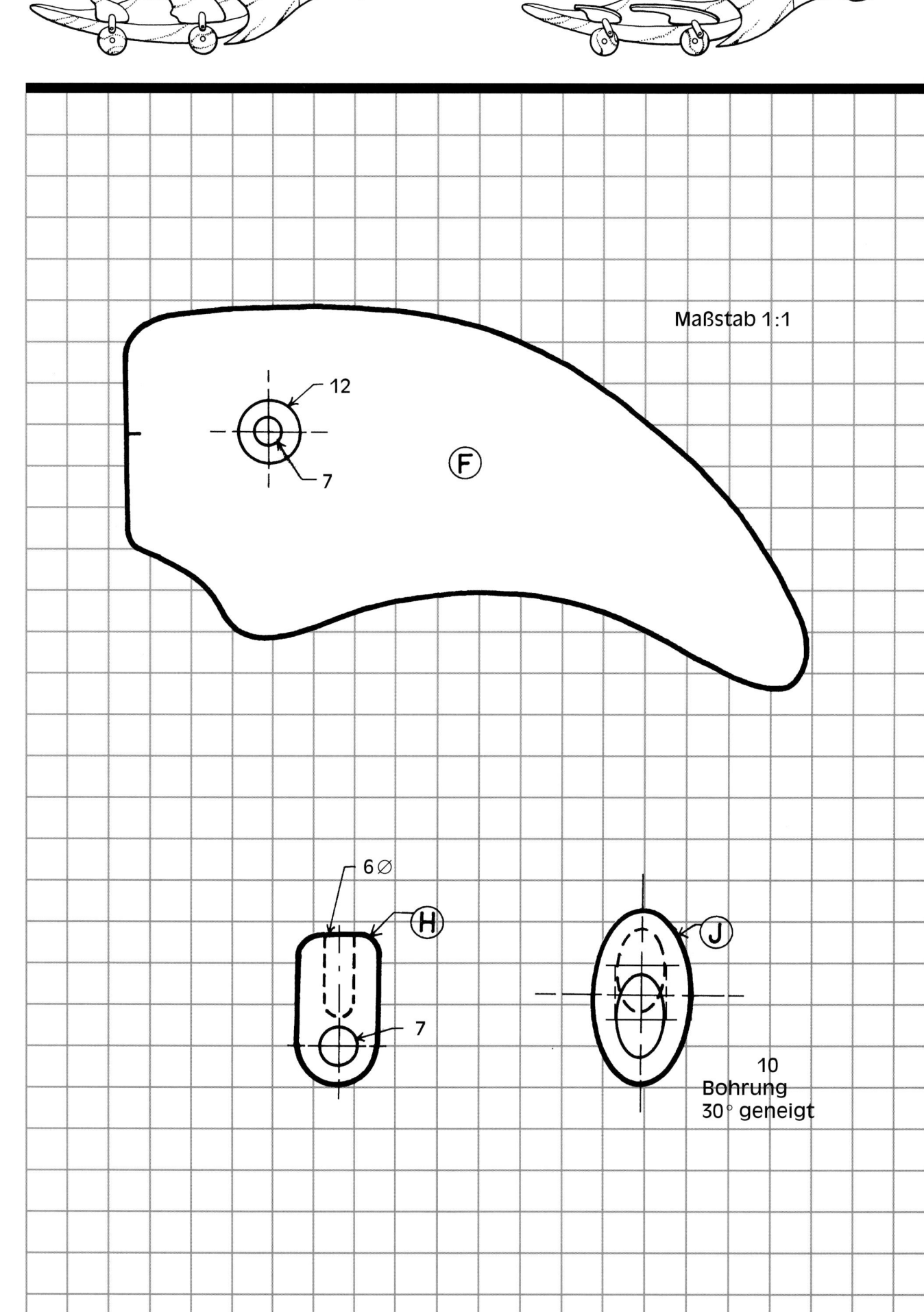

Maßstab 1:1

12

7

F

6 ⌀

H

7

J

10
Bohrung
30° geneigt

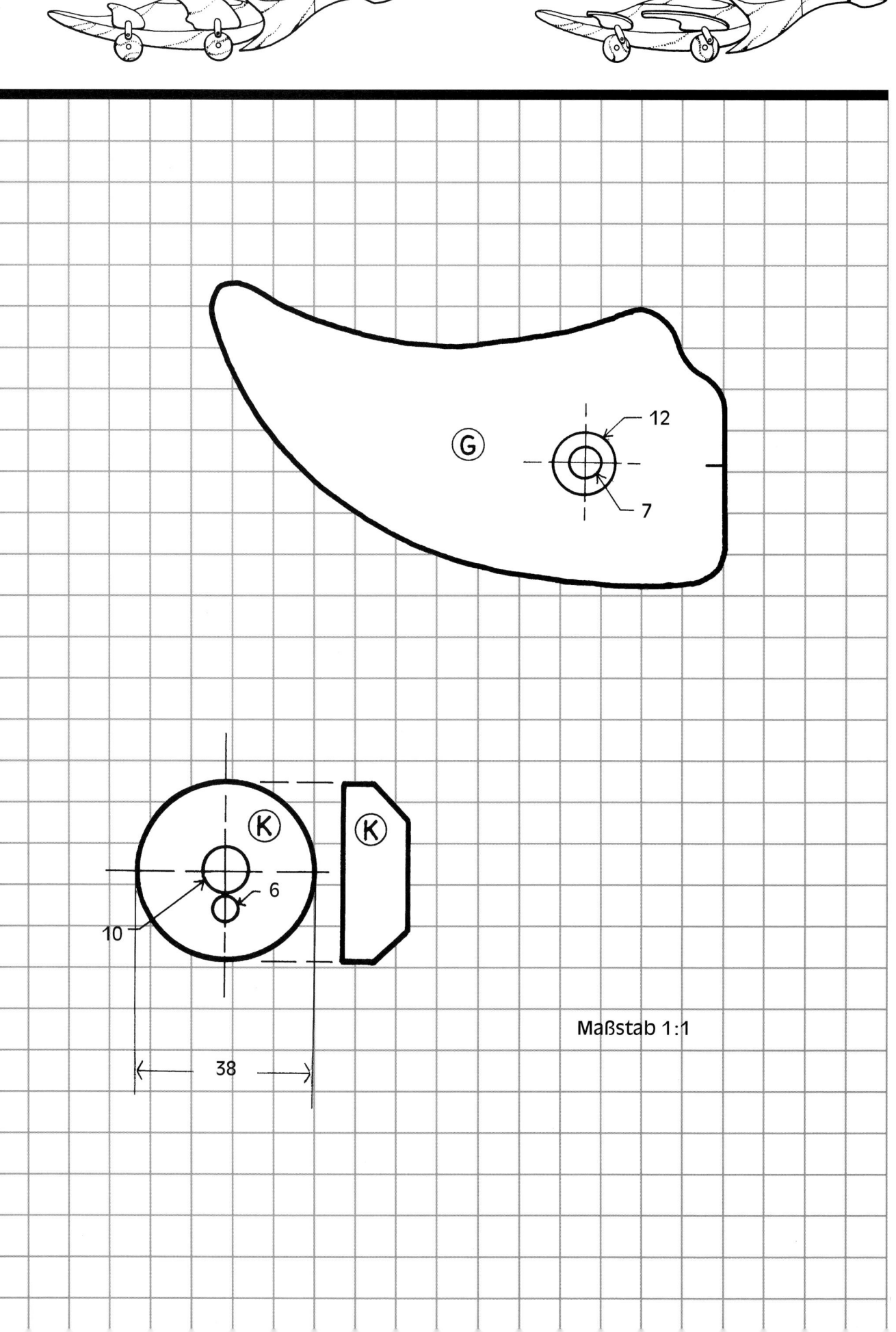

12

G

7

K

K

6

10

38

Maßstab 1:1

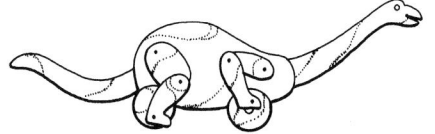
Eigentlich ist die Bezeichnung Brontosaurus für das zu den größten Sauriern zählende Tier nicht richtig, genauer müßte man vom Apatosaurus sprechen. Diese Saurier waren Pfanzenfresser. Ihre schwachen, stummelförmigen Zähne und Funde von abgeschliffenen Steinen in ihren Skeletten haben zu der Überzeugung geführt, daß sie einen kaumagenähnlichen Vormagen besaßen, um die riesigen Mengen nur unzureichend durchgekauter Pflanzenteile verdauen zu können, die nötig waren, um den gewaltigen Körper zu ernähren.

Wie funktioniert er?

Wenn man ihn schiebt, bewegt ein Exzenter auf der vorderen Achse seinen Kopf und Schwanz in gefälliger Weise auf und ab. Die Füße sind mit den Rädern so verbunden, daß sich die Beine bewegen, als ob das Tier schreitet (siehe Abb. 1).

Das Kopf- und Schwanzstück

Reißen Sie das Kopf-/Schwanzstück auf 16 mm starkem Holz an. Legen Sie ein Abfallstück unter, um das Aussplittern der Ränder beim Durchbohren zu vermeiden, und bohren Sie die Löcher von 8 mm Ø für die Drehwelle und von 3 mm Ø für die Augen. Sägen Sie den Umriß dann mit der Bandsäge aus und schleifen Sie alle Flächen mit Bandschleifmaschinen und von Hand.

Die Körperhälften

Reißen Sie die Körperhälften (B) auf 12 mm starkem Holz an. Sägen Sie die beiden Teile aus und legen Sie sie so aufeinander, daß die ansehnlichsten Seiten außen sind. Beim Bohren der Löcher für die Achsen, die Drehwelle und die Befestigung der Beine ist darauf zu achten, daß die beiden Teile genau ausgerichtet aufeinander liegen. Die Löcher für die Befestigung der Beine müssen im Durchmesser etwas kleiner sein als die vorgesehenen Nägel oder Stifte.

Dann werden die Innenflächen der beiden Teile geschliffen, ebenso die Kanten mit Ausnahme des Bereichs am Rücken, an dem das Zwischenstück eingefügt werden soll.

Von Hand werden abschließend die Innenkanten mit Schleifpapier leicht gebrochen, wiederum mit Ausnahme des Bereichs für das Zwischenstück, damit dort nach dem Zusammenbau keine Ritze verbleibt.

Das Zwischenstück

Reißen Sie das Zwischenstück (C) auf 19 mm starkem Holz an und sägen Sie es aus. Schleifen Sie die später vorn und hinten sichtbar bleibenden Kanten, die sich nach dem Zusammenbau nicht mehr schleifen lassen. Schleifen Sie die beiden Seitenflächen nicht, diese müssen vollständig planparallel bleiben, damit die Fluchtung der Bohrungen für die Achsen und die Drehwelle nicht beeinträchtigt wird.

Die Beine

Reißen Sie die Beine (D, E, F, G) auf 10 mm starkem Holz an und bohren Sie die Löcher für die Befestigungsstifte. Dabei muß wieder die Stärke der Stifte berücksichtigt werden. Außerdem ist aber noch zu bedenken, in welchen Löchern sie festsitzen und in welchen sie sich leicht drehen können sollen.

Die Beinteile werden dann ausgesägt, allseitig geschliffen und die Kanten von Hand leicht gebrochen.

Der Zusammenbau und die Oberflächenbehandlung

Geben Sie Leim an beide Seitenflächen des Zwischenstücks. Beim Ansetzen und Festspannen der Körperhälften steckt man am besten einen Dübel von 6 mm Ø durch die Löcher für die Drehwelle, damit die Hälften genau zueinander ausgerichtet sind. Überzeugen Sie sich auch, daß die Achsbohrungen fluchten.

Nachdem der Leim abgebunden hat, wird der Rücken mit Schleifpapier der Körnung 80 geschliffen, ebenso die beiden Seitenflächen mit Körnung 80 und anschließend mit Körnung 120. Der ganze Umfang kann dann gefräst werden, Spuren vom Abstandshalter und Rauhigkeiten werden mit Schleifpapier der Körnung 120 und zuletzt auch Spuren quer zur Holzfaser durch Schleifen von Hand zum Verschwinden gebracht.

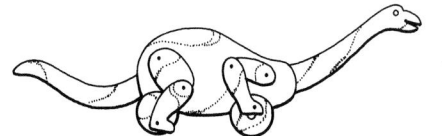 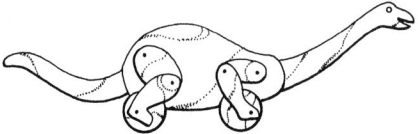 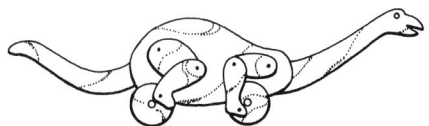

Fügen Sie dann das Kopf-/Schwanzstück ein und set-zen Sie die Drehwelle nur soweit ein, daß sie gerade bis zur Bohrung in der zweiten Körperhälfte vorge-drungen ist. In diese Bohrung geben Sie ein wenig Leim und treiben die Welle dann vollends hinein. Wenn dieser Leim abgebunden hat, müssen die Sei-tenflächen nochmals mit Schleifpapier der Körnung 120 behandelt werden, damit herausgequollener Leim entfernt wird und die Wellenenden bündig mit den Flächen abschließen.

Zur Anfertigung des Exzenters sei auf den Abschnitt »Die Räder und der Exzenter« in der Bauanleitung für den Miniatur-Tyrannosaurus verwiesen. Bohren Sie die Nagellöcher in den Rädern vor. Leimen Sie ein Rad auf die vordere Achse. Fügen Sie den Exzenter ein, wenn Sie die Achse durch die Achsbohrung stecken. Leimen Sie das andere Rad so auf die Achse, daß die Na-gellöcher diametral entgegengesetzt stehen (eins oben, eins unten). Der Einbau der hinteren Achse er-folgt ebenso, nur wird dort kein Exzenter eingefügt.

Vorn wird durch Exzenter und Achse ein kleines Loch gebohrt und zur Fixierung des Exzenters ein Stück von einem Zahnstocher eingeleimt. Dessen Enden müssen mit der Lauffläche bündig geschliffen wer-den. Auch die Außenflächen der Räder werden ge-schliffen, wenn der Leim abgebunden hat.

Es empfiehlt sich, alle Teile mit Öl einzulassen, ehe weiter zusammengebaut wird. Nach völligem Zusam-menbau würde man nicht mehr an die verdeckten Flächen herankommen können, um den Ölüberschuß abzuwischen. Wenn alles getrocknet ist, werden die Beine zu spiegelbildlichen Paaren so zusammengena-gelt, daß sich die Teile noch gut bewegen lassen.

Nageln Sie dann die Beine an den Körper und an die Räder und achten Sie auch dabei darauf, daß genü-gend Luft für leichte Beweglichkeit bleibt.

Damit haben Sie eins der kleinsten Modelle eines der größten Saurier vor sich.

Abbildung 1
Wenn eine Körperhälfte abgenommen ist, kann man deutlich erkennen, wie der Exzenter auf der vorderen Achse beim Drehen der Räder das Kopf-/Schwanzstück hebt und senkt

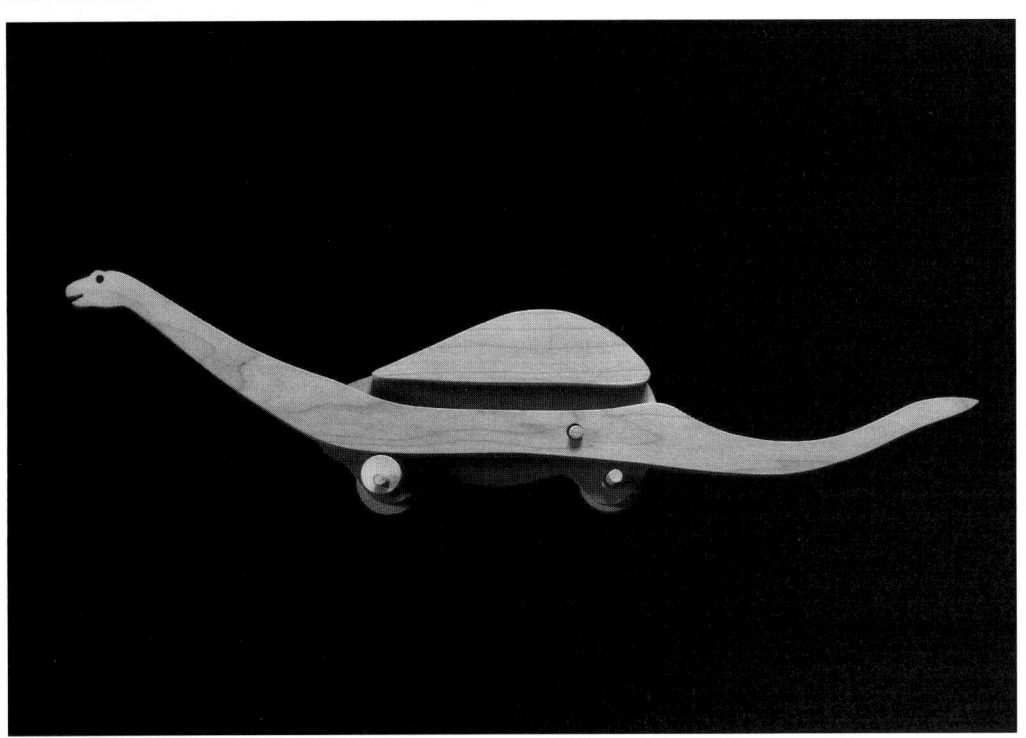

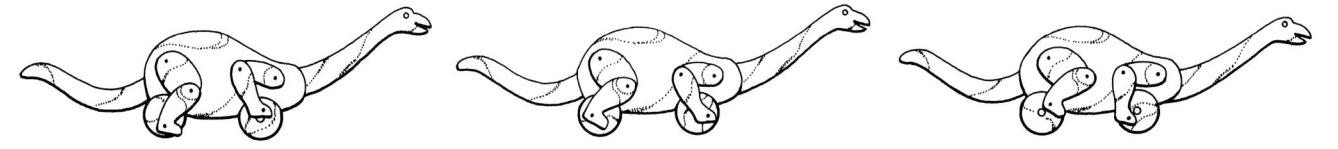

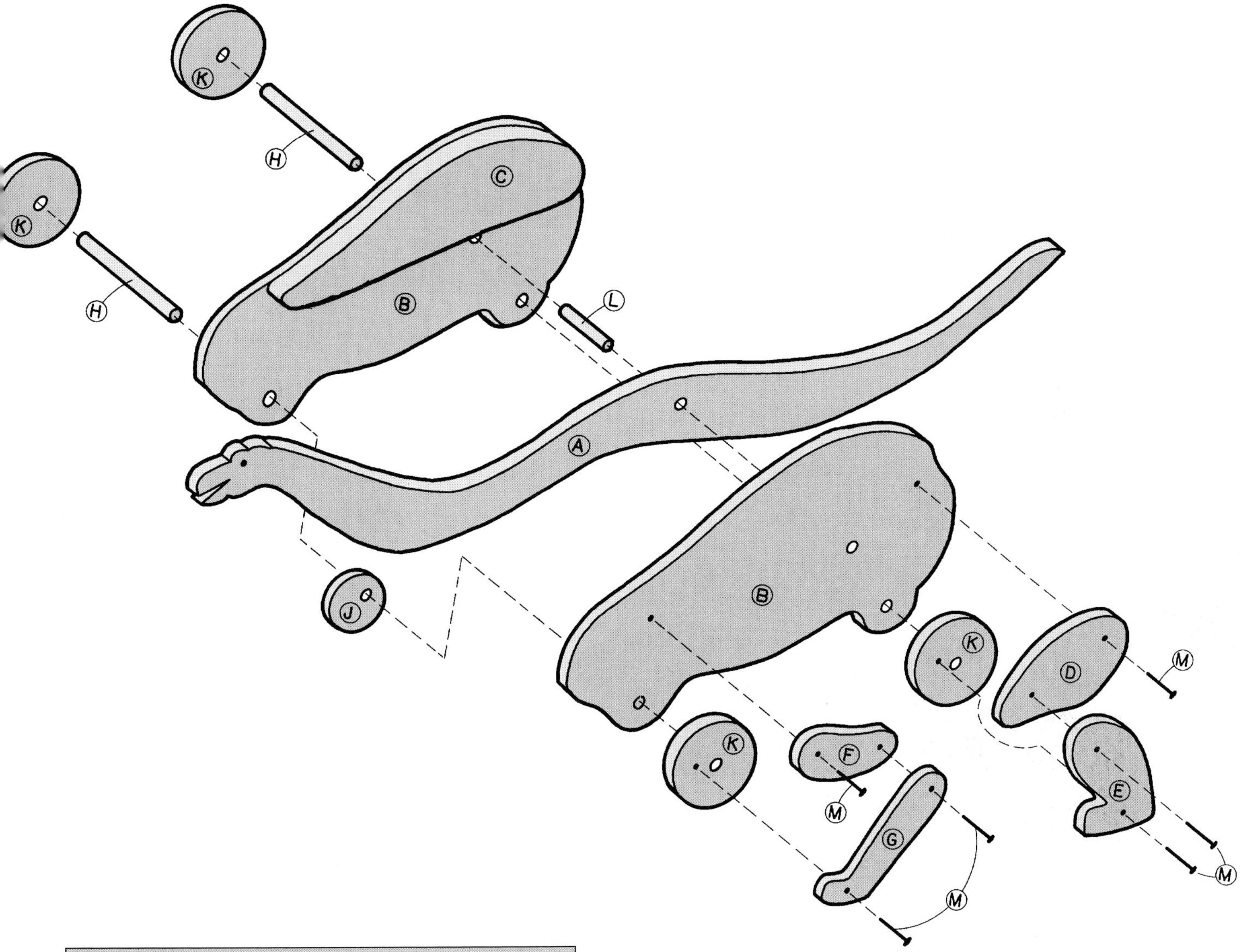

Materialliste					
Teil	Benennung	Anz.	Stärke	Breite oder ⌀	Länge
A	Kopf-/Schwanzstück	1	16	77	445
B	Körperhälfte	2	12	102	172
C	Zwischenstück	1	19	38	137
D	Oberschenkel, hinten	2	10	38	64
E	Unterschenkel, hinten	2	10	32	64
F	Oberschenkel, vorn	2	10	22	48
G	Unterschenkel, vorn	2	10	22	64
H	Achse	2		6	67
J	Exzenter	1	12	19	
K	Rad	4	10	33	
L	Drehwelle	1		6	44
M	Messingstift	12		1,8	19

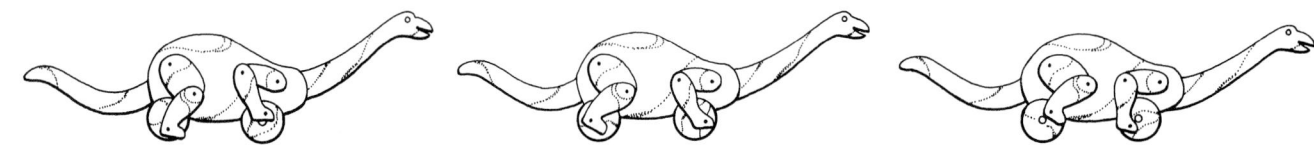

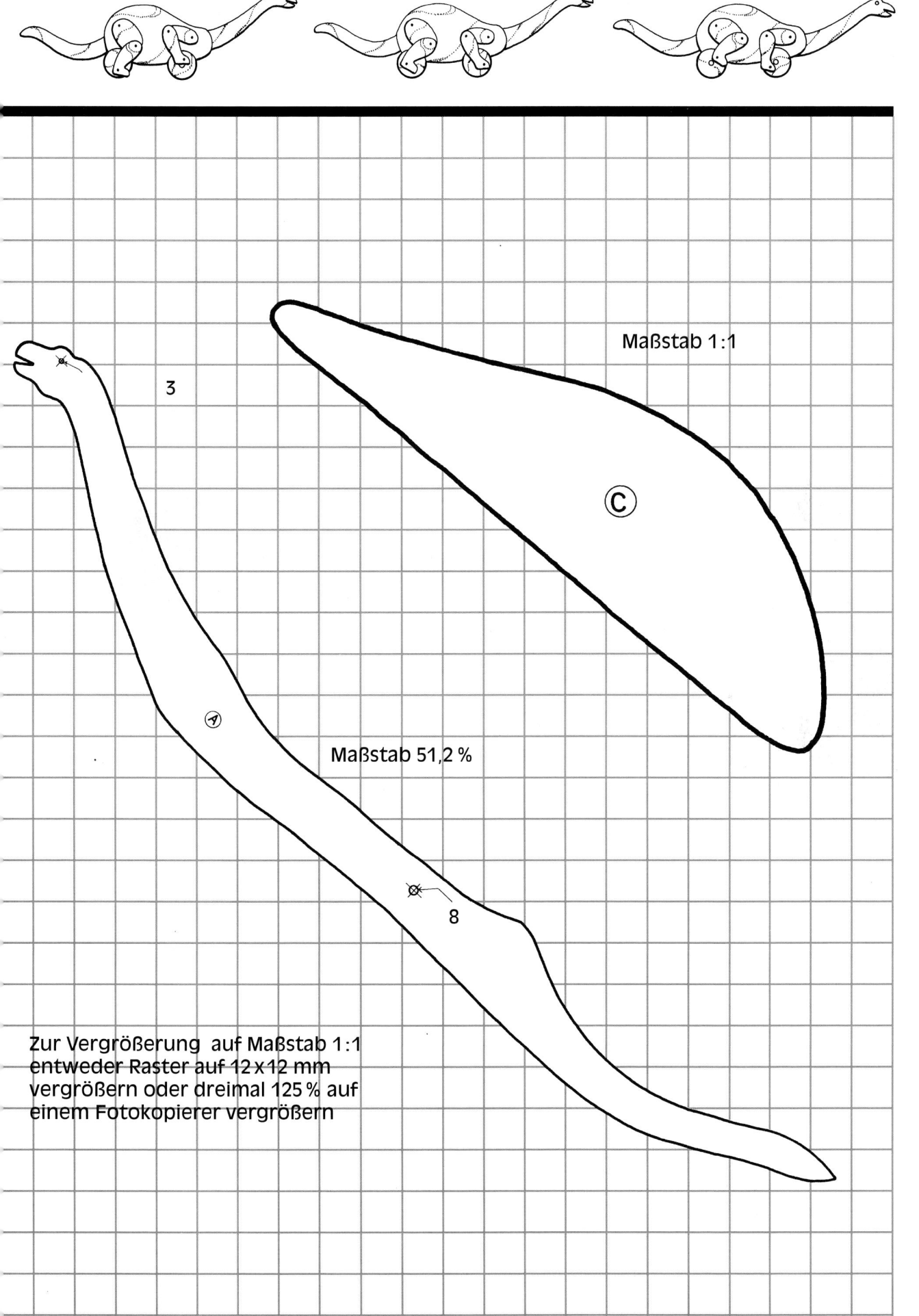

Maßstab 1:1

3

Ⓒ

Ⓐ

Maßstab 51,2 %

8

Zur Vergrößerung auf Maßstab 1:1
entweder Raster auf 12 x 12 mm
vergrößern oder dreimal 125 % auf
einem Fotokopierer vergrößern

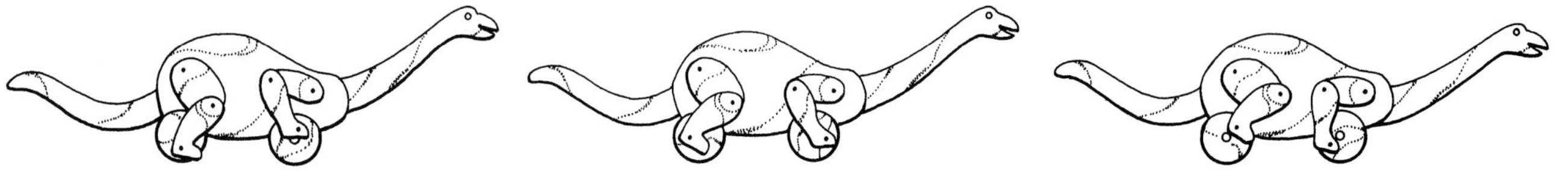

Maßstab 1:1

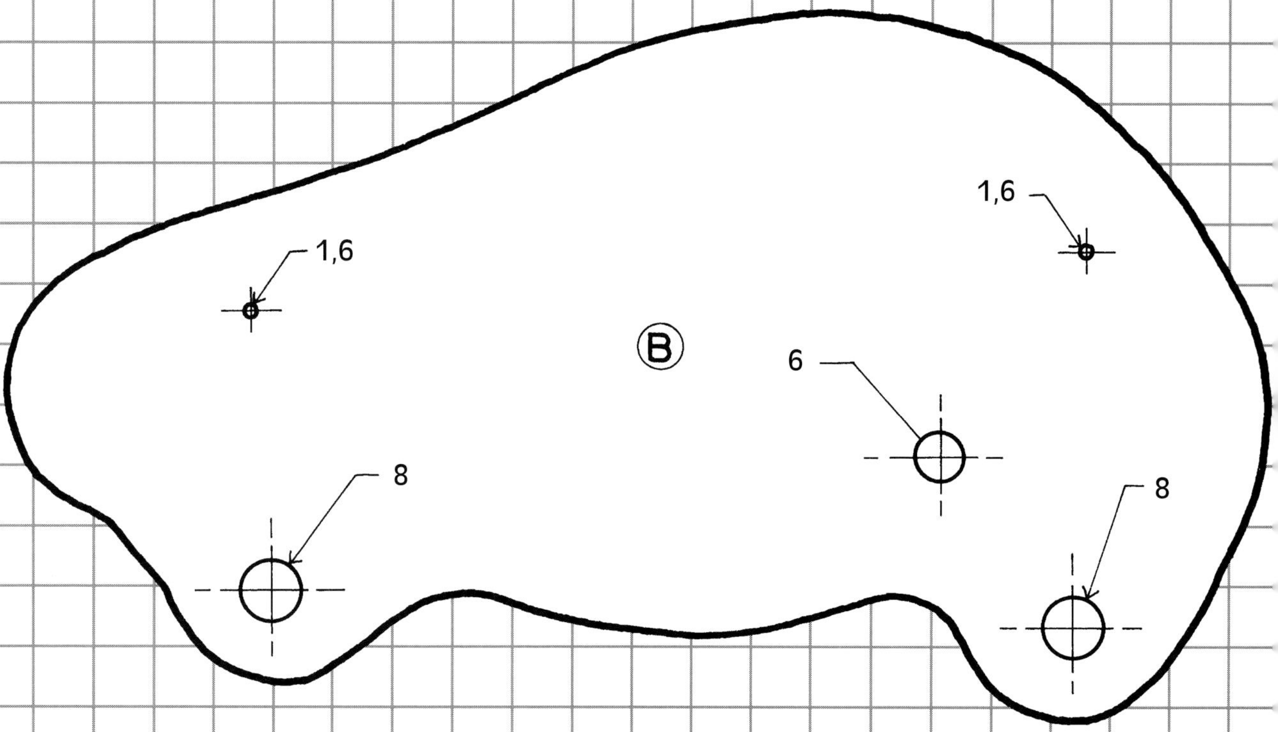

1,6

1,6

Ⓑ

6

8

8

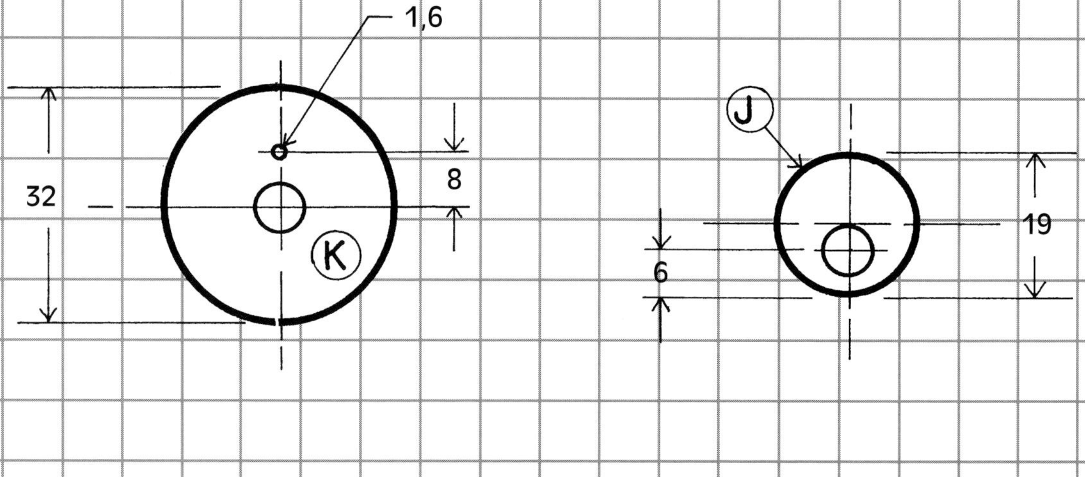

1,6

32

8

Ⓚ

Ⓙ

19

6

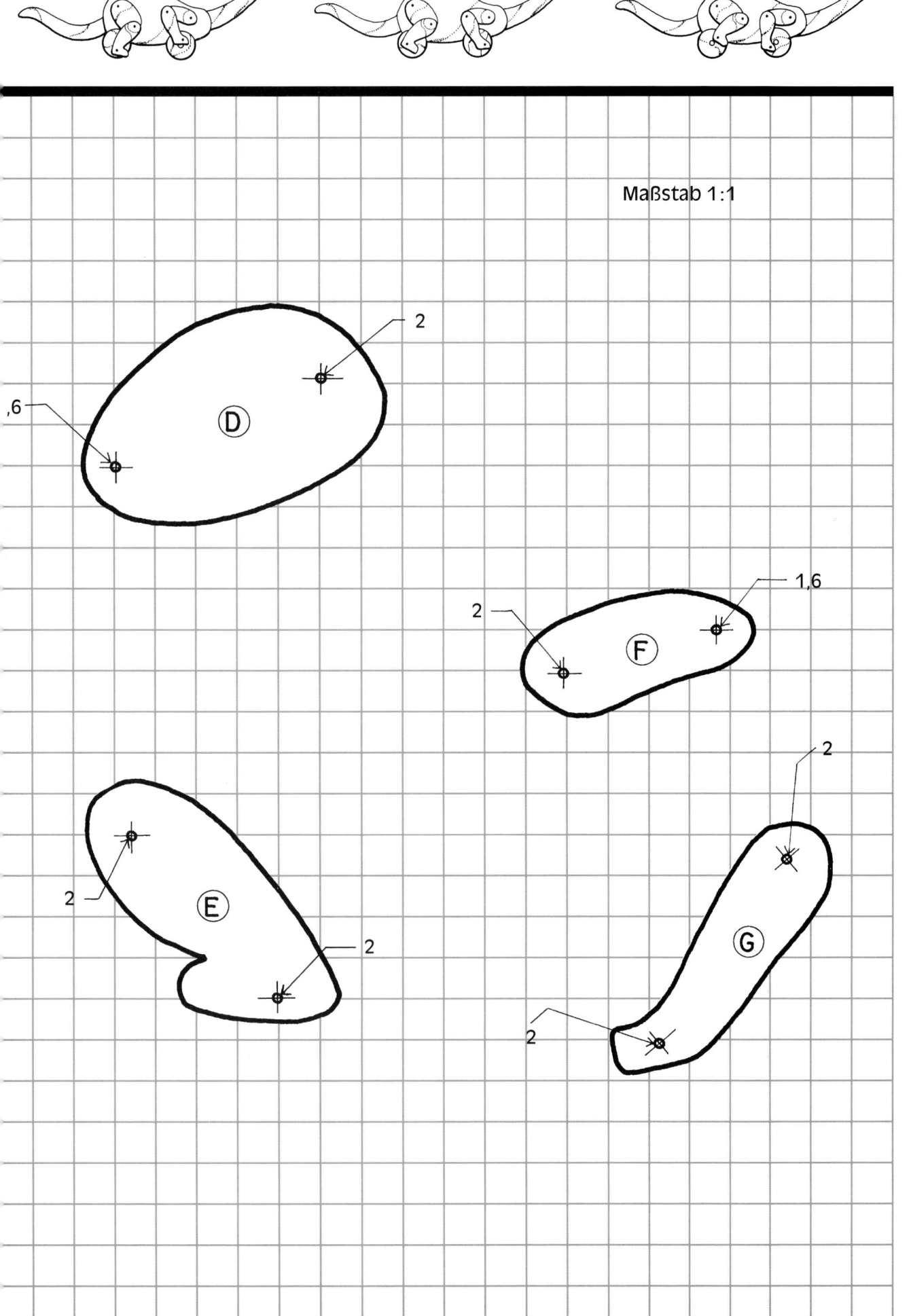

Maßstab 1:1

D 2

,6

F 2 1,6

E 2 2

G 2 2

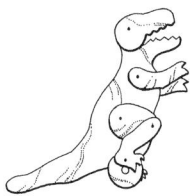
Unter den Sauriern ist uns der Tyrannosaurus wahrscheinlich am meisten vertraut. Es ist allgemein bekannt, daß er ein wildes Raubtier war, wußten Sie aber auch, daß man annimmt, er sei zudem ein Aasfresser gewesen, der von Kadavergeruch angelockt wurde?

Wie funktioniert er?

Wenn man die Miniatur am Schwanz ergreift und schiebt, bewirkt der Exzenterhub, nach oben über eine Stange geleitet, daß sich das Maul furchterregend öffnet und schließt. Gleichzeitig geben ihm die mit den exzentrisch gelagerten Rädern verbundenen Beine den bedrohlichen, wiegenden Gang.

Die einzige Schwierigkeit bei der Anfertigung dieses Tyrannosaurus ist die geringe Größe der beweglichen Teile. Wenn man Bedenken hat, diese Teile mit der Bandsäge auszusägen, sollte man Arme, Beine und Kopf mit einer Bogen- oder Laubsäge aussägen.

Der Körper

Nach dem Anreißen des Körpers (A) wird zunächst die Bohrung für die Achse hergestellt, ehe man den Umriß aussägt, damit das Holz an dieser schmalen Stelle beim Bohren nicht platzt. Sie sollten auch gleich vier Löcher für Stifte bohren (Darstellung der Augen sowie Befestigung der Beine). Diese Löcher müssen im Durchmesser etwas kleiner sein als die vorgesehenen Stifte.

Beim Aussägen des Umrisses wird zunächst gerade über die Zähne gesägt, damit das Loch für die zum Exzenter führende Stange von 6 mm ∅ leichter gebohrt werden kann.

Spannen Sie den Körper dann zwischen zwei Brettchen so auf den Tisch der Bohrmaschine, daß das eben genannte Loch genau in Richtung der Achsbohrung gebohrt werden kann. Prüfen Sie mit einem Winkel auch, daß das Teil nicht zur Seite hin geneigt ist, und bohren Sie dann das Loch mit 8 mm ∅.

Anschließend sägen Sie die Zähne aus. Heften Sie dann ein Stück Papier mit der Draufsicht des Schwanzes so auf das Teil, daß es auf dem bereits ausgesägten Umriß anliegt. Halten Sie das Teil aufrecht gut fest und sägen Sie die Kontur der Draufsicht des Schwanzes aus.

Spannen Sie den Körper mit der Unterseite nach oben ein. Vielleicht sollten Sie die Nute für den Exzenter anreißen, um sie exakt anfertigen zu können. Die Nute kann entweder mit einem Wanknutblatt in drei Durchgängen auf der Kreissäge hergestellt werden, oder Sie nehmen eine Fein- oder Rückensäge, sägen an beiden Flanken der Nut bis zur erforderlichen Tiefe ein und entfernen den Abfall zwischen den Sägeschnitten vorsichtig mit einem scharfen Stecheisen.

Schleifen Sie alle Flächen des Körpers mit Bandschleifmaschinen. Fräsen Sie die Kanten mit Ausnahme der Stellen am Kopf, am Schwanz und bei den Achslöchern. Spannen Sie das Teil dann mit der Unterseite

Abbildung 1
Die Vorderansicht zeigt, wie der zwischen den Rädern angebrachte Exzenter eine Stange von 6 mm ∅ hebt, die wiederum das Maul zum Öffnen bringt. (Beachten Sie auch die Schräglage des Körpers, hervorgerufen durch die im Gegensinn exzentrisch angeordneten Räder)

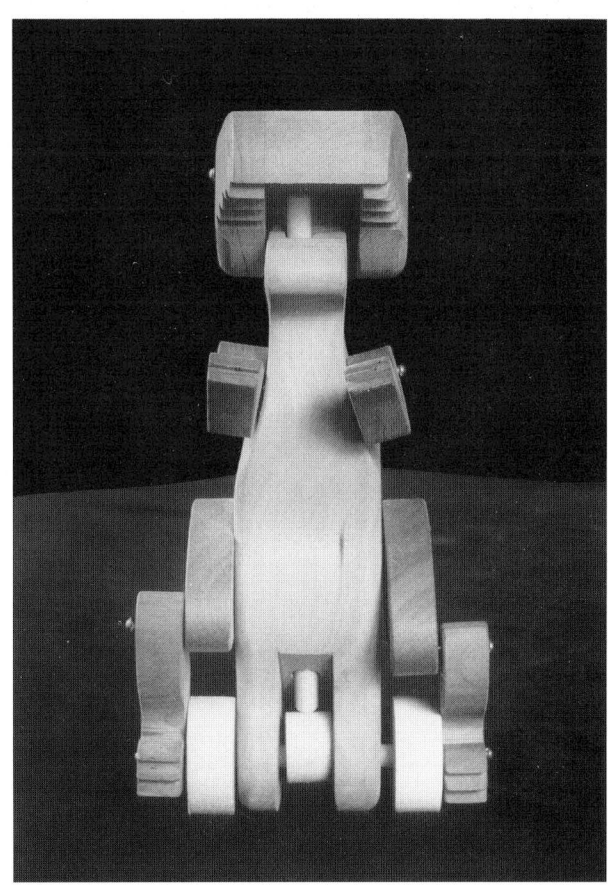

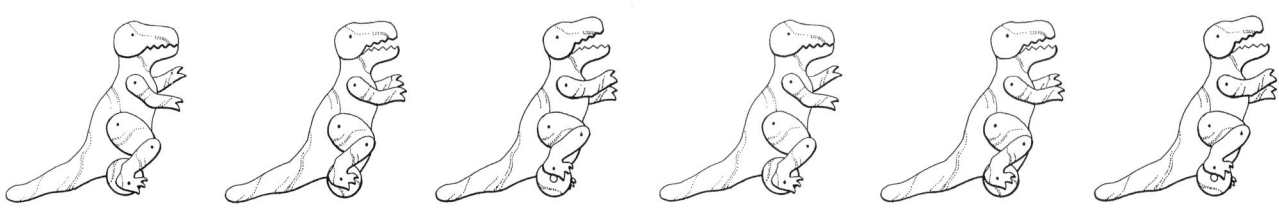

nach oben ein und verrunden Sie die Kanten am Schwanz mit Raspel und Feile. Sie können bei dieser Einspannung dann auch gleich das Schleifen von Hand erledigen.

Setzen Sie den Körper dann mit dem Gesicht nach unten hin und reißen Sie oben auf dem Kopf zwei Linien an, die angeben, wieviel auf beiden Seiten vom Kopf weggesägt werden soll. Stellen Sie den Seitenanschlag an der Bandsäge erst für den Sägeschnitt auf der einen Seite, dann für den auf der anderen ein und führen Sie die beiden Sägeschnitte auf eine Länge von 54 mm, gemessen vom Scheitelpunkt, aus. Lassen Sie das Maß zwischen den beiden Sägeschnitten etwas größer als 19 mm, damit nach dem Schleifen an der Bandschleifmaschine das Maß genau 19 mm beträgt. Nehmen Sie dann den Seitenanschlag ab und führen Sie die Sägeschnitte schräg nach außen zu Ende. Es ist nicht so wichtig, wie groß der Winkel der Schräge ist, nur sollten beide Seiten gleich sein.

Schleifen Sie diese frischen Kanten dann an der Bandschleifmaschine bei gleicher Stellung des Teils. Anschließend wird der ganze Körper von Hand geschliffen, um alle Rauhigkeiten und Spuren quer zur Holzfaser auch an den gefrästen Kanten zu entfernen und die nicht gefrästen Kanten leicht zu brechen. Die Kanten der Zähne werden mit Hilfe einer Feile leicht gebrochen.

Der Kopf

Zur Herstellung des Kopfes werden die beiden Seitenteile (B) auf 6 mm starkem Holz und das Zwischenstück (C) auf 29 mm starkem angerissen. Bohren Sie als erstes die Löcher für die Augen, um sie beim Verleimen als Hilfe für das Ausrichten der Teile benutzen zu können. Stecken Sie während des Verleimens und Spannens mit Schraubzwingen einen Draht durch diese Löcher, der die richtige Lage der Teile zueinander sicherstellt (siehe Abb. 2). Reißen Sie dann die Draufsicht des Kopfes an. Das Teil wird mit den Zähnen auf den Tisch der Bandsäge gelegt, wenn die Abschrägungen gesägt werden. Schleifen Sie diese Schrägen auf der Flachschleifmaschine und kippen Sie dabei das Teil, um auch die parallelen Flächen zu erreichen und einen sanften Übergang zu schaffen. Verrunden Sie die Kanten mit Schleifpapier. Für das Brechen der Kanten an den Zähnen benutzen Sie wieder eine Feile.

Die Beine

Die Teile für Arme und Beine (D, E, F) werden angerissen, gebohrt und ausgesägt. Achten Sie darauf, daß die vorgesehenen Verbindungsstifte im Knie festsitzen müssen und in den anderen Bohrungen genügend Luft für die Bewegung haben, ohne daß der Kopf der Stifte durch das Loch rutschen kann.

Sägen Sie die Teile an der Bandsäge aus, wenn Sie meinen, daß Sie das beherrschen. Das allseitige Schleifen nehmen Sie auch nur dann an den entsprechenden Bandschleifmaschinen vor, wenn Sie ganz sicher sind, sonst erledigen Sie das lieber von Hand.

Die Räder und der Exzenter

Etwa vorhandene Achsbohrungen in käuflichen Rädern müssen ausgefuttert werden, ehe die exzentrischen Bohrungen hergestellt werden können. Beim Bohren der Löcher für die Anbringung der Füße ist darauf zu achten, daß diese Löcher diametral entgegengesetzt zu der Exzentrizität der Achsbohrungen liegen müssen.

Der Exzenter (H) wird angerissen, die Achsbohrung hergestellt und der Umriß ganz vorsichtig mit einem

Abbildung 2
Ein Draht, durch die Augenlöcher gezogen und straff gespannt, sorgt beim Zusammenbau des beweglichen Kopfteils für genaue Ausrichtung der Einzelteile. Achten Sie auch darauf, daß die Zähne vorn in einer Flucht zueinander stehen

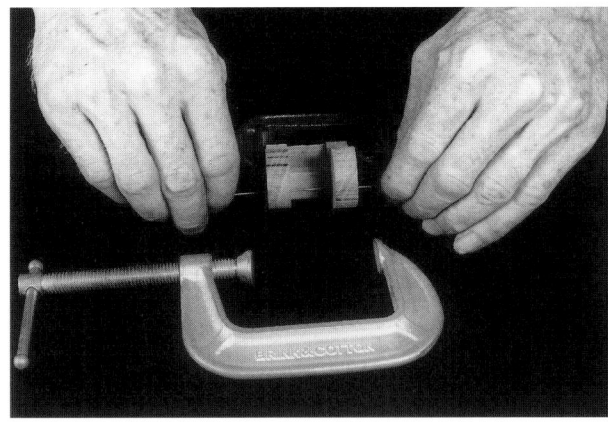

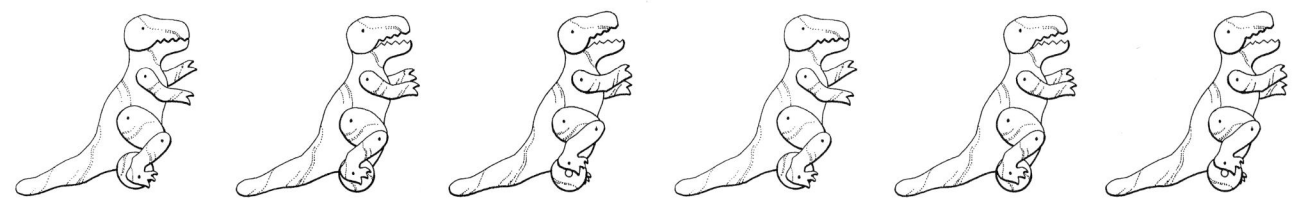

Sägebogen ausgesägt. Unebenheiten und scharfe Kanten werden von Hand mit Schleifpapier bearbeitet.

Der Zusammenbau
und die Oberflächenbehandlung

Sägen Sie die Achse (J) auf Länge und leimen Sie ein Rad darauf. Fügen Sie den Exzenter ein, wenn Sie die Achse in ihre Bohrung stecken. Dann wird das andere Rad so aufgeleimt, daß das Loch für den Stift oben ist, wenn das andere unten ist.

Nachdem der Leim abgebunden hat, müssen die Enden der Achse bündig geschliffen werden, entweder auf der Bandschleifmaschine oder von Hand.

Um den Exzenter auf der Achse zu fixieren, bohren Sie ein kleines Loch hindurch und leimen Sie ein Stück von einem Zahnstocher hinein. Vorstehende Enden müssen mit der Exzenterlauffläche bündig geschliffen werden.

Vor einem weiteren Zusammenbau sollten die Teile mit Öl eingelassen werden, da es später nicht möglich wäre, den Überschuß von allen Flächen abzuwischen.

Wenn das Öl getrocknet ist, nageln Sie die Beine zu spiegelbildlichen Paaren mit ausreichender Luft zusammen. Dann werden die Beinpaare an den Körper und die Räder genagelt. Die Arme werden fest angenagelt. Wenn Sie den Nagel soweit eingeschlagen haben, daß der Arm den Körper berührt, müssen Sie ihn etwas biegen, damit Sie ihn zu Ende einschlagen können, bis nämlich der Arm satt auf der schrägen Schulter ruht. Setzen Sie dann die Stange ein (beide Enden leicht verrundet) und heften Sie den Kopf probeweise an. Danach kann die Länge der Stange, falls erforderlich, noch korrigiert werden.

Anschließend wird der Kopf endgültig angenagelt, dabei ist auf gleichviel Luft an beiden Seiten zu achten, damit er sich einwandfrei bewegen läßt. Nun haben Sie ihn vor sich: den König der Raubsaurier in nicht ganz so furchterregender Größe.

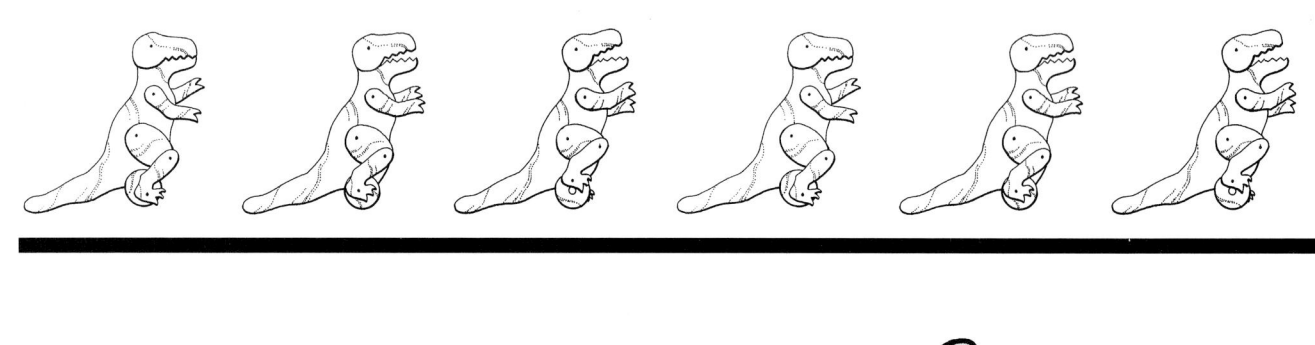

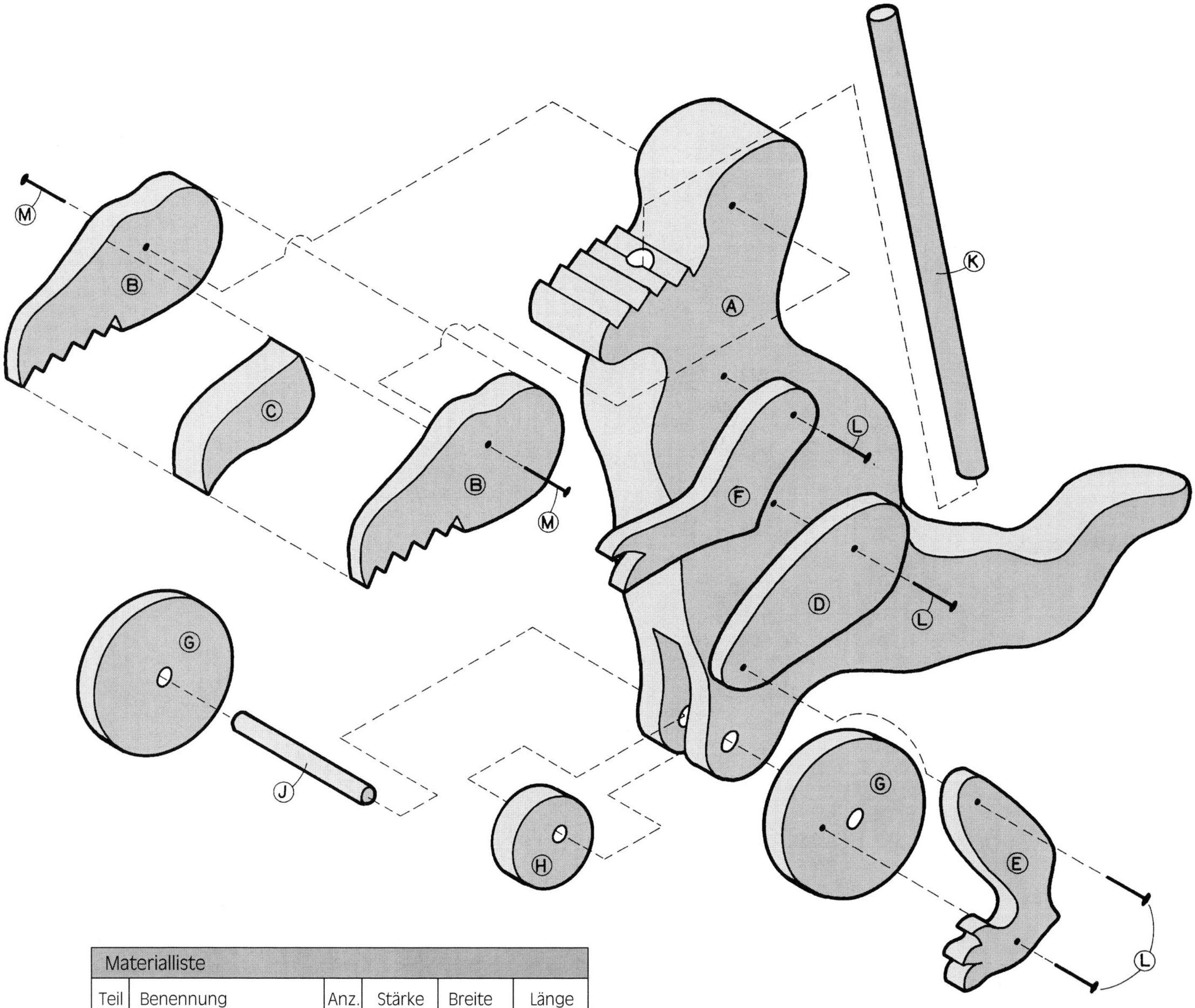

Materialliste					
Teil	Benennung	Anz.	Stärke	Breite oder ⌀	Länge
A	Körper	1	38	153	242
B	Kopf, Seitenteil	2	12	38	70
C	Kopf, Zwischenstück	1	22	22	44
D	Oberschenkel	2	10	38	58
E	Unterschenkel	2	10	35	64
F	Arm	2	10	25	64
G	Rad	2	10	32	
H	Exzenter	1	12	19	
J	Achse	1		6	61
K	Stange	1		6	≈124
L	Messingstift	8		1,8	22
M	Messingstift	2		1,8	19

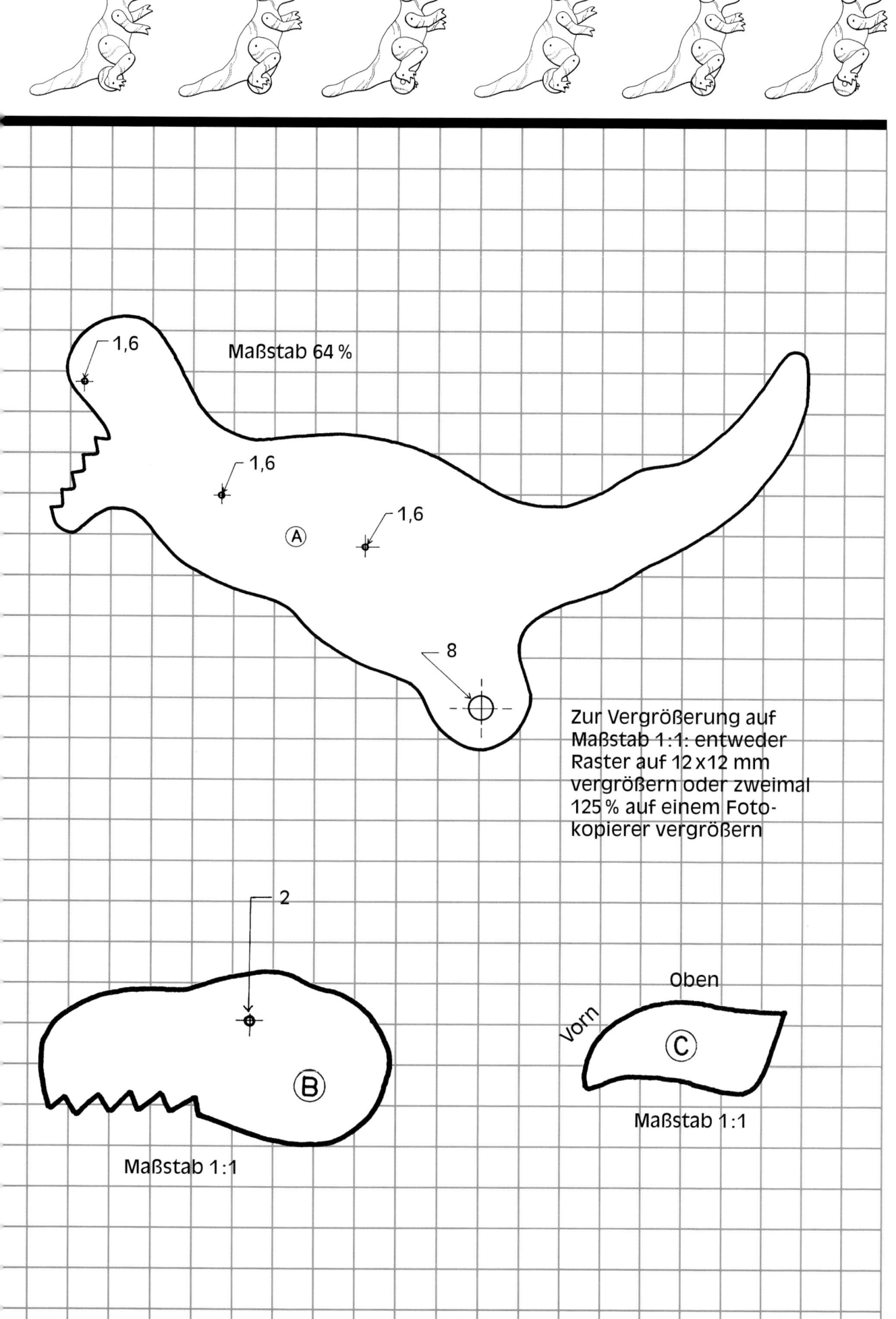

Maßstab 64 %

1,6

1,6

1,6

Ⓐ

8

Zur Vergrößerung auf
Maßstab 1:1: entweder
Raster auf 12 x 12 mm
vergrößern oder zweimal
125 % auf einem Foto-
kopierer vergrößern

2

Ⓑ

Maßstab 1:1

Vorn

Oben

Ⓒ

Maßstab 1:1

Maßstab 1:1

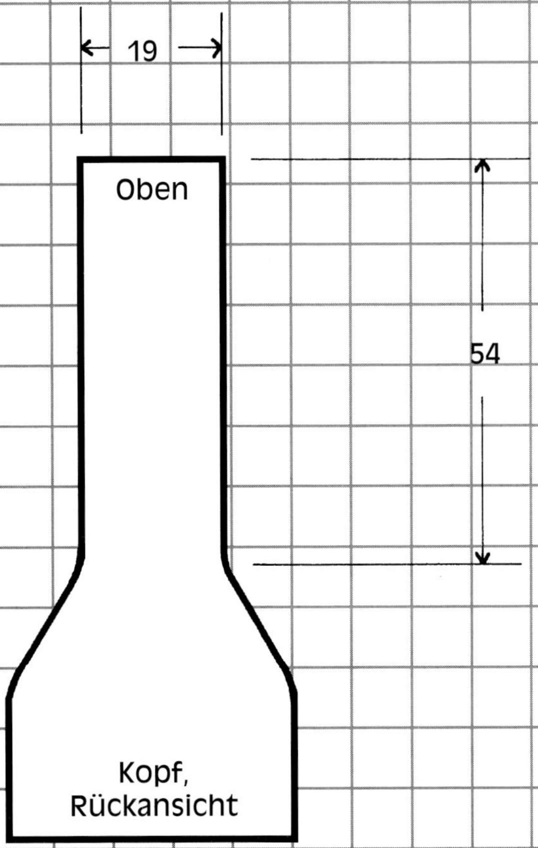

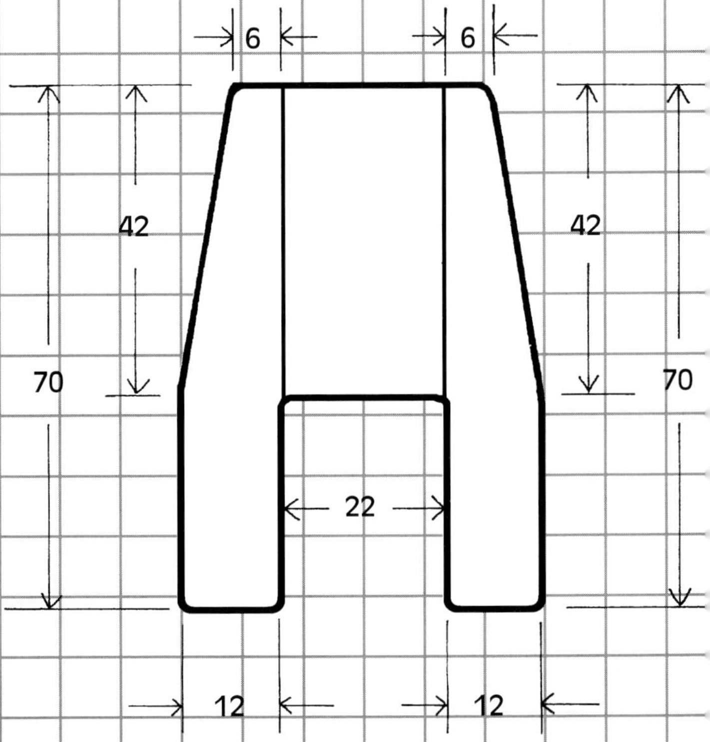

19

Oben

54

70

Kopf,
Rückansicht

6

6

42

42

70

70

22

12

12

Bewegliches Kopfstück,
Draufsicht

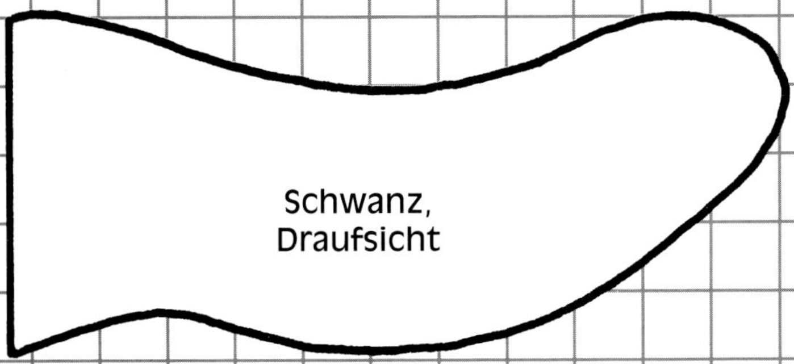

Schwanz,
Draufsicht

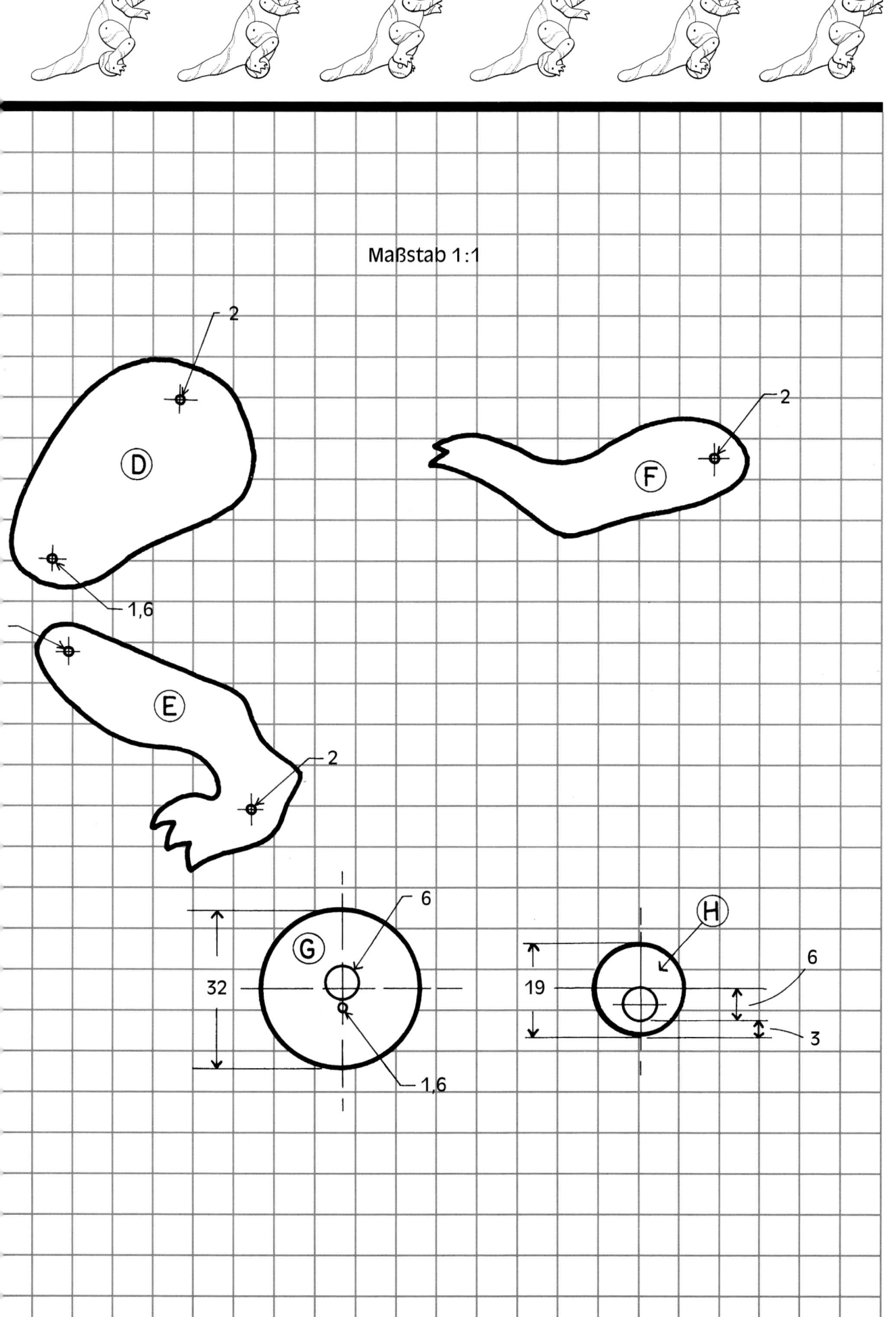

Maßstab 1:1

D — 2 — 1,6

F — 2

E — 2

G — 6 — 1,6 — 32

H — 6 — 3 — 19

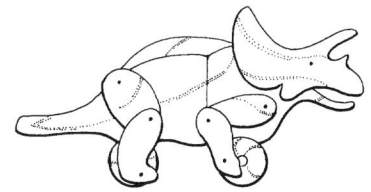

Miniatur

Der Triceratops

Der Triceratops gehörte zu den Ceratopsian-Sauriern. Diese Saurier besaßen als Schutz an Kopf und Hals verhornte Platten in erstaunlicher Vielfalt der Formen. Es waren Herdentiere, die sich ähnlich wie Moschusochsen verhielten, wenn Gefahr von einem Raubtier drohte: sie stellten sich im Kreis auf, alle Köpfe nach außen gerichtet. Sie konnten auch recht agressiv werden und sogar den räuberischen Tyrannosaurus angreifen.

Wie funktioniert er?

Dieses formschöne Modell besitzt einen einfachen aber ansprechenden Bewegungsablauf. Die Beine bewegen sich zusammen mit den Rädern und ein Exzenter hebt über eine Stange sanft die verhornte Platte (siehe Abb. 1).

Der Körper

Reißen Sie den Körper (A) auf 44 mm starkem Holz an. Bohren Sie die Löcher für die Achsen, die Augen und die Befestigung der Beine. Sägen Sie dann den Umriß an der Bandsäge aus. Schleifen Sie den Umriß und beide Seiten. Reißen Sie anschließend die Draufsicht an und sägen Sie sie aus. Schleifen Sie diese ausgesägten Kanten sauber. Spuren quer zur Holzfaser lassen sich mit einem in die Bohrmaschine gespannten Schleifzylinder entfernen.

Stellen Sie den Tisch der Bandsäge auf 45° und sägen Sie die Schrägen am Rücken und Bauch aus (siehe Foto des fertigen Modells). Der Sägeschnitt am Bauch sollte auf der rechten Seite vor dem Ansatzpunkt der Hinterbeine auslaufen und links an der gleichen Stelle einsetzen.

Abbildung 1
Wenn man das Modell von vorn betrachtet, kann man erkennen, wie die über den Exzenter bewegte Stange die Kopfplatte hinten anhebt, wobei sich gleichzeitig vorn das Maul schließt

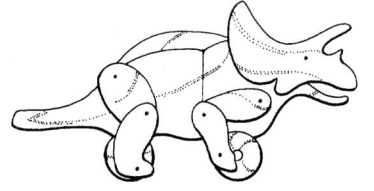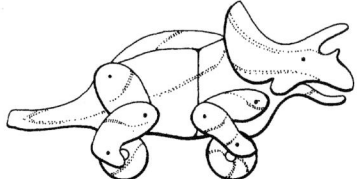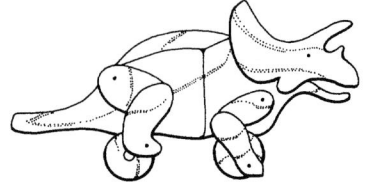

Glätten Sie die Schrägen am Bandschleifer, dessen Tisch ebenfalls auf 45° eingestellt werden muß. Die konkaven Partien vor den Hinterbeinen werden mit einem Schleifzylinder bearbeitet.

Das Loch von 8 mm ∅ für die Stange muß sorgfältig angerissen und so gebohrt werden, daß es genau auf die vordere Achsbohrung trifft. Sägen Sie den Schlitz für den Exzenter mit einem Wanknutblatt aus. Sie können ihn auch mit Bleistift anreißen, mit der Feinsäge an beiden Flanken einsägen und den Abfall zwischen den Sägeschnitten vorsichtig von beiden Seiten mit dem Stecheisen wegnehmen, ohne das Langholz über die vorgesehene Tiefe hinaus einreißen zu lassen.

Anschließend ist von Hand noch viel Schleifarbeit zu leisten, die sich aber lohnt, weil dadurch die schöne Maserung des Holzes besonders gut zur Geltung kommt.

Der Kopf

Reißen Sie das Zwischenstück (C) auf 22 mm starkem Holz an. Die Holzmaserung sollte in Längsrichtung verlaufen, damit das Teil möglichst große Festigkeit bekommt. Beim Aussägen müssen Sie den Rißlinien genau folgen, da einwandfreie Beweglichkeit weitgehend von der sorgfältigen Anfertigung abhängt.

Schleifen Sie den Umriß mit der Bandschleifmaschine und einem kleinen Schleifzylinder. Die Kopfplatte wird oben und hinten erst nach dem Zusammenbau geschliffen, aber an den Bereich um die Nase kommt man dann nicht mehr heran.

Sägen Sie das überflüssige Holz an beiden Seiten des mittleren Horns mit der Feinsäge weg und gleichen Sie die Kontur daneben dem Umriß der Kopfseitenteile mit einer Raspel an.

Reißen Sie die Kopfseitenteile (B) auf 19 mm starkem Holz an, bohren Sie die Löcher für die Augen und seien Sie beim Aussägen ganz besonders sorgfältig. Schleifen Sie den Umriß an der Bandschleifmaschine und mit einem Schleifzylinder bis auf die Kopfplatte oben hinter den Hörnern, diese Partie wird erst nach dem Zusammenbau geschliffen.

Leimen Sie die Kopfseitenteile exakt ausgerichtet an das Kopfzwischenstück. Beim Ausrichten hilft ein straff gespannt gehaltener Draht, der durch die Löcher für die Augen gefädelt ist (siehe Abb. 2). Wenn der Leim abgebunden hat, schleifen Sie die Kopfplatte oben und hinten sowie die Nase vorn.

Reißen Sie dann die Draufsicht an und sägen Sie am Längsanschlag der Bandsäge entlang den parallelen Teil bis zu der Stelle, an der die Kontur anfängt, schräg nach außen zu verlaufen. Nehmen Sie den Anschlag von der Bandsäge ab und sägen Sie die Schrägen.

Schleifen Sie anschließend die Seiten und Schrägen am Kopf mit der Bandschleifmaschine oder an der Umlenkrolle des Flachschleifers.

Brechen Sie alle Kanten leicht mit Schleifpapier von Hand und beseitigen Sie ebenfalls alle Spuren vom Bandschleifen rundherum am Kopf.

Die Beine

Reißen Sie die Beinteile (D, E, F, G) auf 10 mm starkem Holz an. Bohren Sie die Löcher für die von Ihnen ausgesuchten Nägel. Achten Sie darauf, welche Löcher kleiner als der Nageldurchmesser (für festen Sitz) und welche größer (für Beweglichkeit) sein müssen. Sägen Sie die Teile mit der Bandsäge aus, wenn Sie sich das zutrauen, sonst greifen Sie lieber zur Laubsäge oder zum Sägebogen. Die Umrisse werden von Hand geschliffen, dann legen Sie die Teile beiseite, um sie vor dem Zusammenbau mit Öl einzulassen.

Die Räder und der Exzenter

Zur Anfertigung des Exzenters (J) reißen Sie ihn auf 6 mm starkem Holz an, bohren das Loch von 6 mm ∅ und sägen ihn mit Laubsäge, Dekupiersäge oder Sägebogen aus. Schleifen Sie die Kanten von Hand. Die Befestigungslöcher werden in die Räder etwas kleiner gebohrt als der Durchmesser der Nägel beträgt.

Der Zusammenbau

Es empfiehlt sich, den Kopf probeweise mit leicht hineingedrückten Nägeln am Körper zu befestigen. Dabei müssen sich Exzenter (J) und Stange (K) an ihrem Platz befinden. Die Länge der Stange kann dann wenn nötig korrigiert werden, bis der Bewegungsablauf zufriedenstellend verläuft.

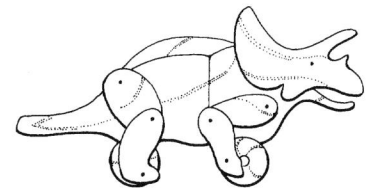 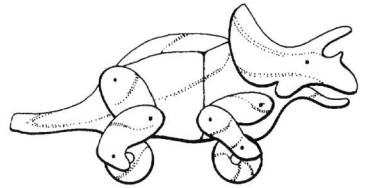 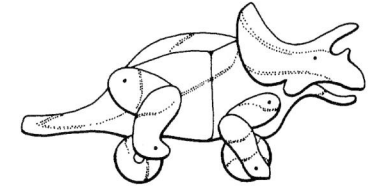

Dann werden die Räder auf die vordere Achse geleimt und der Exzenter beim Durchstecken der Achse eingefügt. Die Nagellöcher in den Rädern müssen diametral entgegengesetzt stehen, eins oben, eins unten.

Leimen Sie anschließend die Räder auf die hintere Achse, ebenfalls mit einem Nagelloch oben und einem unten. Schleifen Sie alle Achsenden bündig. Bohren Sie ein kleines Loch durch Exzenter und vordere Achse und sichern Sie den Exzenter auf der Achse mit einem eingeleimten Stück von einem Zahnstocher. Schleifen Sie die Exzenterlauffläche dann glatt. Es ist ratsam, das Modell in diesem Stadium mit Öl einzulassen, da sich der Überschuß nach abgeschlossener Montage nicht überall abwischen läßt. Wenn alles trocken ist, werden die Beine zu spiegelbildlichen Paaren zusammengenagelt und dann am Körper und den Rädern befestigt. Es muß überall genügend Luft für leichte Beweglichkeit berücksichtigt werden.

Zum Schluß wird der Kopf angenagelt, ebenfalls mit ausreichend Luft. Vorher darf nicht vergessen werden, die Stange (K) in ihre Bohrung zu stecken.

Ich hoffe, daß Ihnen die Anfertigung dieses Modells viel Freude bereitet hat.

Abbildung 2
Beim Anleimen der Seitenteile des Kopfes an das Zwischenstück gelingt das Ausrichten besser, wenn man einen Draht straff durch die Löcher für die Augen zieht

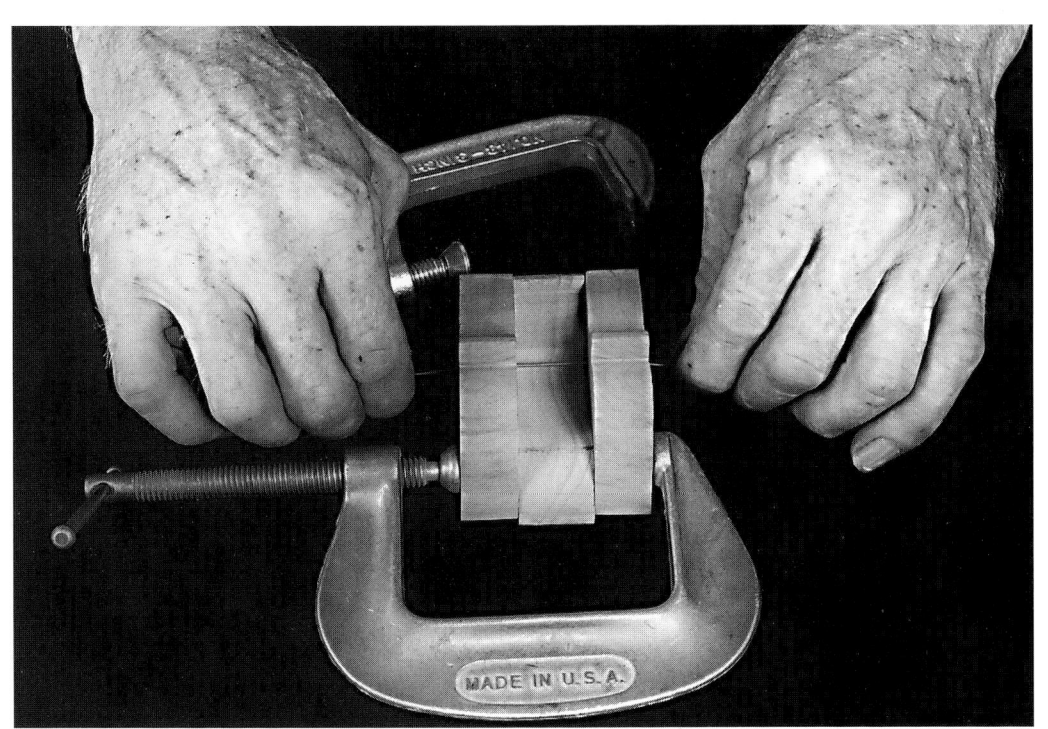

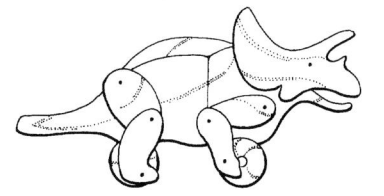 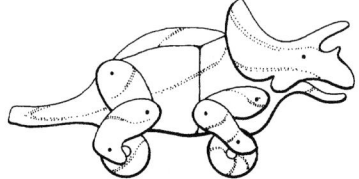 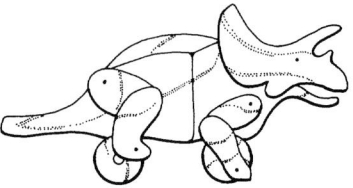

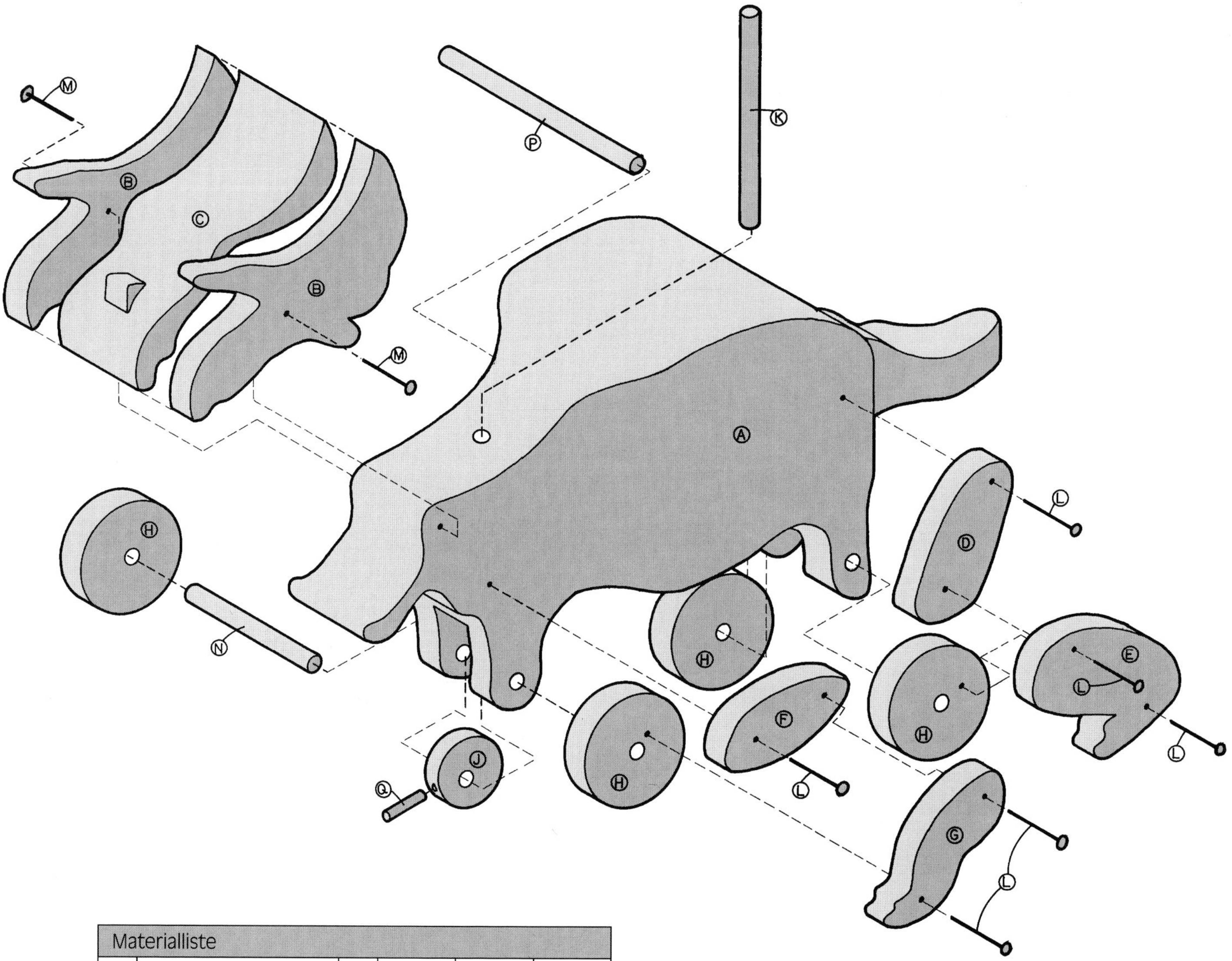

Materialliste					
Teil	Benennung	Anz.	Stärke	Breite oder ⌀	Länge
A	Körper	1	44	89	223
B	Kopf, Seitenteil	2	19	51	102
C	Kopf, Zwischenstück	1	25	25	102
D	Oberschenkel, hinten	2	10	25	48
E	Unterschenkel, hinten	2	10	32	54
F	Oberschenkel, vorn	2	10	19	38
G	Unterschenkel, vorn	2	10	25	51
H	Rad	4	10	32	
J	Exzenter	1	6	19	
K	Stange	1		6	≈64
L	Messingstift	12		1,8	22
M	Messingstift	2		1,8	19
N	Achse, vorn	1		6	44
P	Achse, hinten	1		6	67
Q	Zahnstocher	1			

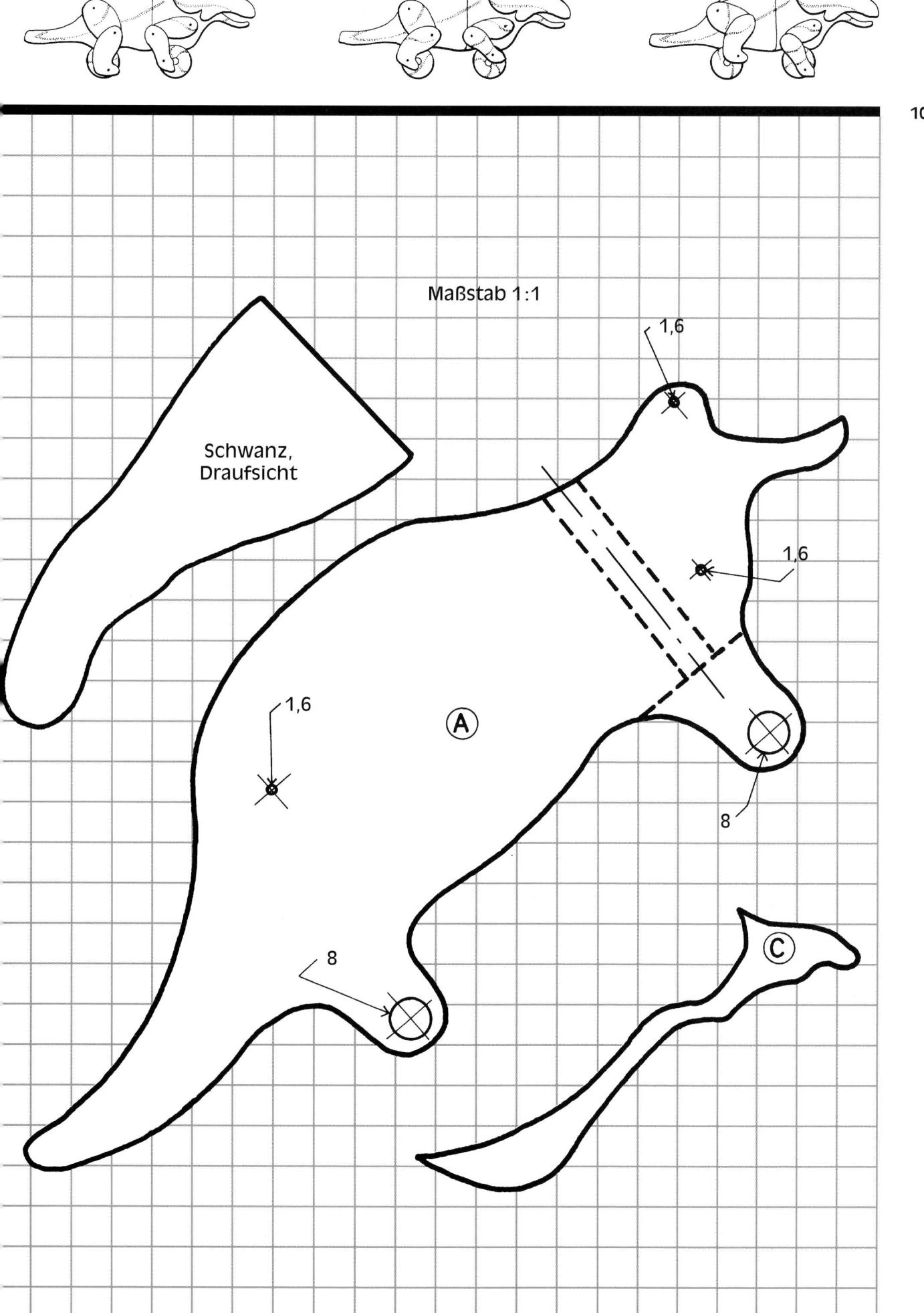

Maßstab 1:1

Schwanz,
Draufsicht

1,6

1,6

1,6

Ⓐ

8

8

Ⓒ

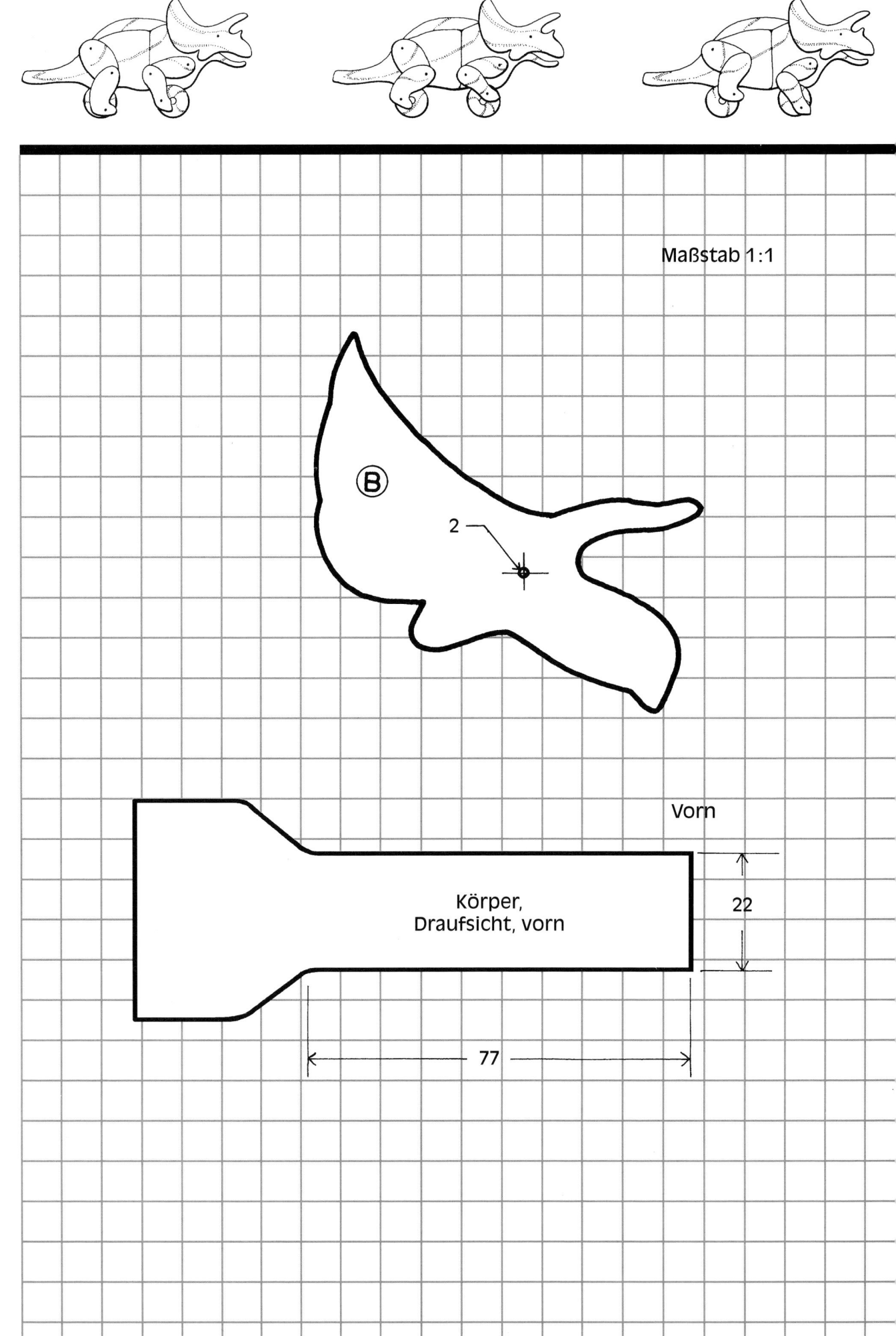

Maßstab 1:1

B

2

Vorn

Körper,
Draufsicht, vorn

22

77

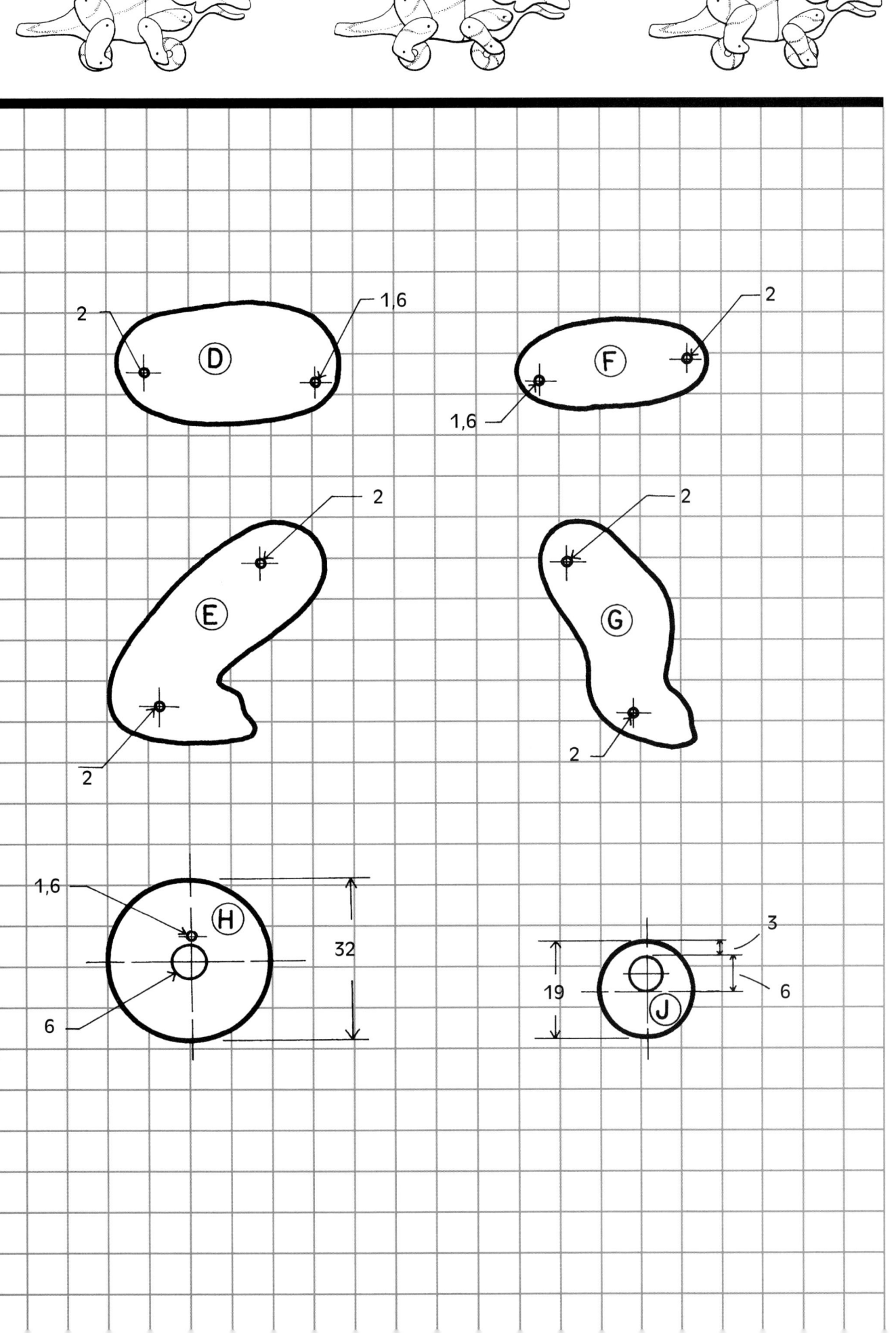

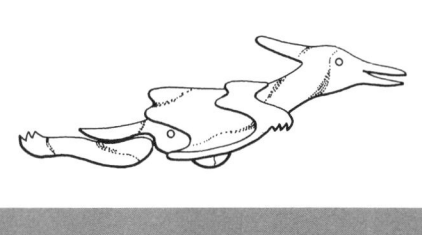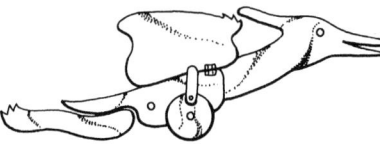

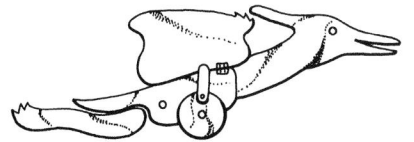
Kürzlich wurde eine neue Theorie aufgestellt, daß nämlich etliche Dinosaurier Warmblüter gewesen seien und sich zu den heutigen Vögeln und nicht zu Reptilien entwickelt hätten. Es wird interessant sein, zu erfahren, wie sich das Pteranodon aus der Sicht weiterer Forschung dann einordnen läßt.

Wie funktioniert es?

Ein versteckter Exzenter hebt den Kopf an, während sich die Flügel, die über Stößel mit den Rädern verbunden sind, gleichzeitig senken (siehe Abb. 1). Dieses Modell ist eines der wenigen, bei denen ich Metallbeschläge verwendet habe. Auf Grund der geringen Größe ließ es sich nicht umgehen, kleine Messingscharniere vorzusehen. Sie können statt dessen aber auch Lederstreifen nehmen, wenn Sie Metall prinzipiell ablehnen.

Die geringe Größe dieses Modells erfordert weiterhin peinlich genaues Arbeiten. Das stellt eine echte Herausforderung dar, und es ist eine aufregende Sache, die Teile zusammenzusetzen und dann den eleganten Flügelschlag zu verfolgen.

Die Körperhälften

Reißen Sie die Körperhälften (A) auf 6 mm starkem Holz an und sägen Sie den Umriß aus. Legen Sie beide Hälften exakt ausgerichtet aufeinander und bohren Sie die Löcher für die Achse und die Drehwelle durch beide Teile ohne sie verrutschen zu lassen. Schleifen Sie beide Seiten der Körperhälften. Die Einbuchtungen für die Beine werden mit einem kleinen Schleifzylinder oder mit Schleifpapier bearbeitet, das Sie um ein Rundholz gewickelt haben. Wenn die Beine angefertigt sind, müssen sie in diese Einbuchtungen passen.

Das Zwischenstück

Sägen Sie das Zwischenstück (B) aus 12 mm starkem Holz aus. Schleifen Sie die Kante in dem Bereich, der nach der Montage nicht mehr zu sehen sein wird, vorn jedoch nur bis zu der Stelle, an der sich der Umriß an denjenigen der Körperhälften anschließt.

Der Kopf

Reißen Sie den Kopf (C) auf 10 mm starkem Holz an. Bohren Sie die Löcher von 3 mm ∅ für die Augen und von 8 mm ∅ für die Drehwelle. Sägen Sie den Umriß aus und schleifen Sie rundum die Kante. Brechen Sie die scharfen Kanten leicht von Hand mit Schleifpapier.

Die Beine

Reißen Sie die Beine (D) an und sägen Sie sie aus. Die Kanten werden so geschliffen, daß beide Beine genau und unter gleichem Winkel in die Einbuchtungen in den Körperhälften passen. Dann werden die scharfen Kanten von Hand leicht mit Schleifpapier gebrochen.

Abbildung 1
Die Stößel sind exzentrisch an die Räder genagelt und außerdem an die Flügel. Die Flügel bewegen sich folglich bei jeder Umdrehung der Räder einmal auf und ab

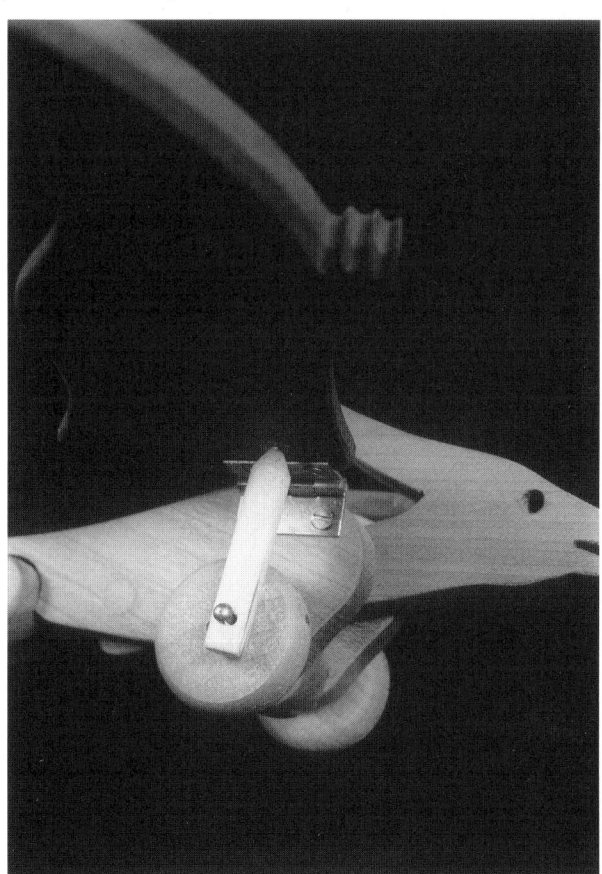

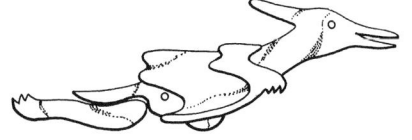  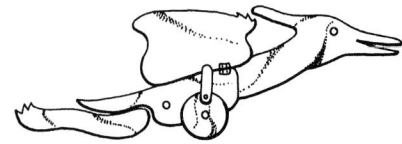

Die Arme und die Flügel

Reißen Sie die Arme (E) auf 6 mm starkem Holz an und sägen Sie sie aus. Schleifen Sie den Umriß sorgfältig mit Ausnahme des Bereichs an den Klauen und an der Vorderkante der ganz langen Klaue. Dieser Bereich wird nach dem Zusammenbau geschliffen. Brechen Sie alle scharfen Kanten am Umriß von Hand, aber nur dort, wo Sie den Umriß geschliffen haben.

Reißen Sie die Flügel (F) auf 6 mm starkem Holz an und sägen Sie sie aus. Schleifen Sie den Umriß rundum und brechen Sie die scharfen Kanten, außer dem Bereich, an dem die Klauen noch ausgesägt werden müssen und auch nicht entlang der Kante an der die lange Klaue anliegen wird.

Abbildung 2
An der Bandschleifmaschine wird der Stößel so am oberen Ende konisch geschliffen, daß der Konus gerade eben bis zum Rand der Bohrung für den Stift reicht

Zum Verleimen von Flügel und Arm geben Sie etwas Leim an die Unterseite des Arms, verteilen ihn und streichen ihn von den Kanten weg, damit er dort nicht herausquellen kann. Richten Sie den Arm sorgfältig auf dem Flügel so aus, daß die lange Klaue an der vorderen Kante liegt und die Schulter sich mit der vorderen Ecke des Flügels trifft. Spannen Sie die Teile mit 6 oder 7 kleinen Schraubzwingen zusammen. Gehen Sie bei dem anderen Flügel ebenso vor und achten Sie darauf, daß er das genaue Spiegelbild des ersten wird.

Nachdem der Leim abgebunden hat, werden die Klauen entsprechend der an den Armen bereits fertigen Form ausgesägt und geschliffen. Auch die Kante entlang der langen Klaue muß noch geschliffen werden. Dann reißen Sie das Loch für die Befestigung des Stößels an (nicht die Scharnierlöcher). Bohren Sie exakt an der angerissenen Stelle ein Loch von 6 mm ⌀. Leimen Sie einen Dübel von 6 mm ⌀ in das Loch, der mit seinem Hirnholz ein wesentlich widerstandsfähigeres Gegenlager für den Stößel abgibt. Schleifen Sie die Dübelenden bündig und reißen Sie die Lochmitte darauf genau an. Bohren Sie anschließend ein Loch von 3 mm ⌀ (etwas größer als der Kopf der vorgesehenen Stifte) so tief, daß noch 1,5 mm Wandstärke übrig bleibt. Bohren Sie ein Loch von 2 mm ⌀ durch diese Restwandstärke (etwas größer als der Durchmesser der vorgesehenen Stifte).

Reißen Sie anschließend die Löcher für die Befestigungsschrauben der Scharniere an und bohren Sie sie im passenden Durchmesser auf die erforderliche Tiefe. (Am besten probieren Sie das zunächst an einem Stück Abfallholz, um sicher zu gehen, daß die Löcher nicht zu groß sind. Sie dürfen aber auch nicht so eng sein, daß die Messingschrauben beim Anziehen abreißen können.)

Die Räder und der Exzenter

Bohren Sie die Löcher für die Nägel in die Räder (G) von 25 mm ⌀. Reißen Sie den Exzenter (H) auf 10 mm starkem Holz an. (Sie sollten 2 oder 3 Exzenter anfertigen, damit Sie sich den am besten passenden aussuchen können.) Bohren Sie das Loch mit 6 mm ⌀ zuerst und sägen Sie danach den Umriß sorgfältig mit der Laubsäge oder einem Sägebogen aus. Schleifen Sie den Umfang von Hand und brechen Sie die scharfen Kanten mit Schleifpapier.

  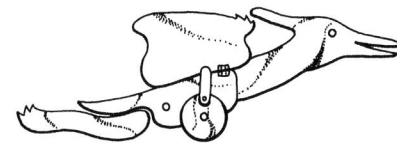

Die Stößel

Sägen Sie die Stößel von 6 mm ⌀ auf Länge. Bohren Sie das Loch von 2 mm ⌀ an einem Ende gemäß Zeichnung hindurch. Führen Sie den Stößel auf dem laufenden Bohrer nach oben und schwenken ihn so nach allen Seiten, daß das Loch in der Mitte seinen Durchmesser von 2 mm behält, aber nach beiden Seiten hin konisch erweitert wird. Nur so kann sich später der Stößel frei bewegen, während der Befestigungsstift im sich drehenden Rad starr bleibt.

Verwenden Sie dann einen Holzklotz mit einer Bohrung von 6 mm ⌀, um die hineingesteckten Stößel auf dem Tisch der Bohrmaschine in genau senkrechter Stellung bohren zu können. Bohren Sie die Löcher von 1,6 mm genau mittig in die Stößelenden.

Schleifen Sie diese Enden freihand am Bandschleifer konisch, aber nur bis an den Rand der Bohrung (siehe Abb. 2). Schleifen Sie nicht zuviel weg, sonst wird der Stößel zu kurz und das beeinträchtigt die Bewegung der Flügel. Schleifen Sie das andere Ende des Stößels von Hand mit Schleifpapier. Scheuen Sie sich nicht, die Stößel – wenn nötig – im Laufe des Zusammenbaus neu anzufertigen, damit der Bewegungsablauf einwandfrei funktioniert.

Der Zusammenbau und die Oberflächenbehandlung

Legen Sie eine Körperhälfte mit provisorisch eingesteckter Drehwelle (25 mm länger abgesägt als das endgültige Maß beträgt) auf die Werkbank. Setzen Sie das Zwischenstück an seinen Platz und stecken Sie den Kopf auf die Drehwelle. Schieben Sie den Exzenter auf ein Rundholz von 6 mm ⌀ und prüfen Sie, ob er, mit dem Rundholz in der Achsbohrung, eine volle Umdrehung ausführen kann, ohne daß der Kopf an das Zwischenstück stößt. Ist das doch der Fall, dann können Sie entweder vom Zwischenstück etwas abschleifen oder es ganz einfach weiter nach außen rücken.

Nehmen Sie anschließend den Kopf von der Drehwelle und geben Sie Leim an beide Seiten des Zwischenstücks (mit Ausnahme der Stellen, an die die Beine angeleimt werden sollen). Stecken Sie dann die andere Körperhälfte auf die Drehwelle und richten Sie so beide Hälften beim Verleimen und Spannen der

drei Teile aus. Sie sollten sich auch durch einen Blick durch die Achsbohrungen davon überzeugen, daß die Teile genau fluchten. Falls Leim auf die Flächen gelangt ist, auf die die Beine geleimt werden sollen, wischen Sie ihn ab.

Wenn der Leim abgebunden hat, nehmen Sie die Drehwelle heraus und schleifen rundum die Kontur. Reißen Sie die Draufsicht des Schwanzes an, sägen Sie sie aus und schleifen Sie sie. Rauhigkeiten und Spuren quer zur Holzfaser auf dem Rücken müssen dann von Hand glattgeschliffen werden.

Bringen Sie den Kopf in seine Lage und führen Sie die Drehwelle ein, bis sie gerade eben zur zweiten Bohrung gelangt ist. Geben Sie etwas Leim in diese Bohrung und treiben Sie die Drehwelle zu Ende hinein, bis sie ein wenig vorsteht.

Wenn der Leim abgebunden hat, sägen Sie den Überstand ab und schleifen die Wellenenden mit Schleifpapier der Körnung 120 mit den Körperhälften bündig. Anschließend werden die Löcher für die Scharnierschrauben angerissen und gebohrt.

Leimen Sie dann die Beine an ihre Stelle und passen Sie auf, daß sie beim Spannen in gleicher Richtung bleiben.

Leimen Sie ein Rad auf die Achse. Fügen Sie den Exzenter zwischen den Körperhälften ein, während Sie die Achse in ihre Bohrungen stecken. Leimen Sie das andere Rad so auf die Achse, daß sich die Nagellöcher an beiden Rädern in der gleichen Stellung befinden (beide oben oder beide unten). Wenn der Leim abgebunden hat, werden die Achsenden bündig geschliffen. Durch Exzenter und Achse wird ein kleines Loch gebohrt und der Exzenter dann mit einem eingeleimten Stück von einem Zahnstocher (P) fixiert.

Am zweckmäßigsten werden alle Teile vor dem weiteren Zusammenbau nun mit Öl eingelassen. In diesem Stadium kann man den Ölüberschuß noch an allen Stellen abwischen und so kommt auch kein Öl an die Scharniere.

Nachdem das Öl getrocknet ist, werden die Scharniere von unten an die Flügel und dann an die Körperhälften geschraubt. Es kann sein, daß Sie die Schrauben etwas kürzen müssen, damit sie nicht durch das Holz der Flügel und das der Körperhälften hindurchgehen. Im letzteren Falle würden die Schraubenspitzen dem Kopf ins Gehege kommen.

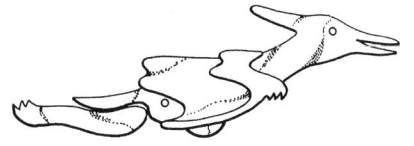  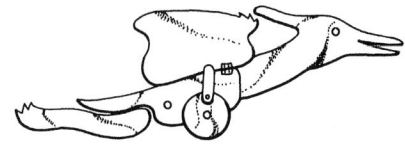

Zum Schluß stecken Sie einen Stift von oben durch das Loch im Flügel und drücken ihn in den Stößel, so daß noch knapp 1 mm Luft zwischen Stößelende und Flügel bleibt. Mit einer einfachen Hilfe kann man sich diese Arbeit erleichtern: man schlägt einen größeren Nagel seitlich in die Werkbankplatte, bringt den Kopf des Messingstifts gegen den Nagelkopf und drückt den Stößel auf den Stift (siehe Abb. 3).

Stecken Sie dann einen Stift durch das untere Loch im Stößel und befestigen Sie ihn am Rad (kontrollieren Sie dabei des öfteren, ob auch noch ausreichend Luft zwischen den Teilen ist). Sollten die Stößel nun zu lang oder zu kurz sein oder der Stift in dem Loch mit 2 mm ∅ klemmen, scheuen Sie sich nicht, wie oben bereits erwähnt, die Stößel neu zu machen. Verglichen mit den anderen Teilen sind sie relativ einfach herzustellen, und es ganz kommt entscheidend auf ihre Genauigkeit an.

Damit ist das Modell fertig. Wenn Sie es bis hierher geschafft haben, ist hoffentlich Ihre Freude größer als aller vorhergegangener Ärger. Vielleicht ist es für Sie ein Trost, wenn ich Ihnen sage, daß es auch viel Mühe gekostet hat, dieses Modell zu entwerfen.

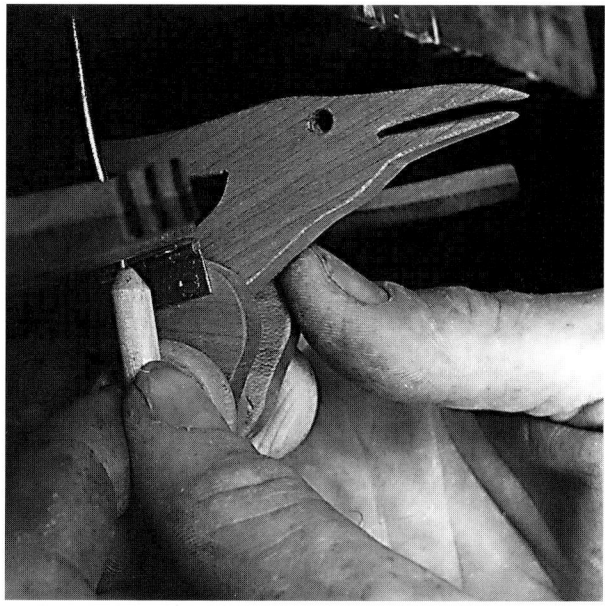

Abbildung 3

Der Kopf eines großen Nagels (in die Seite der Werkbankplatte geschlagen) eignet sich sehr gut als Widerlager, wenn der Messingstift in den Stößel gedrückt werden soll

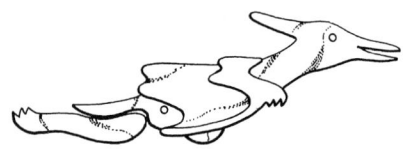

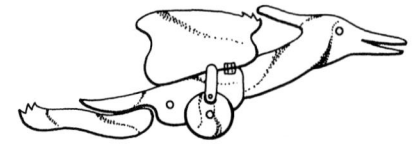

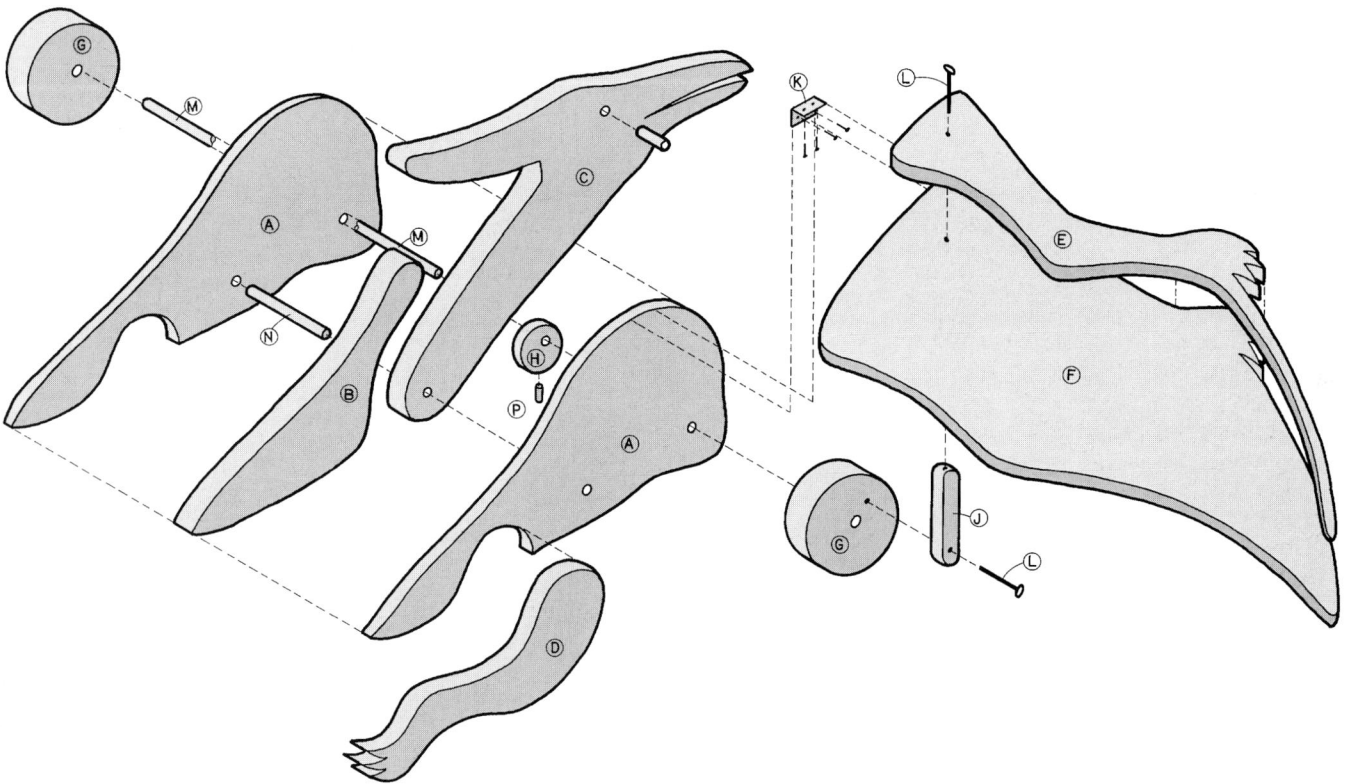

Materialliste					
Teil	Benennung	Anz.	Stärke	Breite oder ⌀.	Länge
A	Körperhälfte	2	6	38	105
B	Zwischenstück	1	12	22	80
C	Kopf	1	10	44	108
D	Bein	2	12	19	73
E	Arm	2	3	38	134
F	Flügel	2	3	61	140
G	Rad	2	10	25	
H	Exzenter	1	10	16	
J	Stößel	2		6	34
K	Messingscharnier	2		6	19
L	Messingstift	4		1,8	22
M	Achse	1		6	48
N	Drehwelle	1		6	25
P	Zahnstocher	1			

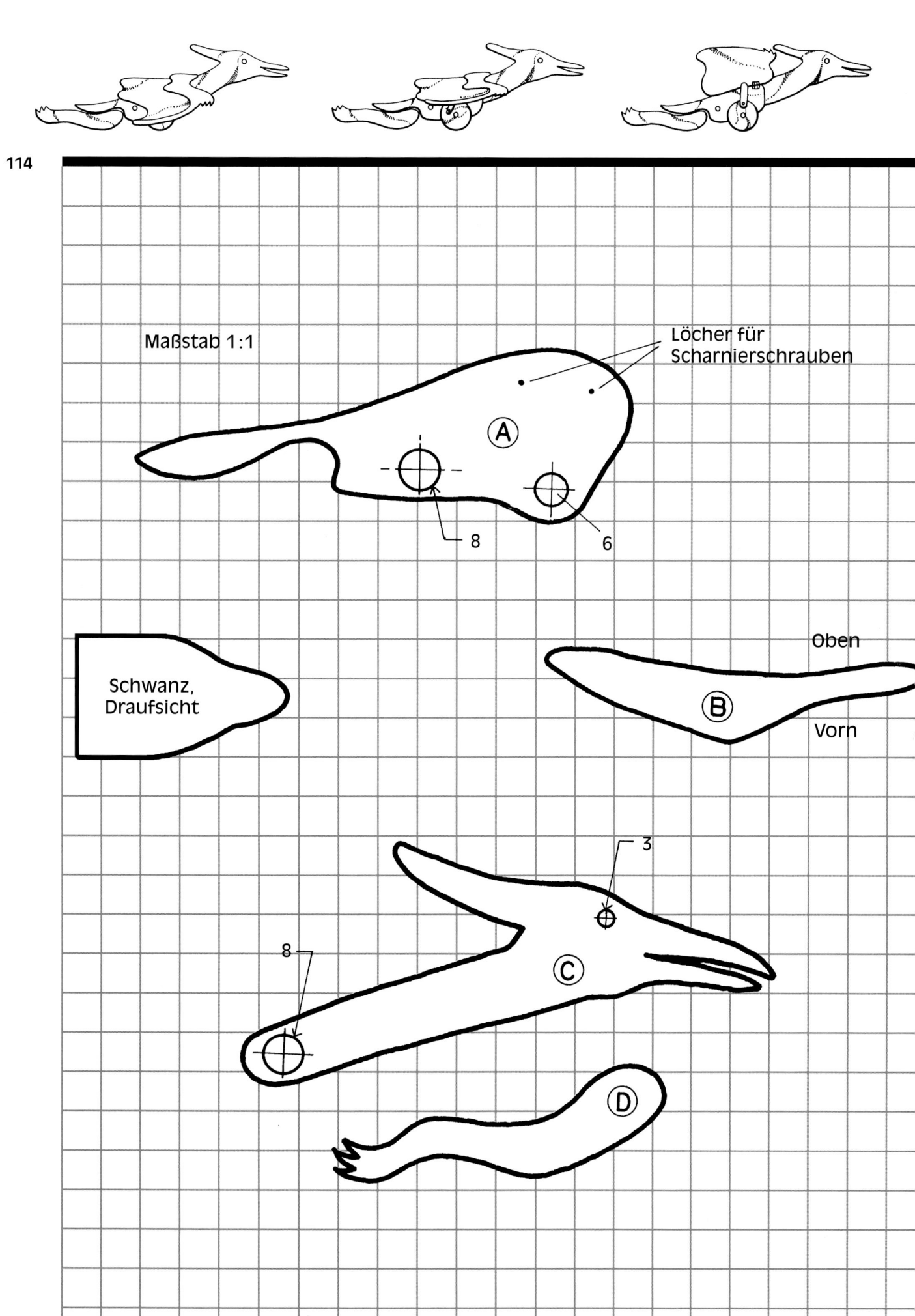

114

Maßstab 1:1

Löcher für
Scharnierschrauben

Ⓐ

8

6

Schwanz,
Draufsicht

Oben

Ⓑ

Vorn

3

8

Ⓒ

Ⓓ

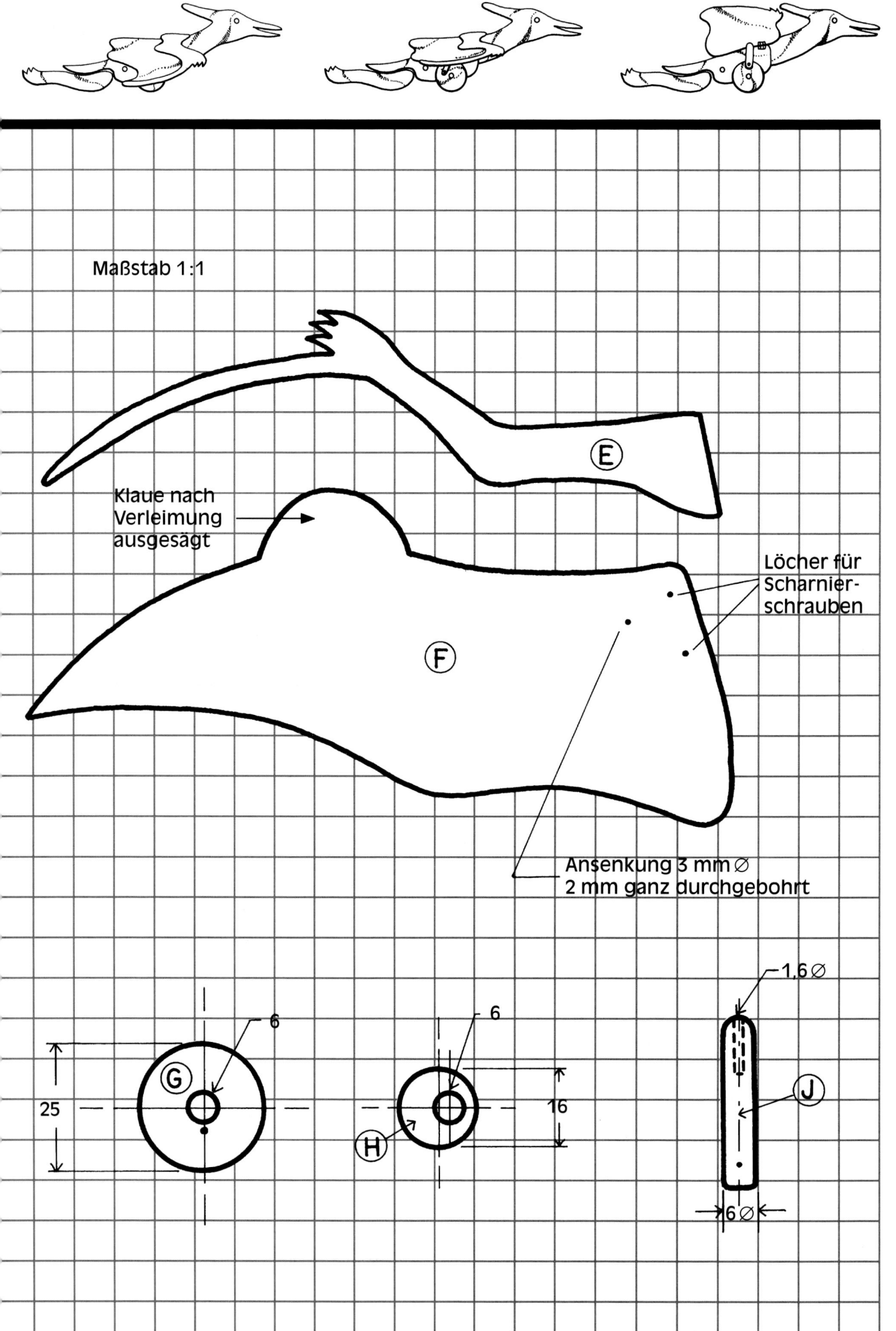

Maßstab 1:1

E

Klaue nach
Verleimung
ausgesägt

Löcher für
Scharnier-
schrauben

F

Ansenkung 3 mm ⌀
2 mm ganz durchgebohrt

1,6 ⌀

6

6

25

16

G

H

J

6 ⌀

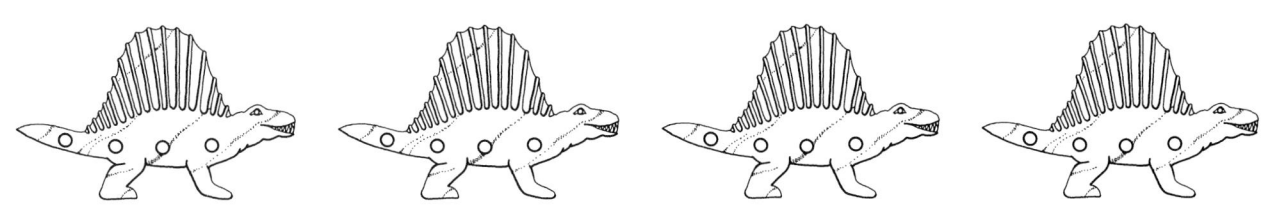

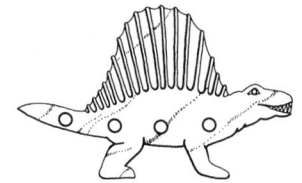
Man kann diese Figur zum Aufhängen von Kleidung, Krawatten oder Hüten verwenden. Ob Sie sie nun mit Farbe oder Klarlack anstreichen, Sie sollten in jedem Fall den Körper aus Hartholz anfertigen, damit er genügend Festigkeit besitzt. Falls die Garderobe mit Farbe angestrichen werden soll, kann der Kamm aus Hartfaserplatte bestehen.

Der Körper

Für die große Fläche der Vorlage (A) müssen mehrere Bretter der Breite nach verleimt werden. Beide Seiten werden auf der Flachschleifmaschine geglättet, nachdem der Leim abgebunden hat. Bohren Sie die Löcher mit 12 mm ⌀ am Grund der Rippen mit einem Forstnerbohrer oder einem Bohrer mit Dreikantspitze. Passen Sie auf, daß die Lochabstände alle gleich groß sind, denn davon hängt es ab, daß alle Rippen die gleiche Breite bekommen. Achten Sie auch darauf, daß die beiden Löcher für die erste Rippe vorn und die letzte hinten nur 10 mm ⌀ haben.

Bohren Sie dann das Loch mit 10 mm ⌀ für das Auge, die Löcher für die Kleiderhaken und die Befestigungslöcher. Die Befestigungslöcher sind auf halbe Tiefe mit 12 mm ⌀ zum Einsetzen von Stopfen angesenkt. Sie werden mit 5 mm ⌀ oder einem entsprechenden Durchmesser für die gewählten Befestigungsschrauben ganz durchgebohrt.

Spannen Sie das Teil ein und sägen Sie die Augenform einschließlich der das Lid andeutenden Linie mit einem Sägebogen aus.

Anschließend wird der Umriß ausgesägt. Für einige Sägeschnitte ist es erforderlich, das Teil zu wenden und die Zeichnung auch auf der Rückseite anzureißen. Das Maul wird ohne die Zähne ausgesägt, sie sollen später separat eingesetzt werden. Es empfiehlt sich, den Umriß vor dem Aussägen der Rippen zu schleifen, da diese recht empfindlich sind und nach dem Aussägen leicht abbrechen können.

Die Rippen müssen sehr sauber ausgesägt werden, da es fast unmöglich ist, ihre Flanken zu schleifen, ohne sie abzubrechen. Sägen Sie also mit großer Sorgfalt, aber doch so zügig, daß gerade Sägeschnitte entstehen.

Achten Sie darauf, daß alle Sägeschnitte tangential in die Bohrungen von 12 mm ⌀ am Rippengrund eintre-

ten. Führen Sie einen Sägeschnitt an einer Rippe so bis zum Grund aus, schalten Sie die Säge dann ab, um das Sägeblatt aus dem Schnitt zu ziehen. Schalten Sie die Säge wieder ein und machen Sie den zweiten Sägeschnitt bis zum Grund. Dann schalten Sie die Säge wieder ab, um den Abfall aus der Lücke zu entfernen. Sie werden das Stück zum Aussägen der Rippen auch wenden müssen.

Brechen Sie alle scharfen Kanten mit Schleifpapier von Hand. Beim vorsichtigen Brechen der Rippenkanten drücken Sie die jeweilige Rippe auf ihrer ganzen Länge mit gespreizten Fingern fest auf die Unterlage (siehe Abb. 1).

Wenn Sie beabsichtigen, die Garderobe farbig anzumalen, sollten Sie es in diesem Zustand tun. Beim Anmalen der Fugen, die bei den Beinen in den Körper reichen, können Sie in die Fuge hineinblasen, dann dringt die Farbe in die Fuge, ohne sie ganz anzufüllen.

Malen Sie auch die Stopfen und die Kleiderhaken vor dem Zusammenbau an.

Falls die Garderobe nur mit Öl eingelassen werden soll, können Sie das Rundholz (F) von 10 mm ⌀, das das Auge darstellt, (am Ende glattgeschliffen und leicht verrundet) einleimen. Andernfalls bemalen Sie es im

Abbildung 1
Die scharfen Kanten der Rippen können vor der Montage gefahrlos gebrochen werden, wenn Sie jede Rippe beim Schleifen mit gespreizten Fingern fest auf die Unterlage drücken

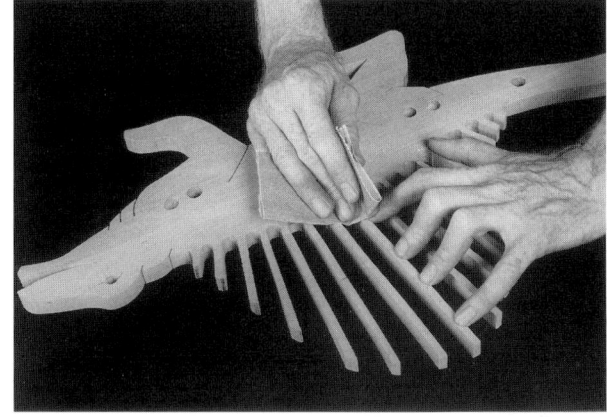

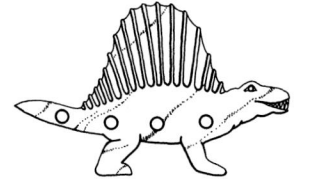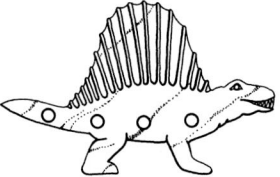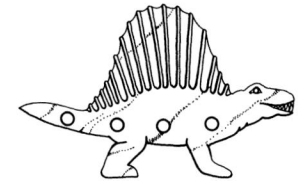

gleichen Farbton wie den Kamm und leimen es ein, wenn die Farbe trocken ist.

Der Kamm

Um den Kamm aus Hartholz anzufertigen, müssen mehrere 6 mm starke Brettchen so der Breite nach verleimt werden, daß am fertigen Stück die Faserrichtung von oben nach unten verläuft. Beide Seiten sind auf der Flachschleifmaschine glatt zu schleifen, nachdem der Leim abgebunden hat.

Reißen Sie den Kamm (B) auf dem Hartholz oder auf einer Hartfaserplatte an. Sägen Sie den Umriß aus, schleifen Sie ihn und brechen Sie die scharfen Kanten mit Schleifpapier von Hand.

Falls Sie den Kamm mit Farbe anmalen, erreichen Sie den besten Eindruck, wenn Sie die Pinselstriche in der gleichen Richtung wie die der Rippen ausführen.

Die Zähne

Die Zähne (C) sind nicht leicht zu machen, sie sehen aber prächtig aus, wenn sie Ihnen gelungen sind. Reißen Sie beide Zahnreihen auf Hartholzstücken an (verwenden Sie Ahorn oder ein anderes helles Holz, falls Sie sie nicht anmalen wollen). Aus Festigkeits-gründen müssen die Holzfasern von unten nach oben verlaufen.

Sägen Sie sie aus und lassen Sie noch reichlich Holz an den anderen Seiten stehen, um sie daran anzufassen. Schleifen Sie sie sorgfältig, bis beide Zahnreihen dicht aufeinander passen.

Falls sie mit Farbe angemalt werden sollen, ist das anschließend vorzunehmen. Nach dem Trocknen der Farbe wird etwas Leim auf die Zahnreihen gebracht. Seien Sie dabei recht sparsam, denn herausgequollener Leim würde das Aussehen der scharfen Zähne beeinträchtigen. Spannen Sie die beiden Zahnreihen zusammen.

Wenn der Leim abgebunden hat, reißen Sie den Maulumriß auf den verleimten Zahnreihen an und sägen ihn aus. Dabei müssen Sie eine Zugabe für das Schleifen beim Einpassen berücksichtigen.

Nachdem Sie die bestmögliche Passung hergestellt haben, leimen Sie die Zahnreihen in das Maul und achten wieder darauf, daß kein Leim hervorquillt.

Zum Schluß leimen Sie die Kleiderhaken in ihre Löcher.

Falls Sie die Garderobe mit Klarlack überziehen wollen, ist das der letzte Arbeitsgang nachdem der Leim abgebunden hat.

Materialliste					
Teil	Benennung	Anz.	Stärke	Breite oder Ø	Länge
A	Körper	1	12 – 19	350	610
B	Kamm	1	3 – 6	270	330
C	Zahnreihe	2	12 – 19	40	50
D	Kleiderhaken	4		12	90
E	Stopfen	2		12	
F	Auge	1		10	12 – 19

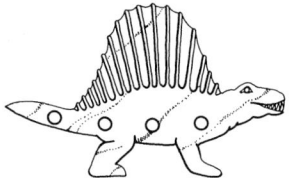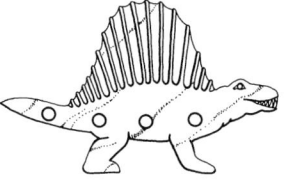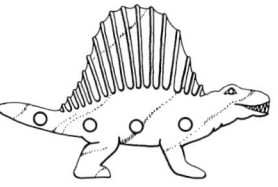

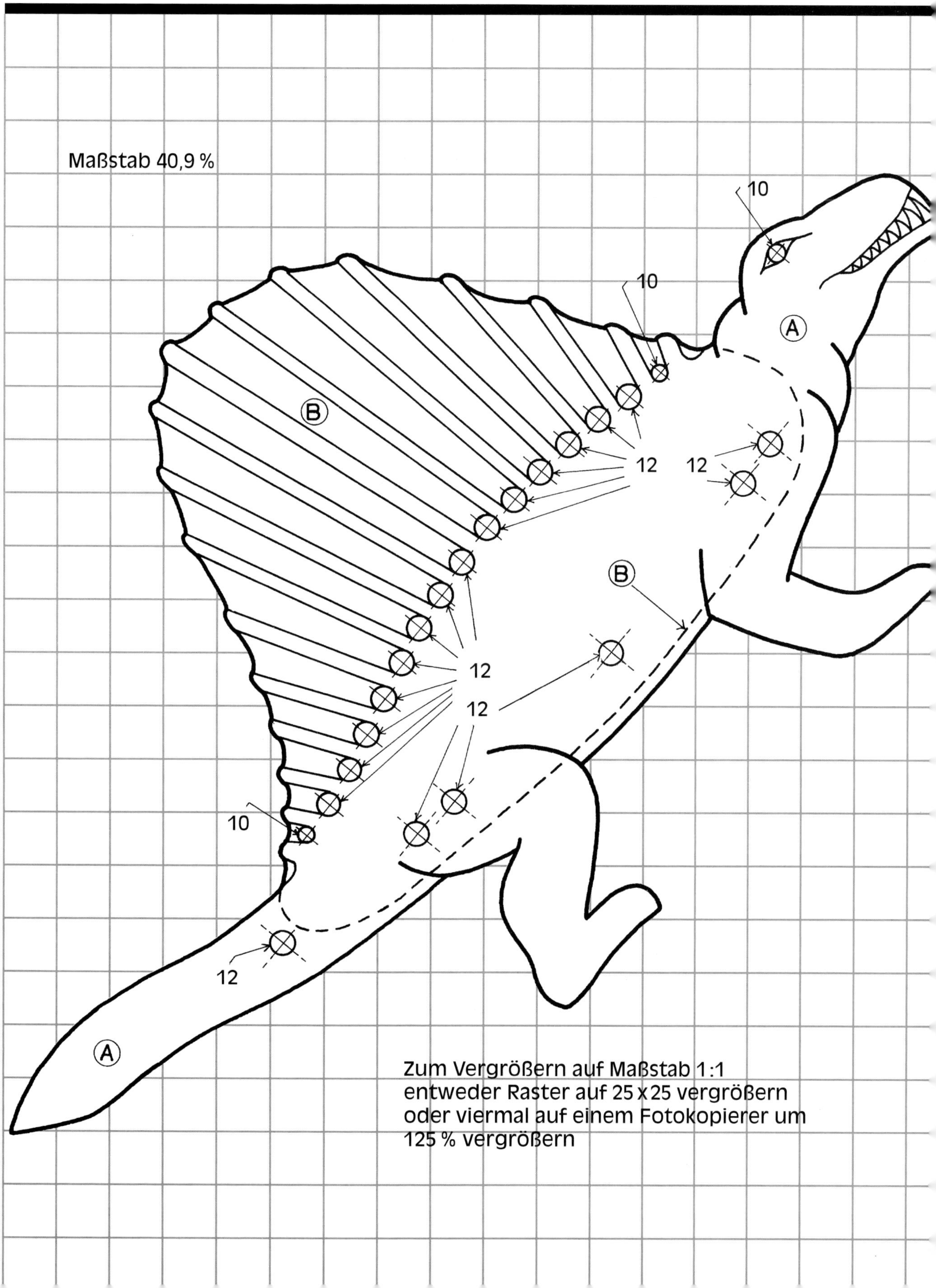

Maßstab 40,9 %

10

10

Ⓐ

Ⓑ

12 12

Ⓑ

12

12

10

12

Ⓐ

Zum Vergrößern auf Maßstab 1:1
entweder Raster auf 25 x 25 vergrößern
oder viermal auf einem Fotokopierer um
125 % vergrößern

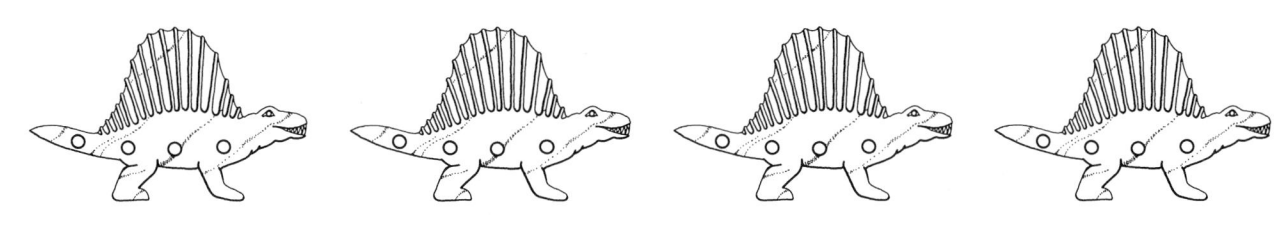

Maßstab 1:1

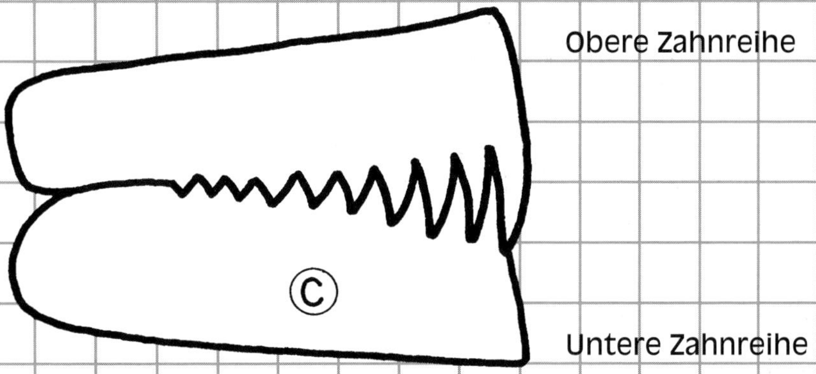

Obere Zahnreihe

Ⓒ

Untere Zahnreihe

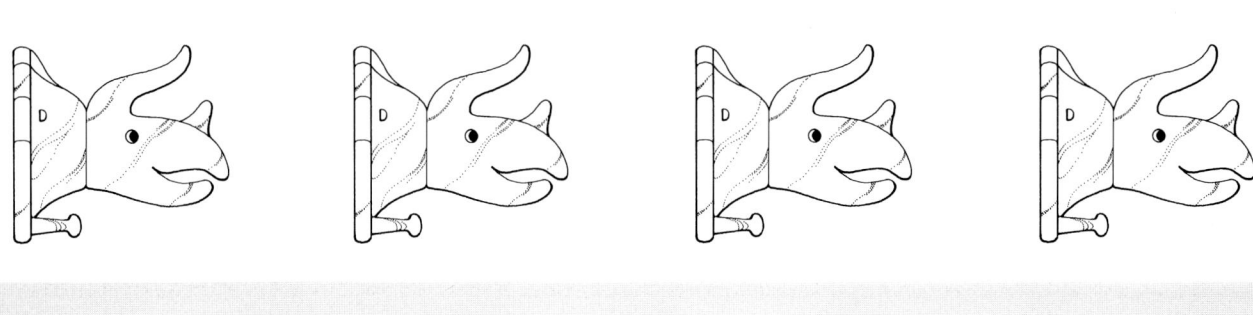

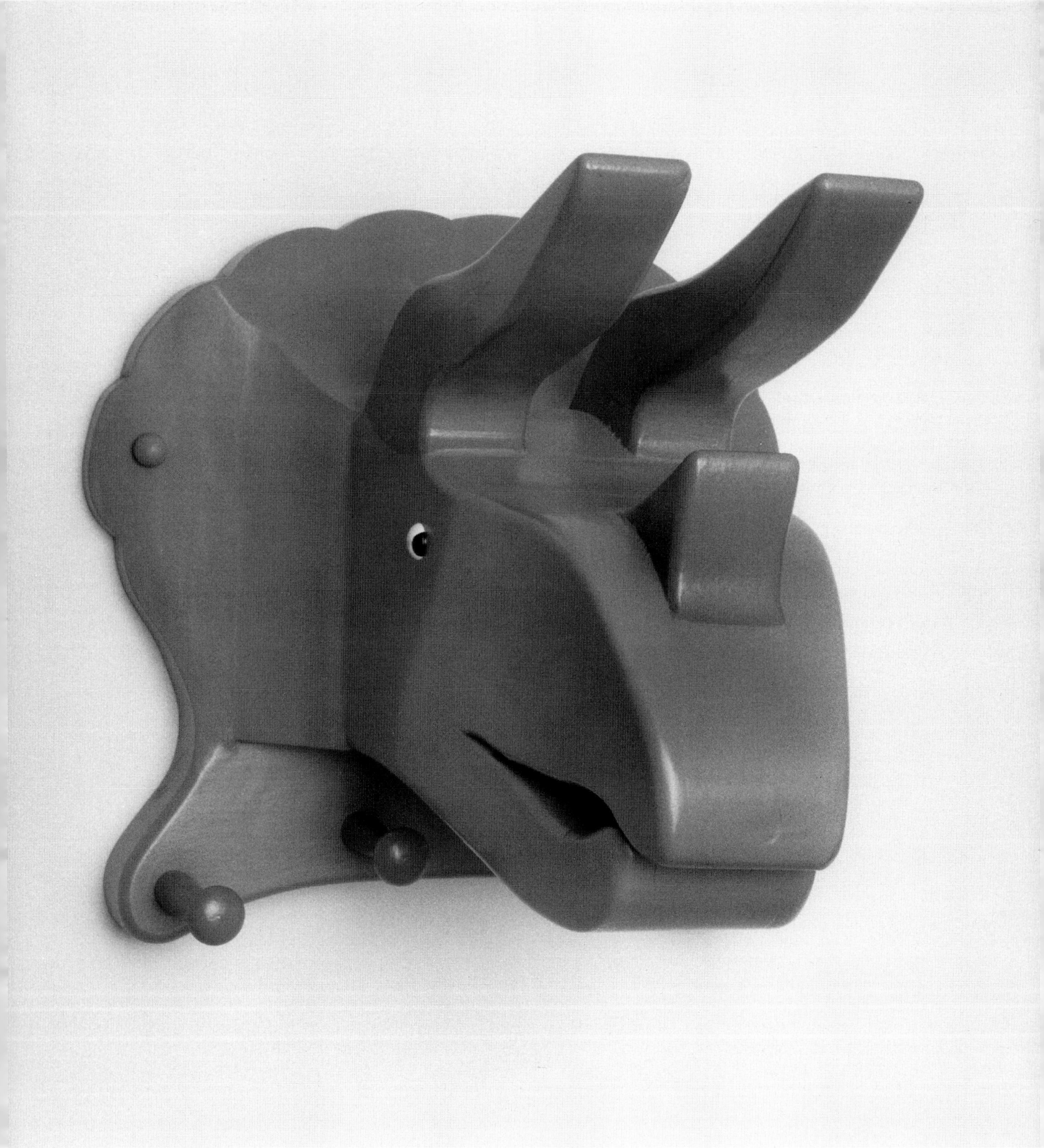

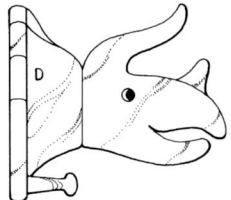
Diese massige, wie eine Jagdtrophäe wirkende Garderobe ist relativ einfach anzufertigen, erfordert aber das Abarbeiten erheblicher Holzmengen. Das große Volumen und die Formgebung lassen es ratsam erscheinen, ein leichtes, ziemlich weiches Holz dafür zu wählen. Ich habe Pappel gewählt, aber auch Kiefer oder Linde sind geeignet, denn alle Partien sind so reichlich dimensioniert, daß es auf die Holzfestigkeit nicht ankommt.

Vergrößern Sie zunächst die Vorlage. Machen Sie zwei Kopien von der Kopfvorlage, eine für die Seitenteile mit den Stirnhörnern und eine für das Mittelstück mit dem Horn auf der Nase.

Beim Aussägen der drei Teile aus 44 mm starkem Holz muß man sich recht genau an die Rißlinien halten, um möglichst wenig Mühe mit dem Schleifen zu haben. Das Maul läßt sich innen überhaupt nicht schleifen, es muß also ganz genau und sauber gesägt werden. (Stellen Sie die Bandsäge am Ende des ersten Sägeschnitts ab und ziehen Sie das Sägeblatt aus dem Schnitt. Stellen Sie die Säge auch nach dem zweiten Schnitt wieder ab, diesmal um den Abfall herauszunehmen.)

Nachdem die Teile ausgesägt sind, werden die später nicht mehr zugänglichen Partien geschliffen. Am Mittelstück (B) ist es das Horn auf der Nase und der Bereich zwischen den Stirnhörnern. An den Seitenteilen ist es der Bereich neben dem Horn auf der Nase. Schleifen Sie den Umriß der Stirnhörner und fräsen Sie deren Innenkanten sowie die Kanten des Horns auf der Nase.

Tragen Sie am Mittelstück gleichmäßig Leim auf, allerdings nicht am Horn. Streichen Sie den Leim von den Kanten weg, um ein Herausquellen zu vermeiden. Verwenden Sie beim Spannen unbedingt Beilagen, um besonders wegen des weichen Holzes Druckstellen von den Zwingen zu vermeiden.

Seien Sie beim Spannen besonders auf genaues Ausrichten der drei Teile zueinander bedacht.

Wenn der Leim abgebunden hat, schleifen Sie alle Kanten, an die Sie ankommen können.

Mit einem frei Hand geführten Bandschleifer bearbeiten Sie dann das Stück in Richtung der Holzfasern auf beiden Seitenflächen und fräsen den Umriß an beiden Seiten. Schleifen Sie die hintere Fläche des Stücks mit dem Bandschleifer ebenfalls frei Hand, und achten Sie darauf, daß die Fläche eben bleibt. Bohren Sie die beiden Löcher von 12 mm Ø für die Augen.

Anschließend wird neben Nase und Maul beidseitig das Holz abgearbeitet. Übertragen Sie die senkrechte gestrichelte Linie von der Vorlage auf beide Seiten des Stücks. Reißen Sie mit Bleistift von beiden Seiten vorn an der Nase den Abstand von 32 mm an.

Legen Sie ein Stück Karton oder ein anderes Material, das sich der Kurve des Umrisses anschmiegen kann und dessen Kante gerade ist, so oben auf das Seitenteil, daß diese Kante eine gerade Linie von den angerissenen gestrichelten Linien bis zu dem Punkt im Abstand von 32 mm angibt. Ziehen Sie entlang der Kante einen Riß und reißen Sie das andere Seitenteil entsprechend an. Bis zu diesen Rissen soll das Holz weggenommen werden.

Das kann auf verschiedene Weise erfolgen. Ich halte es für das einfachste, von der Nase her mit einem elektrischen Handhobel das Holz frei Hand in Richtung des Risses bis zur gestrichelten Linie abzuarbeiten (siehe Abb. 1). Mit einem Bandschleifer kann die Fläche frei Hand geglättet und der Übergang zum parallelen Bereich angeglichen werden.

Sie können den Abfall aber auch mit einem Fuchsschwanz absägen, wenn Sie das Stück mit der Nase nach oben einspannen. Sägen Sie an dem Riß entlang und achten Sie darauf, daß die Säge an der gestrichelten Linie aus dem Stück herauskommt. Sie müssen dabei aufpassen, daß Sie nicht in die Stirnhörner einsägen.

Die letzte Methode dauert freilich länger als das Sägen, liefert aber besser überschaubare Ergebnisse: entfernen Sie das überschüssige Holz frei Hand mit dem Bandschleifer mit einem Schleifband der Körnung 40. Zum Nachputzen nehmen Sie ein feineres Schleifband.

In jedem Fall müssen anschließend alle Kanten mit Raspel, Feile und Schleifpapier gerundet und geglättet werden. Wo man im Bereich des Mauls nicht mit Raspel und Feile arbeiten kann, muß die Rundung mit einem Stecheisen ausgearbeitet werden.

Spannen Sie dann den Kopf ein und bohren Sie vier Löcher von 12 mm Ø für die Verbindung mit der Grundplatte.

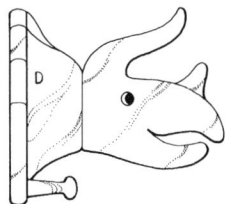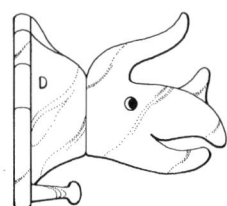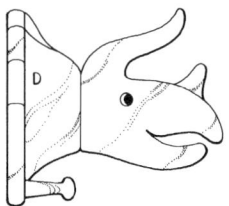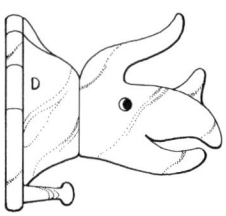

Die Grundplatte

Die Grundplatte wird aus zwei Teilen zusammengesetzt. Das Zwischenstück (C) wird aus einem Klotz von 203 x 191 x 38 mm hergestellt. Mit der auf 45° eingestellten Tischkreissäge wird der Klotz oben und an den Seiten abgeschrägt, wie aus der Montagezeichnung ersichtlich.

Reißen Sie die Grundplatte (D) auf 38 mm starkem Holz an. Bohren Sie Löcher mit 12 mm Ø für die Kleiderhaken. Sägen Sie den Umriß aus und schleifen Sie ihn. Schleifen Sie auch die Vorder- und Rückseite glatt. Fräsen Sie die Kante unterhalb der Kleiderhaken, wo das Zwischenstück nicht anschließen wird.

Dann wird das Zwischenstück auf die Grundplatte gelegt, mittig ausgerichtet und sein Umriß auf die Grundplatte übertragen. Von dieser Linie aus wird die Grundplatte abgeschrägt. Das kann nach einer der bereits oben bei der Nase erwähnten Methoden geschehen. Die Schrägen bleiben zunächst flach, erst nach dem Verleimen mit dem Zwischenstück werden sie weiter bearbeitet, damit eine konkave Form entstehen kann.

Leimen Sie das Zwischenstück auf die Grundplatte. Nachdem der Leim abgebunden hat, können die abgeschrägten Flächen der Grundplatte mit der vorderen Umlenkrolle des Bandschleifers von Hand weiter ausgearbeitet werden. Sie müssen den Bandschleifer dabei ständig in Bewegung halten, damit keine Rillen entstehen und die Kurven gleichförmig werden. Die beim Aneinanderstoßen von zwei Kurven entstehenden Kanten sind ein guter Indikator dafür, wie ebenmäßig die Kurven geworden sind. Vielleicht probieren Sie diese Formgebung zunächst einmal an einem Abfallstück aus, um das richtige Gefühl dafür zu bekommen. Schleifen Sie anschließend soviel wie nötig von Hand mit Schleifpapier.

Übertragen Sie die Mittelpunkte der Löcher von 12 mm Ø mit Hilfe von Zentriereinsätzen vom Kopf auf die Grundplatte und bohren Sie die Löcher in die Grundplatte.

Bohren Sie die Ansenkungen von 12 mm Ø für die Befestigungsschrauben in die Grundplatte. Dann bohren Sie die Löcher entsprechend dem Schaftdurchmesser der gewählten Befestigungsschrauben ganz hindurch, z. B. 5 mm Ø für Schrauben mit 5 mm Ø.

Leimen Sie die am Ende angefasten Verbindungsdübel ein, und leimen Sie dann den Kopf an die Grundplatte, wobei Sie den Leim von den Kanten wegstreichen sollten, um ein Hervorquellen zu vermeiden. Um eine Fläche zum Ansetzen der Schraubzwingen zu schaffen, wird ein Brett über die Nase und das Stirnhorn gelegt.

Ich habe den Übergang von der Grundplatte zum Kopf sowie Rauhigkeiten an den Stellen, an die ich beim Schleifen nicht herankam, mit etwas Kalkkitt geglättet.

Wenn der Kalkkitt getrocknet ist, wird der ganze Kopf abschließend noch einmal geschliffen und dann angemalt. Es sind normalerweise drei Farbaufträge mit Zwischenschliff erforderlich. Lassen Sie sich aber nicht unbedingt von meiner altmodischen Art des Anmalens beeinflussen. Denken Sie aber auch daran, die Kleiderhaken und die Zierknöpfe anzumalen, die die Augen darstellen werden und die Befestigungslöcher verdecken sollen. Nach dem Anmalen müssen die Kleiderhaken eingeleimt werden und der Farbauftrag an diesen Stellen – falls erforderlich – nachgebessert werden. Leimen Sie anschließend die Augen ein. Die Zierknöpfe (F) halten in den Ansenkungen der Befestigungslöcher auch ohne Leim, dann kann man das Ganze leicht abmontieren und woanders anbringen, wenn Ihnen diese Möglichkeit vorschwebt. Andernfalls leimen Sie auch diese Zierknöpfe fest, nachdem Sie das Ungeheuer an die Wand geschraubt haben.

Abbildung 1
Mit einem kleinen Elektro-Handhobel läßt sich die Kontur an Nase und Maul rasch ausformen

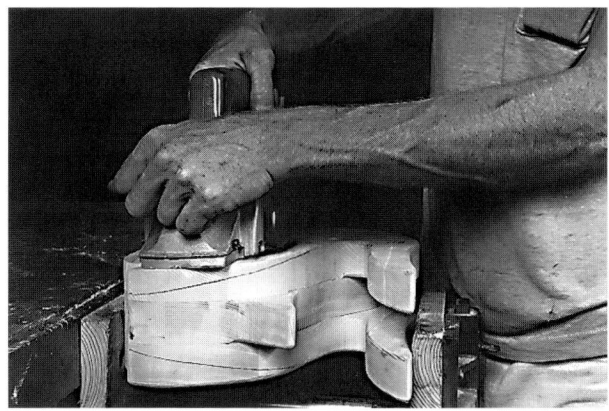

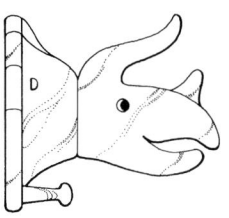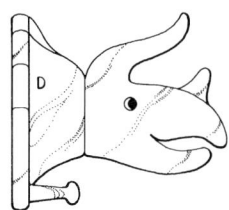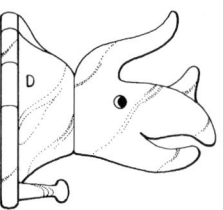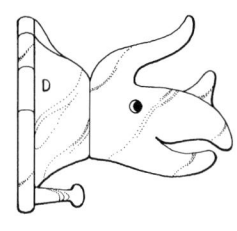

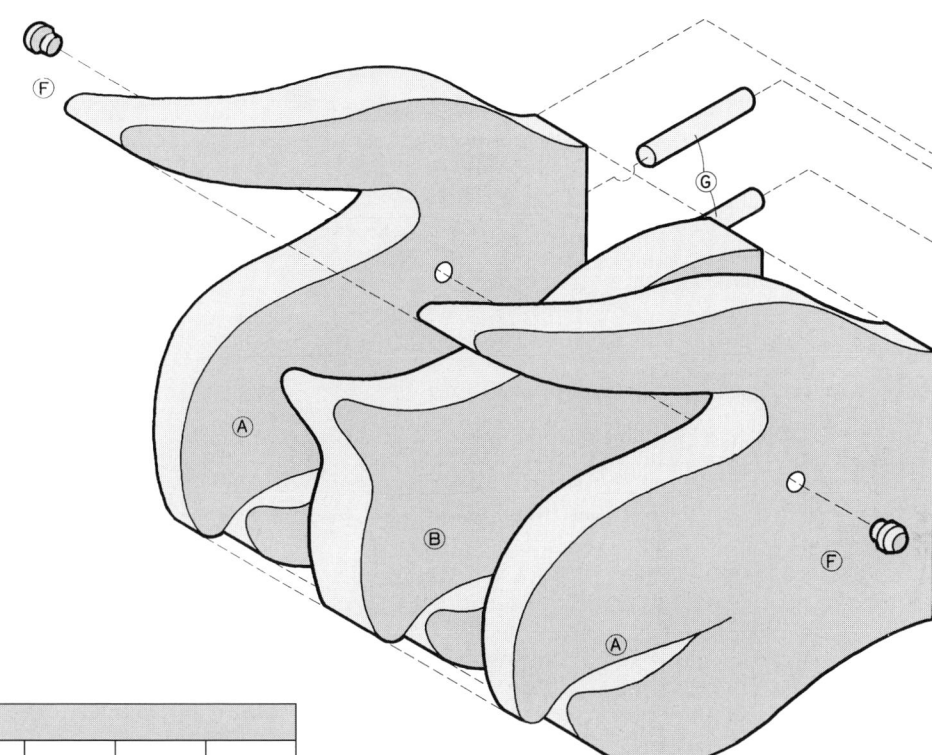

Materialliste

Teil	Benennung	Anz.	Stärke	Breite oder Ø	Länge
A	Kopf, Seitenteil	2	44	300	310
B	Kopf, Mittelstück	1	44	220	310
C	Zwischenstück	1	38	200	210
D	Grundplatte	1	38	330	330
E	Kleiderhaken	4		12	90
F	Zierknopf	4		12	
G	Verbindungsdübel	4		12	50

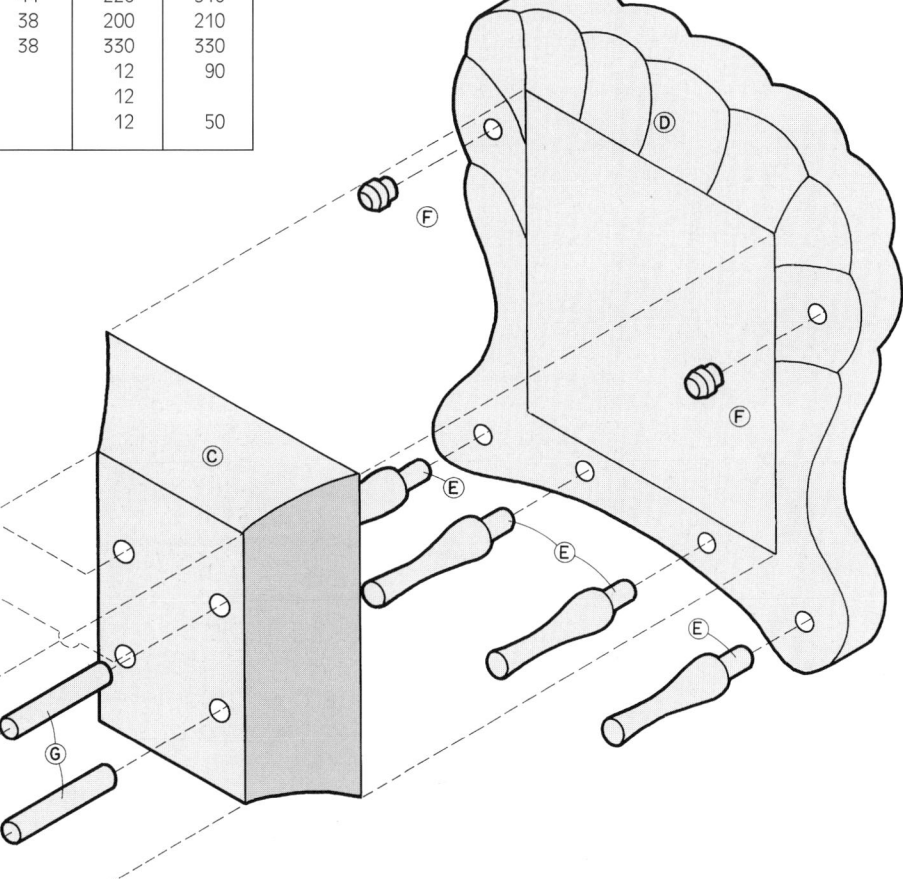

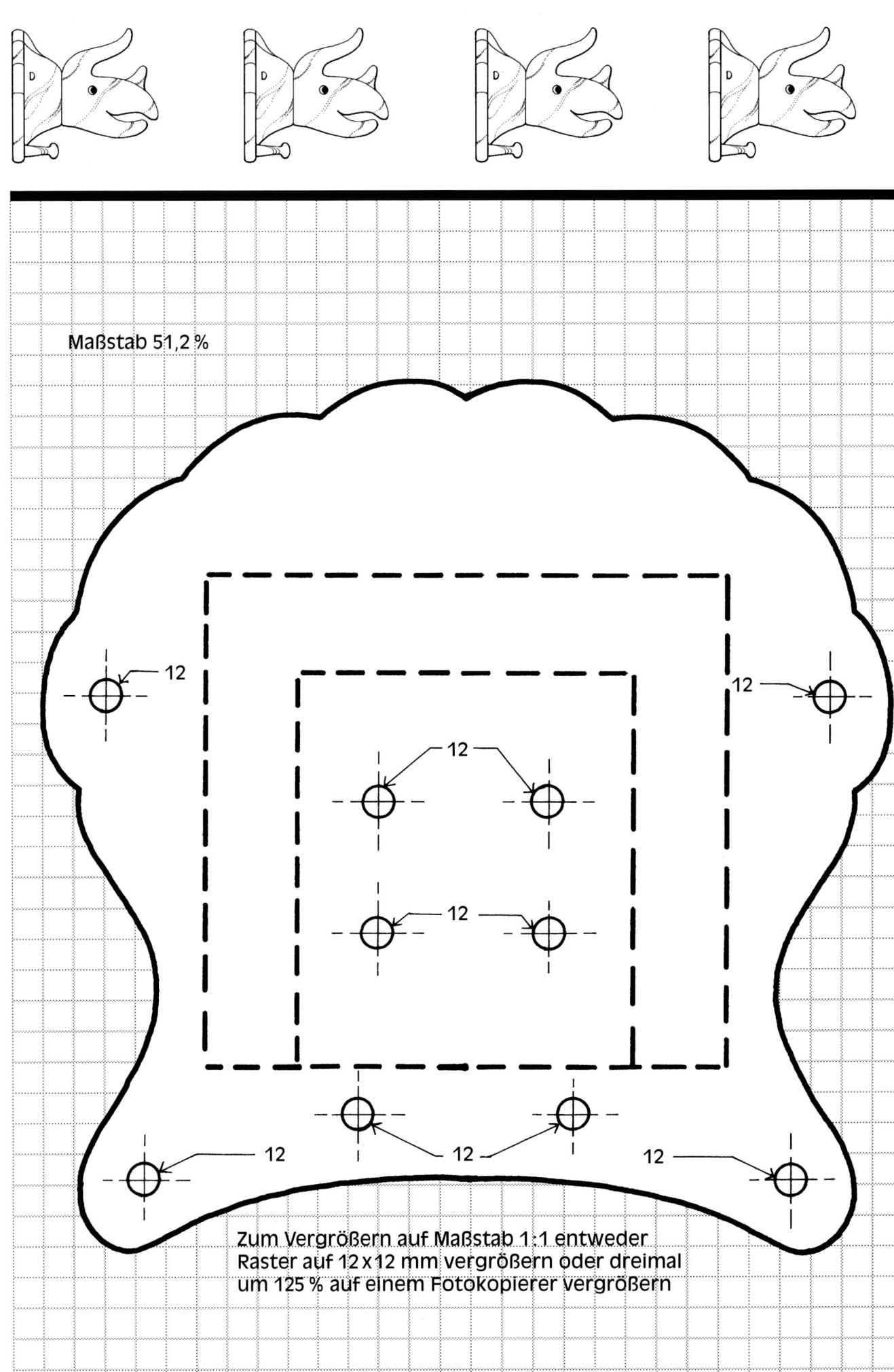

126

Maßstab 51,2 %

12

12

12

12

12

12

12

12

Zum Vergrößern auf Maßstab 1:1 entweder
Raster auf 12 x 12 mm vergrößern oder dreimal
um 125 % auf einem Fotokopierer vergrößern

Maßstab 51,2 %

12

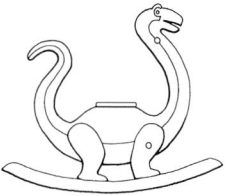
Dieser Brontosaurus-Schaukelstuhl, eine neue Version des alten Schaukelpferds, ist ein etwas langwieriges, aber nicht besonders schwieriges Projekt. Beim Anmalen können Sie Ihrer Phantasie freien Lauf lassen und die Farben ganz nach Ihrem Geschmack wählen.

Der Körper

Vergrößern Sie die Vorlage für den Körper. Reißen Sie ein Seitenteil (D) auf 12 mm starker Furnierplatte der Qualität A/C an und sägen Sie es an der Bandsäge aus. Lassen Sie rundum eine Zugabe von etwa 6 mm stehen, damit Sie den Umriß nach dem Verleimen der Teile endgültig aussägen können. Sägen Sie den Umriß an der Bandsäge soweit es möglich ist, dann reißen Sie ihn auf der Rückseite an und sägen nach dem Wenden des Stücks die vorher nicht erreichbaren Partien zu Ende.

Reißen Sie dann das andere Seitenteil (D) an und sägen Sie es aus. Achten Sie darauf, daß der Anriß spiegelbildlich erfolgt, damit am Ende die außen liegenden Furniere beide die Qualität A haben, und lassen Sie wieder rundum eine Zugabe von etwa 6 mm stehen.

Die Mittelstücke (A, B, C) des in Sandwich-Bauweise herzustellenden Körpers bestehen aus Bohlen mit einem Querschnitt von 50 x 300 mm. Sie werden so zugeschnitten, daß die Stücke am Mittelteil des Körpers waagerecht, an Kopf und Schwanz jedoch senkrecht verlaufen. Auf diese Weise tragen sie erheblich zur Erhöhung der Festigkeit bei.

Leimen Sie die Bohlen zunächst auf die eine Körperhälfte. Die Sichtseite der Furnierplatte muß außen liegen, beim Spannen sind möglichst viele Schraubzwingen anzusetzen, alle mit Beilagen, um Druckstellen zu vermeiden. Nachdem der Leim Zeit zum Abbinden gehabt hat, sägen Sie erst die Überstände der Bohlen bündig, ehe Sie die andere Körperhälfte, genau zur ersten ausgerichtet, anleimen. Setzen Sie auch hierbei möglichst viele Schraubzwingen an.

Anschließend sägen Sie den Umriß endgültig aus, wobei Sie genau und sauber sägen sollten, denn sonst macht Ihnen die Nacharbeit mit Raspel, Feile und Schleifpapier viel Mühe. Beim Egalisieren mit der Raspel läßt es sich nicht vermeiden, daß an den Kanten Stücke ausbrechen – lassen Sie sich dadurch nicht irritieren, diese Stellen werden später ausgekittet. Wenn Sie den Umriß zu Ihrer Zufriedenheit geglättet

haben, wird er rundum (mit Ausnahme des Mauls) mit einem 12 mm Viertelstabfräser verrundet. Auch dabei werden sicherlich einige Stellen ausbrechen.

Bohren Sie dann die Löcher mit 12 mm ∅ für die Zierknöpfe und das Loch von 25 mm ∅ für den Griff. Die Körperhälften werden zusätzlich noch mit Holzschrauben oder Spanplattenschrauben 4 x 30 mm mit dem Mittelstück verschraubt. Die Schrauben werden nahe am Umriß alle 75 bis 150 mm angeordnet. Für alle Köpfe werden Senkungen von 10 mm ∅ oder 12 mm ∅ gebohrt, die nach dem Eindrehen der Schrauben mit eingeleimten Stopfen verschlossen werden. Diese Stopfen müssen nachher zur Furnierplatte bündig geschliffen werden.

Anschließend rühren Sie Kalkkitt an und arbeiten ihn in alle Löcher, abgesplitterten Stellen und vom Fräsen herrührenden Rauhigkeiten hinein.

Wenn der Kitt trocken ist, schleifen sie die Stellen von Hand glatt. Am besten nehmen Sie dazu Schleifpapier mit Spanlücken, das sich nicht so schnell mit dem feinen Abrieb zusetzt.

Wenn Sie mit der Oberflächengüte des Körpers zufrieden sind, dann stellen Sie ihn bis zum Zusammenbau zur Seite.

Die Beine

Aus mehreren Gründen ist es ratsam, die Beine aus Hartholz zu machen. Zum einen müssen sie den Schaukelstuhl selbst und den darauf Sitzenden tragen. Zum anderen werden unten die Kufen angeschraubt, und diese Schrauben dürfen nicht ausreißen. Letztlich sind die Beine oben, wo sie mit dem Körper verschraubt werden sollen, relativ dünn und müssen dort größtmögliche Festigkeit besitzen.

Reißen Sie die Beine (E, F) an und sägen Sie sie aus. Der Tisch der Bandsäge muß dabei so eingestellt sein, daß der Sägeschnitt genau rechtwinklig zur Seitenfläche des Beins steht. Schleifen Sie alle Flächen ringsum. Fräsen Sie die Kanten mit Ausnahme der Fußsohlen und glätten Sie die gefrästen Rundungen von Hand mit Schleifpapier.

Sortieren Sie die Beine paarweise nach links und rechts. Neigen Sie den Tisch der Bandsäge auf 20°

  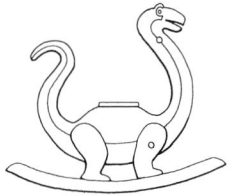 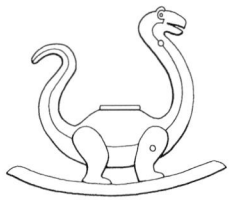

nach rechts. Legen Sie die Beine mit der Außenseite nach oben von rechts an den Anschlag und führen Sie die Sägeschnitte entlang der Fußsohle aus. Auf diese Weise werden die Fußsohlen genau auf den Kufen aufliegen, die auch auf 20° zugerichtet sind. Achten Sie darauf, daß Sie die Paare richtig zusägen, vorn und hinten links sowie vorn und hinten rechts.

Dieser abgewinkelte Sägeschnitt wird später zur Oberseite der Kufen passend geschliffen.

Die Kufen

Reißen Sie die Kufen (G) auf geradwüchsigem Hartholz mit einem Querschnitt von 50 x 200 mm an. Mit unveränderter Einstellung des Bandsägentisches auf 20° sägen Sie zunächst eine Kufe aus. Die Sägeschnitte müssen zueinander parallele Flächen ergeben.

Drehen Sie die Vorlage zum Anreißen der zweiten Kufe um, damit ein spiegelbildliches Paar entstehen kann. Ich finde es einfacher, die Kanten mit einem frei Hand geführten Bandschleifer als an der Bandschleifmaschine zu bearbeiten. Halten Sie mit dem Bandschleifer aber nicht an und schleifen Sie die konkave Kante mit der vorderen Umlenkrolle. Die Flanken der Kufen werden auf der Flachschleifmaschine geschliffen.

Legen Sie dann Kufen und Beine satzweise zusammen (rechte Seite, linke Seite). Richten Sie sie nach der Vorlage aus und schleifen Sie entweder die Fußsohlen oder die Kufenoberkante, bis die Teile genau aneinander passen.

Der Sitz

Der Sitz (H) muß so angerissen werden, daß die Faserrichtung des Holzes quer verläuft, damit die überstehenden Partien stabil genug sind. Sägen Sie ihn aus und schleifen Sie ihn auf allen Seiten. Fräsen Sie die obere Kante mit einem 12 mm Viertelstabfräser (damit man bequem sitzen kann) und die untere Kante mit einem 6 mm Viertelstabfräser. Schleifen Sie Rauhigkeiten von Hand glatt und legen Sie ihn bis zum Zusammenbau zur Seite.

Der Zusammenbau

Beine und Kufen werden paarweise zusammengesetzt, ehe das Anschrägen und die Montage an den Körper erfolgen.

Legen Sie Wachspapier und eine Kufe auf die Werkbank. Spannen Sie die Kufe auf der Werkbank fest, damit sie beim Ansetzen der Schraubzwingen nicht verrutschen kann (siehe Abb. 1).

Legen Sie die beim Aussägen angefallenen Abfallstücke unten gegen die Kufe, um eine ebene Spannfläche zu schaffen.

Richten Sie die Beine zum Verleimen sogfältig gemäß Vorlage aus und spannen Sie jedes Bein mit einem Spannknecht in Längsrichtung und am unteren Ende mit einer Schraubzwinge auf der Werkbank fest (siehe Abb. 1).

Wenn der Leim abgebunden hat, bohren Sie für zwei Schrauben von unten durch die Kufen in die Beine Löcher vor und senken Sie sie an. Ich habe Spanplattenschrauben 6 x 75 mm verwendet, aber normale Holzschrauben sind ebensogut geeignet. Dann werden Stopfen in die Ansenkungen geleimt und mit den Kufen bündig geschliffen.

Nachdem Beine und Kufen fertig zusammengebaut sind, werden die Kanten der Kufen mit Raspel, Feile und Schleifpapier verrundet.

Abbildung 1
Wenn man die Kufen auf der Werkbank festspannt, können sie beim Verleimen und Spannen der Beine nicht verrutschen

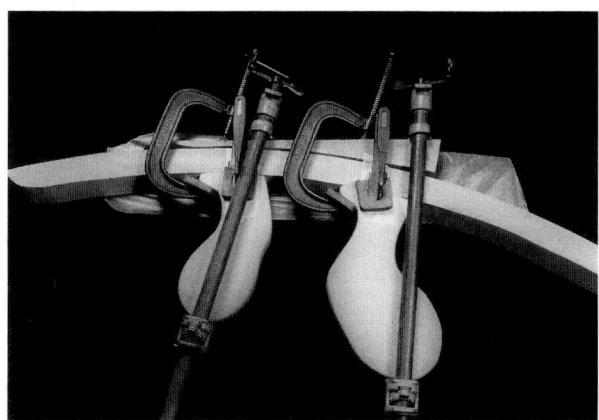

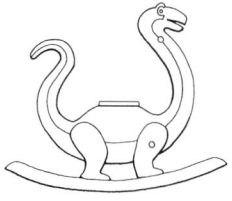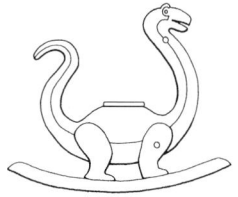

Ehe die Beine am Körper befestigt werden können, muß erst innen an den Beinen die Schräge gesägt werden. Reißen Sie mit einem Bleistift innen an den Beinen von oben aus das Maß 75 mm an. Legen Sie ein Lineal an die beiden Risse und ziehen Sie eine Linie über beide Beine. Diese Linie bezeichnet den Auslauf der Schräge für das Sägen an der Bandsäge (siehe Abb. 2).

Abbildung 2
Reißen Sie eine Linie über beide Beine, um den Auslauf der Schräge anzugeben

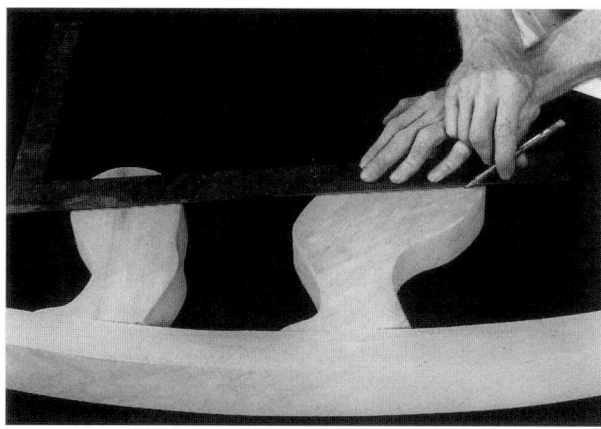

Der Tisch der Bandsäge wird auf 20° Neigung und der Seitenanschlag auf 12 mm Abstand eingestellt, dann führen Sie die montierten Teile mit den Kufen nach oben und der Außenfläche der Beine gegen den Anschlag gegen das Sägeblatt. Der Sägeschnitt muß genau an der angerissenen Linie auslaufen und die Schnittfläche an beiden Beinen in einer Ebene liegen, so daß das Ganze glatt gegen den Körper geleimt werden kann (siehe Abb. 3).

Heben Sie die abgesägten, schrägen Abfallstücke als Beilagen für das Verleimen auf. Sie können die Sägeflächen frei Hand mit dem Bandschleifer glätten, müssen aber darauf achten, daß die Flächen eben bleiben, sonst gibt es keine haltbare Verbindung zum Körper.

Als nächstes leimen Sie einen Satz Beine mit Kufe an den Körper, wobei Sie die schrägen Abfallstücke als Beilagen benutzen. Dadurch ergeben sich parallele Spannflächen und die Schraubzwingen verrutschen

nicht. Damit die schrägen Abfallstücke beim Anziehen der Schraubzwingen auf den Beinen nicht weggleiten können, werden diese angefeuchtet (siehe Abb. 4).

Wenn der Leim vollständig abgebunden hat, bohren Sie drei Schraubenlöcher im Bereich der Verleimung und senken Sie sie an. Schrauben Sie dann Holzschrauben oder Spanplattenschrauben 6 x 75 mm ein und leimen Sie Stopfen in die Senkungen. Der Überstand der Stopfen muß abgesägt und mit der Fläche bündig geschliffen werden.

Nachdem so der Zusammenbau auf einer Seite fertig ist, kann das Loch von 25 mm ∅ für die Fußraste auf der Bohrmaschine gebohrt werden. Bohren Sie nur bis zur Mitte der Wandstärke des Körpers. Das später eingesetzte Rundholz dient nicht nur als Fußraste, sondern verleiht dem Ganzen auch noch zusätzliche Festigkeit.

Der Anbau des zweiten Satzes Beine und Kufe ist nicht ganz einfach, denn er muß genau zum ersten Satz fluchten, damit der Brontosaurus einwandfrei schaukeln kann.

Stellen Sie die bislang zusammengebauten Teile senkrecht auf die Kufe, mit einem passenden Klotz zur Unterstützung des Körpers. Richten Sie dann den zweiten Satz zum Verleimen sorgfältig aus, wobei Sie wieder die schrägen Abfallstücke als Beilagen verwenden. Die genaue Ausrichtung der Teile zueinander ist beim

Abbildung 3
Mit dem auf 20° eingestellten Bandsägentisch und dem Längsanschlag wird die Schräge innen an den Beinen bis zur angerissenen Linie gesägt

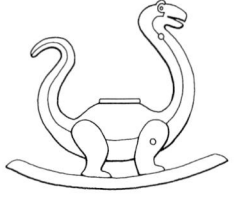  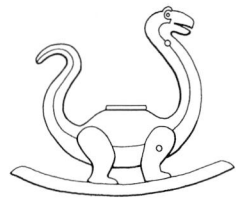 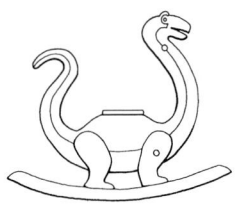

Anziehen der Schraubzwingen laufend zu kontrollieren. Vorn und hinten müssen die rechten und linken Enden der beiden Kufen jeweils gleichweit vom Boden entfernt sein (siehe Abb. 4).

Wenn der Leim genug Zeit zum Abbinden gehabt hat, verschrauben Sie diese zweite Seite ebenso wie die erste. Das Loch für die Fußraste muß diesmal frei Hand gebohrt werden. Am besten hilft Ihnen jemand und sagt Ihnen, ob der Bohrer die richtige Richtung hat, damit das Loch zum ersten fluchtet.

Abbildung 4
Unterstützen Sie den Körper mit einem Klotz, wenn Sie den zweiten Satz Beine und Kufe anbringen und achten Sie auf genau senkrechte Stellung und exakte Fluchtung

Anschließend können Handgriff und Fußrasten eingeleimt werden. Sie werden auf Länge abgesägt und an den Enden glatt geschliffen. Beide Enden des Handgriffs und ein Ende der Fußrasten werden verrundet. Wenn Sie das Verrunden mit der Fräsmaschine vornehmen, müssen Sie das Rundholz sehr gut festhalten und entgegen dem Drehsinn des Fräsers herumführen. Möglicherweise müssen Rundhölzer von 25 mm ⌀ mit Schleifpapier etwas dünner geschliffen werden, damit sie nicht allzu stramm in die Löcher passen.

Der Handgriff wird ohne Leim in die Bohrung gesteckt und mit einem durch den Hals eingeleimten Dübel von 6 mm ⌀ fixiert. Der Überstand ist wieder abzusägen und bündig zu schleifen.

Für den Einbau der Fußrasten wird in die Löcher nur in den Bereich des Körpers etwas Leim gegeben (nicht

in die Beine). Sie werden mit schraubenden Bewegungen hineingeführt und müssen auf beiden Seiten gleiche Länge haben. Von unten wird dann durch den Körper ein Loch von 10 mm ⌀ in jede Fußraste gebohrt. Eingeleimte Dübel von 10 mm ⌀ fixieren die Fußrasten. Der Überstand wird abgesägt und bündig geschliffen.

Der Sitz wird mit der 12 mm Rundung nach oben an seinen Platz geleimt und gespannt. Wenn der Leim abgebunden hat, werden zwei Löcher mit 12 mm ⌀ durch den Sitz in den Körper gebohrt und Dübel hineingeleimt. Der Überstand muß abgesägt und zur Fläche bündig geschliffen werden.

Die Oberflächenbehandlung

Nachdem Sie den gesamten Schaukelstuhl-Brontosaurus so glatt wie möglich geschliffen haben, folgt die Oberflächenbehandlung. Zum Erzielen einer besonders glatten Oberfläche kann zunächst ein Porenfüller aufgetragen werden.

Sie können Latex- oder Ölfarbe verwenden, aber ich glaube, Glanzlack sieht am besten aus und hält auch bei starker Beanspruchung. Es ist empfehlenswert, vorweg eine Grundierung aufzubringen.

Sie sollten aus Haltbarkeitsgründen wenigstens zwei Anstriche aufbringen. Lassen Sie aber die Unterseiten der Kufen roh, damit sich nicht Farbe auf Fußboden oder Teppich abreiben kann. Behandeln Sie alle Hirnholzpartien besonders sorgfältig, das Holz saugt dort die Farbe stark auf, so daß eventuell an diesen Stellen ein dritter Anstrich nötig sein kann. Die Augen werden vor dem Einleimen angemalt.

Nicht viele Kinder bekommen die Gelegenheit, auf einem Brontosaurus zu reiten!

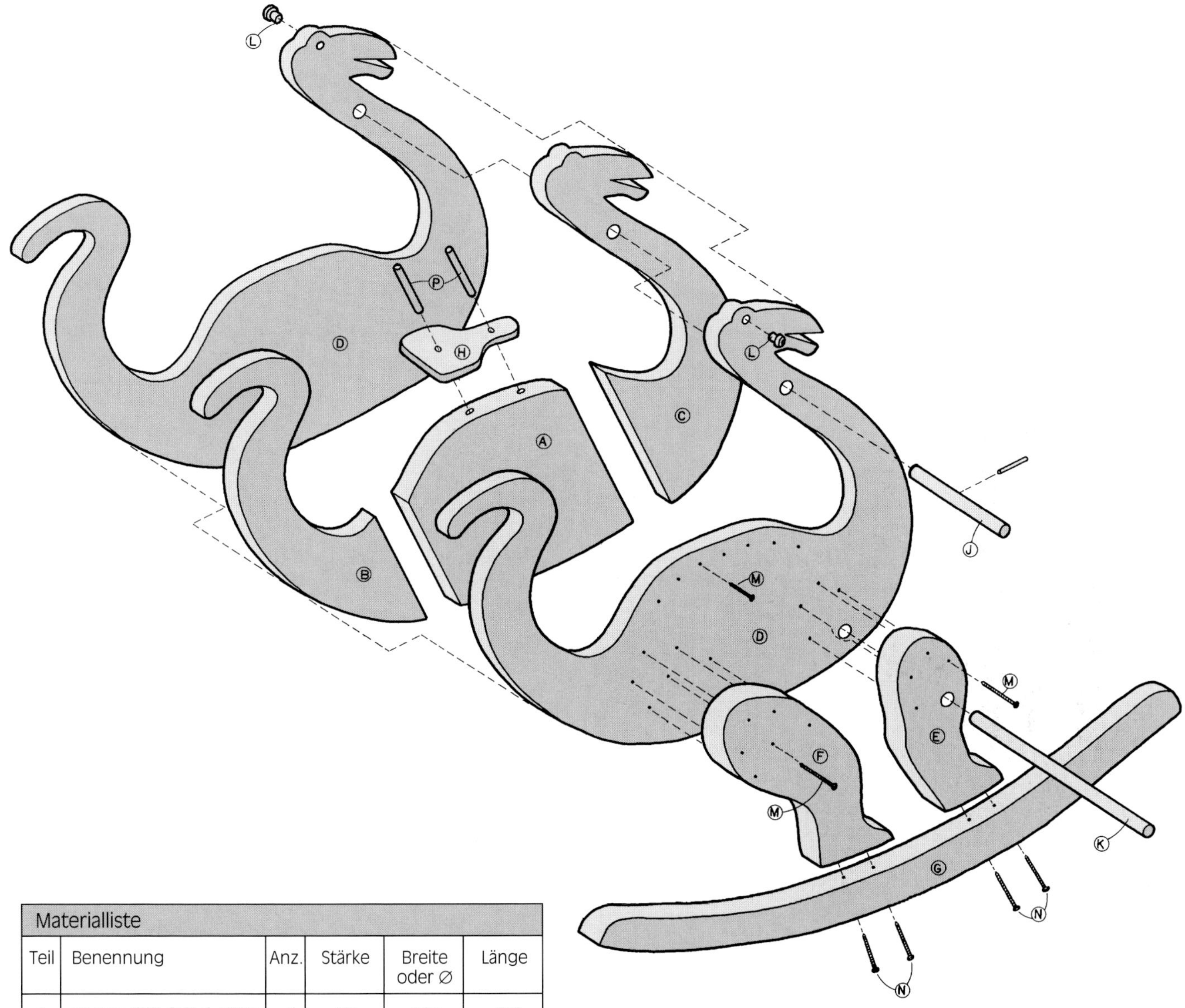

Materialliste					
Teil	Benennung	Anz.	Stärke	Breite oder ∅	Länge
A	Körper, Mittelstück Mitte	1	50	270	320
B	Körper, Mittelstück Schwanz	1	50	220	510
C	Körper, Mittelstück Kopf	1	50	250	590
D	Körper, Seitenteil	2	12	610	770
E	Vorderbein	2	44	160	260
F	Hinterbein	2	44	180	350
G	Kufe	2	44	160	1130
H	Sitz	1	19	180	180
J	Handgriff	1		25	280
K	Fußraste	2		25	150
L	Stopfen	2		12	
M	Schraube, Körper	≈60		4	30
N	Schraube, Beine/Kufen	≈30		6	75
P	Dübel	2		12	50

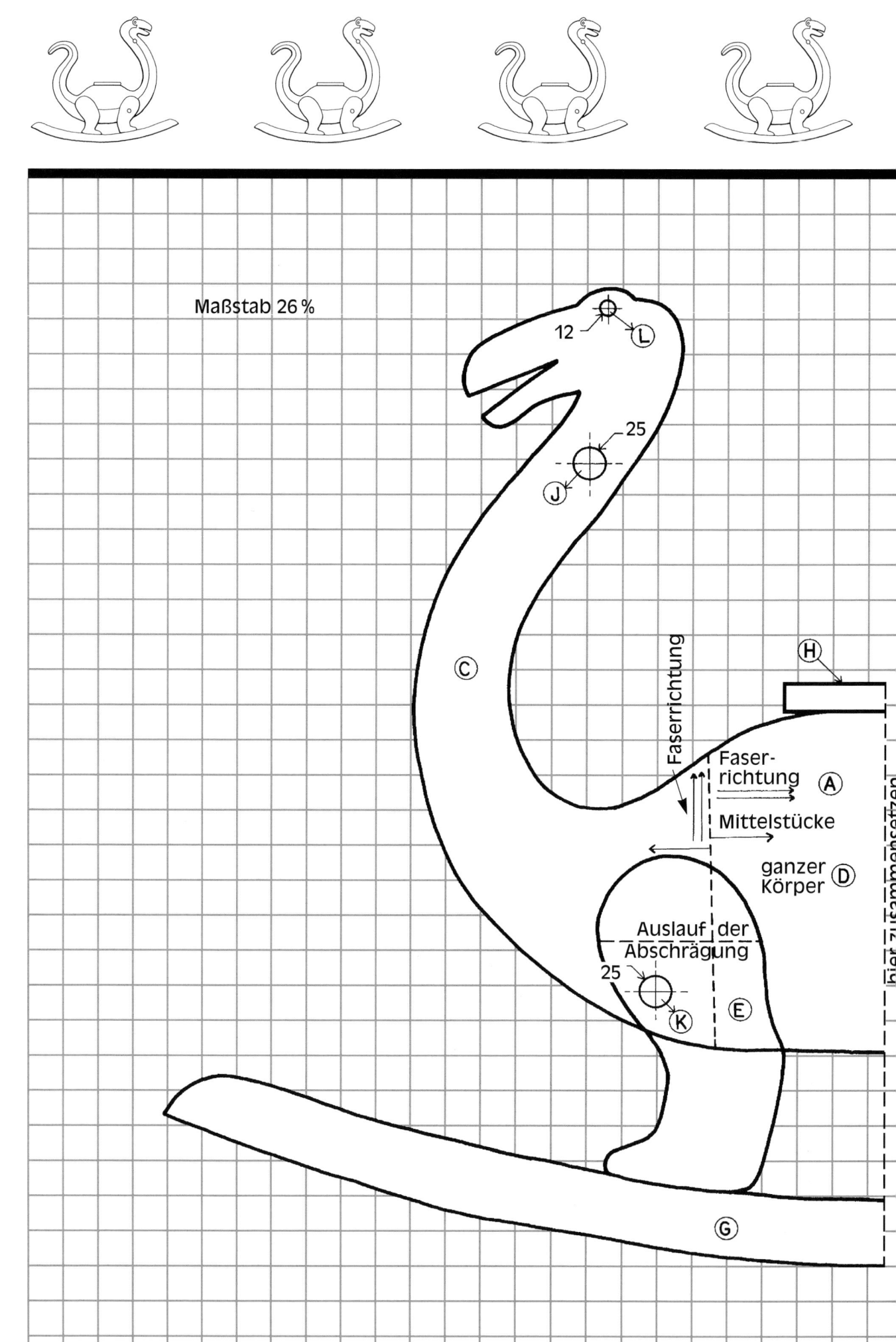

Maßstab 26 %

12 — L

25

J

Faserrichtung

Faser-
richtung A

Mittelstücke

ganzer
Körper D

Auslauf der
Abschrägung

25

K

E

H

C

G

hier anleimen

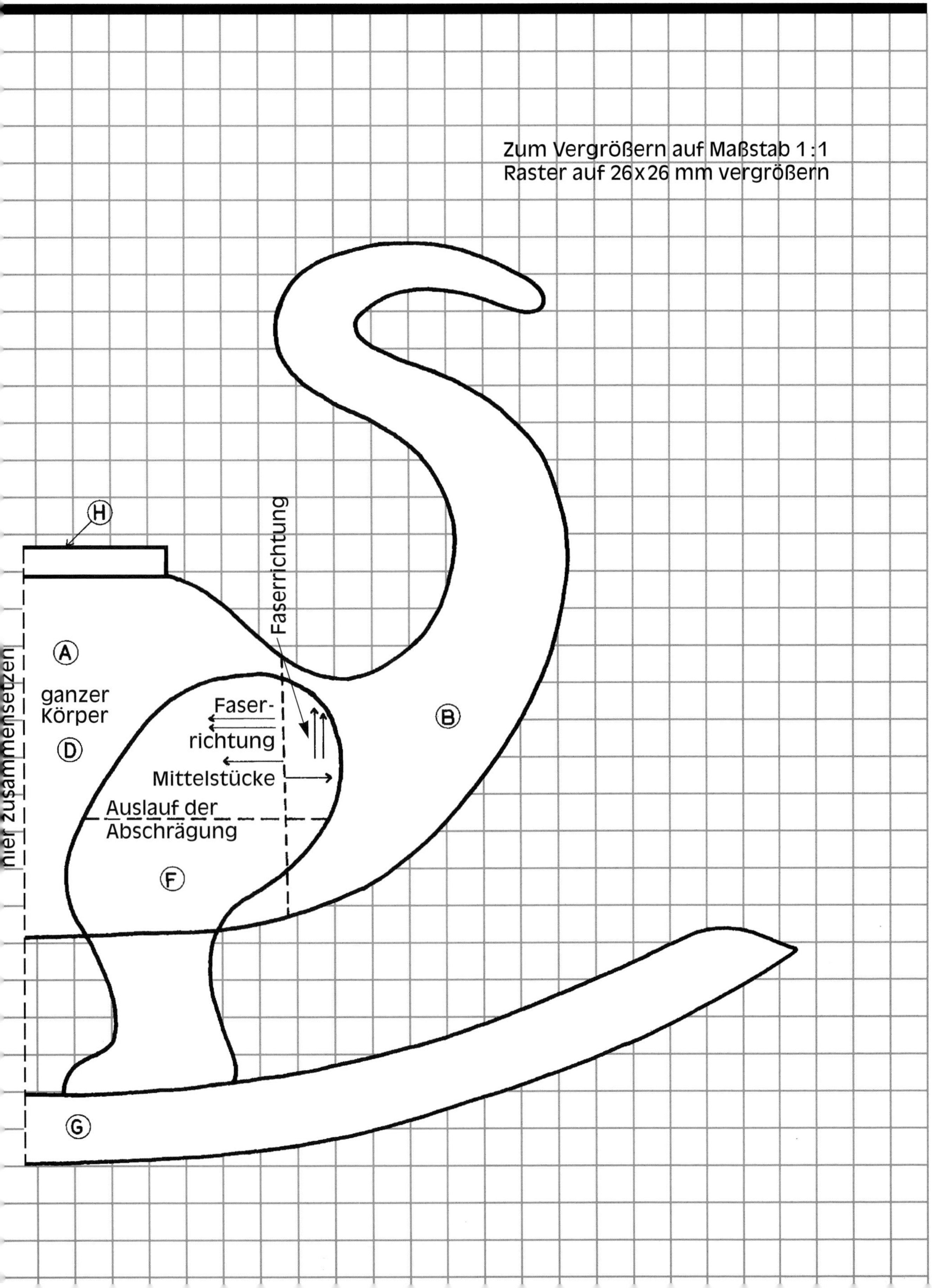

Zum Vergrößern auf Maßstab 1:1
Raster auf 26 x 26 mm vergrößern

Ⓗ

Faserrichtung

hier zusammensetzen

Ⓐ

ganzer
Körper

Ⓓ

Ⓑ

Faser-
richtung

Mittelstücke

Auslauf der
Abschrägung

Ⓕ

Ⓖ

Dieser einmalige Dino-Roller hat eine schwenkbare Lenkung, die das Fahren erleichtert; seine flache, fließende Form gibt ihm ein geschmeidiges Aussehen. Die vorderen Flossen dienen als Steuerpedale, mit denen der vordere Teil mit Kopf, Hals und Rädern beim Fahren gelenkt werden kann.

Der Körper und das Kopf-/Hals-Teil

Reißen Sie die auf richtige Größe gebrachte Vorlage auf einem Stück geradwüchsigen Hartholz von 38 mm Stärke (A) und auf zwei Stücken Furnierplatte der Qualität A/C von 12 mm Stärke (B) an. Denken Sie daran, daß die Sichtseite der Furnierplatte jeweils außen liegen soll.

Sägen Sie die Stücke mit 6 bis 12 mm Zugabe aus, um sie nach dem Verleimen dann endgültig auf Form sägen zu können. (Sägen Sie aber die Schlitze der Scharnierverbindung noch nicht aus.)

Verleimen Sie die drei Teile und setzen Sie zum Spannen möglichst viele Schraubzwingen an. Nachdem der Leim abgebunden hat, bohren Sie rundum Löcher für Schrauben vor und senken Sie sie an. Halten Sie vom Umriß genügend Abstand, damit nach dem endgültigen Aussägen die Kanten gefräst werden können und auch im Scharnierbereich keine Schraube das Aussägen, Verrunden und das Bohren des Lochs für die Drehwelle stört. Verschrauben Sie die Seiten zusätzlich zur Verleimung mit Holzschrauben oder Spanplattenschrauben 4 x 30 mm. Sägen Sie dann den Umriß endgültig aus, lassen Sie aber an den Scharnierlappen noch etwas Aufmaß, um sie später in die Aussparungen am Kopfstück einpassen zu können.

Bohren Sie die Löcher für die Achse und für die Dübel zur Befestigung der hinteren Flossen.

Beim Schleifen und Fräsen des Umrisses muß wieder der Scharnierbereich ausgespart werden.

Wiederholen Sie diese Arbeitsgänge in genau gleicher Weise für das Kopf-/Halsstück (C, D). Bohren Sie an diesem Teil auch die Löcher für die Augen und den Handgriff.

Anschließend wird das Scharnier zusammengepaßt. Nehmen Sie von der Zugabe immer nur wenig ab (mit Bandsäge, Raspel oder Bandschleifmaschine), bis die beiden Teile leichtgängig ineinander passen (denken Sie daran, daß die Farbe beim Anmalen etwas aufträgt). Das Schwenken wird erst möglich, wenn die vorderen Kanten der Scharnierverbindung abgerundet sind.

Reißen Sie die Draufsicht des Scharniers auf dem oberen Scharnierlappen am Kopf-/Halsstück an. Stecken Sie die Teile so zusammen, daß vor und hinter den Scharnierlappen in Längsrichtung etwa 5 mm Luft bleibt. Spannen Sie das Ganze auf den Tisch der Bohrmaschine und achten Sie darauf, daß die Seitenflächen an beiden Teilen parallel sind und daß das Kopf-/Halsstück senkrecht steht. Bohren Sie das Loch von 6 mm Ø sehr sorgfältig bis auf 10 mm Abstand von unten.

Die Zeichnung zeigt deutlich, daß der Hinterkopf genau über die Bohrung ragt. Sollte daher das Bohren des Loches an Ihrer Bohrmaschine nicht möglich sein, müssen Sie eine Handbohrmaschine verwenden, wobei jedoch das besonders wichtige Einhalten der genauen Richtung nicht einfach ist. Es besteht auch noch die Möglichkeit, einzeln das Loch im Körper von oben und im Kopf-/Halsstück von unten zu bohren. Das erfordert jedoch ein exaktes Anreißen und sehr genaues Arbeiten. Letztlich kann noch ein durchgehendes Loch gemeinsam von unten gebohrt und das untere Ende nachträglich mit einem eingeleimten Stopfen wieder verschlossen werden.

Anschließend werden die Scharnierlappen an den Kanten verrundet, so daß sich das Scharnier drehen kann. Reißen Sie die Draufsicht oben und unten auf den Scharnierlappen beider Teile an. Die Viertelkreise müssen die Vorderkanten und Seitenflächen der Scharnierlappen tangieren.

Spannen Sie die Teile nacheinander mit dem Scharnier nach oben ein. Die Rundungen werden mit Raspel und Feile hergestellt oder mit einem Bandschleifer, wenn man damit geschickt umgehen kann. Die Drehwelle (vorerst noch länger als auf Fertigmaß) kann probeweise in das Scharnier gesteckt werden, um die Funktion zu überprüfen. Feilen und schleifen Sie die Rundungen solange nach, bis sich das Scharnier einwandfrei bewegen läßt.

Die Ansenkungen der Schraubenlöcher und alle Fehlstellen in der Oberfläche werden dann mit Kalkkitt verspachtelt. Wenn der Kitt hart geworden ist, wird die gesamte Oberfläche beider Teile mit Bandschleifer und von Hand sauber geschliffen.

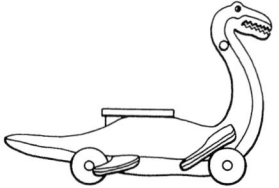

Die Flossen

Reißen Sie die Flossen (E, F) auf rechteckigen Holzstücken so an, daß die geraden Kanten mit einer Hirnholzkante zusammenfallen.

Übertragen Sie die Lochmitten für die Dübellöcher mit Hilfe von Zentriereinsätzen von Körper und Kopf-/Halsstück oder halten Sie die Flossen einfach neben die entsprechenden Löcher und reißen die Lochmitten nach Augenmaß recht genau an.

Stellen Sie die Rohteile der Flossen als nächstes auf den Bohrmaschinentisch und bohren Sie die Dübellöcher.

Sägen Sie dann die Umrisse aus. Schleifen Sie die Teile allseitig. Beim Fräsen müssen die geraden Kanten mit den Dübellöchern ausgespart werden, da sich der Fräser leicht in den Löchern verfangen und dabei Holzteile herausreißen kann. Diese Kanten werden von Hand mit Raspel und Feile verrundet, dazu sind die Flossen einzeln einzuspannen. Abschließend werden alle verrundeten Kanten von Hand glattgeschliffen.

Der Sitz und sein Paßstück

Beim Aussägen des Sitzes (G) ist darauf zu achten, daß die Faserrichtung des Holzes quer verläuft, damit die überhängenden Partien des Sitzes genügend Festigkeit besitzen. Die gesamte Oberfläche wird geschliffen, dann erfolgt das Fräsen der Verrundung mit Viertelstabfräsern, oben mit 12 mm Radius und unten mit 6 mm Radius.

Für das Paßstück (H) bereiten Sie ein Stück Hartholz mit den Maßen 44 x 64 x 160 mm vor. Der untere Riß für die Keilform des Paßstücks kann von der Vorlage übernommen oder vom fertigen Körper abgenommen werden. Nach dem Aussägen dieser Kontur wird sie solange geschliffen, bis sie an der vorgesehenen Stelle genau auf den Körper paßt. Scharfe Kanten werden von Hand leicht gebrochen.

Die Räder

Der Aufbau der Räder (Q) ist der gleiche wie der vom Körper. Die Furnierplattenschicht auf beiden Seiten des Holzkerns verhindert, daß das Rad bricht. Räder in dieser Bauart sind fast unverwüstlich. Aus Gründen der Festigkeit und Stabilität sind die hinteren Räder sehr breit (64 mm), während die vorderen Räder schmaler sind (44 mm), damit das Lenken leichter geht. Für alle Teile der Räder werden zunächst Rohlinge von 115 mm im Quadrat vorbereitet. Für die vorderen Räder werden Mittelstücke aus Hartholz mit 20 mm Stärke und je zwei Furnierplattenseitenteile mit 12 mm Stärke benötigt. Die hinteren Räder bestehen aus Mittelstücken von 40 mm Stärke und je zwei Furnierplattenseitenteilen mit 12 mm Stärke.

Die vier Räder werden, mit Schraubzwingen gespannt, in Sandwich-Bauweise verleimt. Wenn der Leim abgebunden hat, werden sie angerissen. Bohren Sie zur Sicherheit Löcher für Holzschrauben oder Spanplattenschrauben vor, aber halten Sie genügend Abstand von der Achsbohrung und dem Umriß. Senken Sie die vorgebohrten Löcher an und drehen Sie die Schrauben ein. Anschließend kann das Loch für die Achse gebohrt und der Umriß ausgesägt werden.

An allen Rädern werden dann die Kanten geschliffen und gefräst. Schließlich müssen die Ansenkungen, Fehlstellen und Rauhigkeiten mit Kalkkitt ausgespachtelt werden. Wenn der Kitt hart ist, werden sämtliche Flächen glattgeschliffen.

Die Achsen und der Handgriff

Die Achsen (N) werden so auf Länge abgesägt, daß auf jeder Seite zwischen Rad und Körper etwa 3 mm Luft bleiben. Für das spätere Einsetzen der Keile (R) erhalten die Achsen an jedem Ende einen Sägeschnitt. Die Enden der Achen werden an der Bandschleifmaschine glattgeschliffen und von Hand leicht angefast.

Der Handgriff (M) wird auf Länge abgesägt und seine Enden ebenfalls an der Bandschleifmaschine glattgeschliffen. Wird das Verrunden an den Enden mit der Fräsmaschine ausgeführt, muß der Handgriff genau senkrecht sehr gut festgehalten und entgegen dem Drehsinn des Fräsers herumgeführt werden. Der ganze Handgriff wird dann mit Schleifpapier von Hand geglättet.

 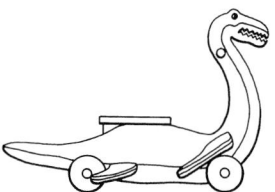 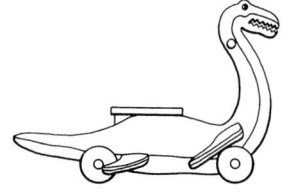 

Das Anmalen

Alle Teile sollten zuerst grundiert werden. Dann zeichnen Sie die Linien an, an denen die verschiedenen Farben aneinander grenzen. Dabei ist ein Abkleben mit Klebestreifen als Vorbereitung zu empfehlen. Achten Sie darauf, daß keine Farbe in die Löcher für die Drehwelle, den Handgriff und die Achsen gelangt. Auch die noch zu verleimenden Flächen dürfen nicht angemalt werden (die Mitte der unteren Sitzfläche, Ober- und Unterseite des Paßstücks und die Stelle für die Sitzmontage auf dem Körper).

Als Schutz gegen Fäulnis, falls der Roller einmal naß werden sollte, können die Achslöcher und die Achsen selbst (bis auf die Enden, an denen die Räder aufgeleimt werden sollen) mit ein wenig Polyurethanlack beschichtet werden.

Der Handgriff wird erst angemalt, nachdem er montiert worden ist.

Der Zusammenbau und erforderliche Nachbesserungen

Sägen Sie die Drehwelle aus Stahl von 6 mm Ø (in den meisten Eisenwarenhandlungen erhältlich) so auf Länge, daß sie im Scharnierloch etwa 12 mm zurücksteht.

Richten Sie die Scharnierteile zueinander aus und treiben Sie die Drehwelle in das Loch. Nehmen Sie einen passenden Durchschlag, um sie ganz hineinzutreiben (12 mm versenkt). Leimen Sie ein Stück Rundholz von 6 mm Ø über der Welle ein, sägen Sie den Überstand ab und schleifen Sie es mit der Fläche bündig.

Leimen Sie auf jede Achse zunächst ein Rad, geben Sie etwas Leim an die Keile und schlagen Sie sie in die Schlitze. Sägen Sie überstehende Enden ab und schleifen Sie sie zur Fläche bündig. Stecken Sie die Achsen durch ihre Bohrungen und befestigen Sie die Räder auf der anderen Seite in gleicher Weise.

Der Handgriff wird so in seine Bohrung getrieben, daß beide Enden gleichweit vorstehen, dann wird er durch einen Dübel in dieser Lage fixiert, der in ein vorn durch den Hals gebohrtes Loch geleimt wird.

Sägen Sie dann die Dübel (L) für die Befestigung der Flossen auf Länge. Fasen Sie die Enden von Hand an und leimen Sie die Dübel in ihre Bohrungen im Körper ein. Tragen Sie etwas Leim in den Dübelbohrungen der Flossen auf (nur an den Wandungen der Bohrungen und nicht zu viel). Prüfen Sie vorsichtshalber noch einmal, daß die Dübel nicht länger sind als die Tiefe der Löcher beträgt, und treiben Sie dann die Flossen auf die jeweiligen Dübel.

Leimen Sie die Augen (Zierknöpfe oder Stopfen) ein, nachdem Sie sie angemalt haben.

Leimen Sie das Paßstück für den Sitz an seinen Platz. Wenn der Leim abgebunden hat, folgt das Verleimen des Sitzes selbst. Wenn auch diese zweite Verleimung Zeit zum Abbinden gehabt hat, bohren Sie zwei Löcher mit 12 mm Ø durch Sitz und Paßstück bis in den Körper.

Sägen Sie die Dübel von 12 mm Ø dafür etwas kürzer ab als die Lochtiefe beträgt. Schleifen Sie ein Dübelende an der Bandschleifmaschine glatt und fasen Sie das andere Ende an. Geben Sie Leim an die Wandungen der Dübellöcher und treiben Sie die Dübel hinein, bis das glattgeschliffene Ende mit der Sitzfläche bündig ist.

Bessern Sie anschließend alle Stellen aus, an die noch keine Farbe gelangt ist (Dübelenden und Handgriff). Denken Sie daran, daß Hirnholzstellen zwei oder drei Farbaufträge brauchen.

Dann ist der Roller für seine Jungfernfahrt fertig, setzen Sie also Ihren Liebling als Fahrer darauf und lassen Sie ihn starten.

Materialliste					
Teil	Benennung	Anz.	Stärke	Breite oder ∅	Länge
A	Körper, Mittelstück	1	38	170	650
B	Körper, Seitenteil	2	12	170	650
C	Kopf/Hals, Mittelstück	1	38	190	470
D	Kopf/Hals, Seitenteil	2	12	190	470
E	Flosse, vorn	2	25	120	180
F	Flosse, hinten	2	19	80	160
G	Sitz	1	19	180	180
H	Paßstück, Sitz	1	44	64	160
J	Dübel, Sitz	2		12	50
K	Dübel, Flosse vorn	4		16	50
L	Dübel, Flosse hinten	4		10	44
M	Handgriff	1		25	270
N	Achse	2		25	160/200
P	Augen (Zierknopf)	2		12	50
Q	Rad	4	44/64	100	
R	Keil, Achse	4	6	25	25
S	Drehwelle (Stahl)	1		6	120

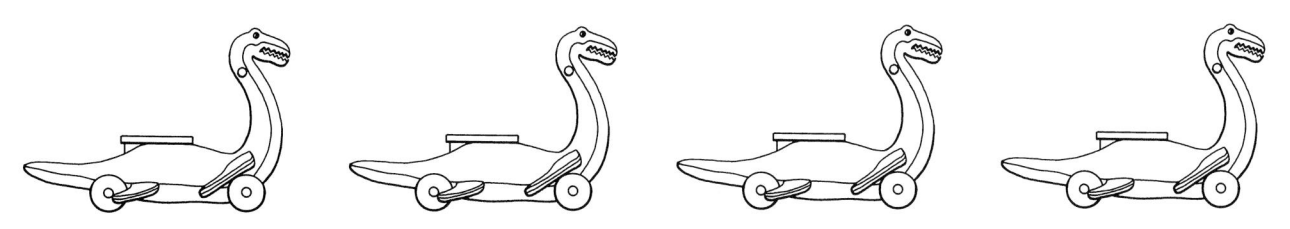

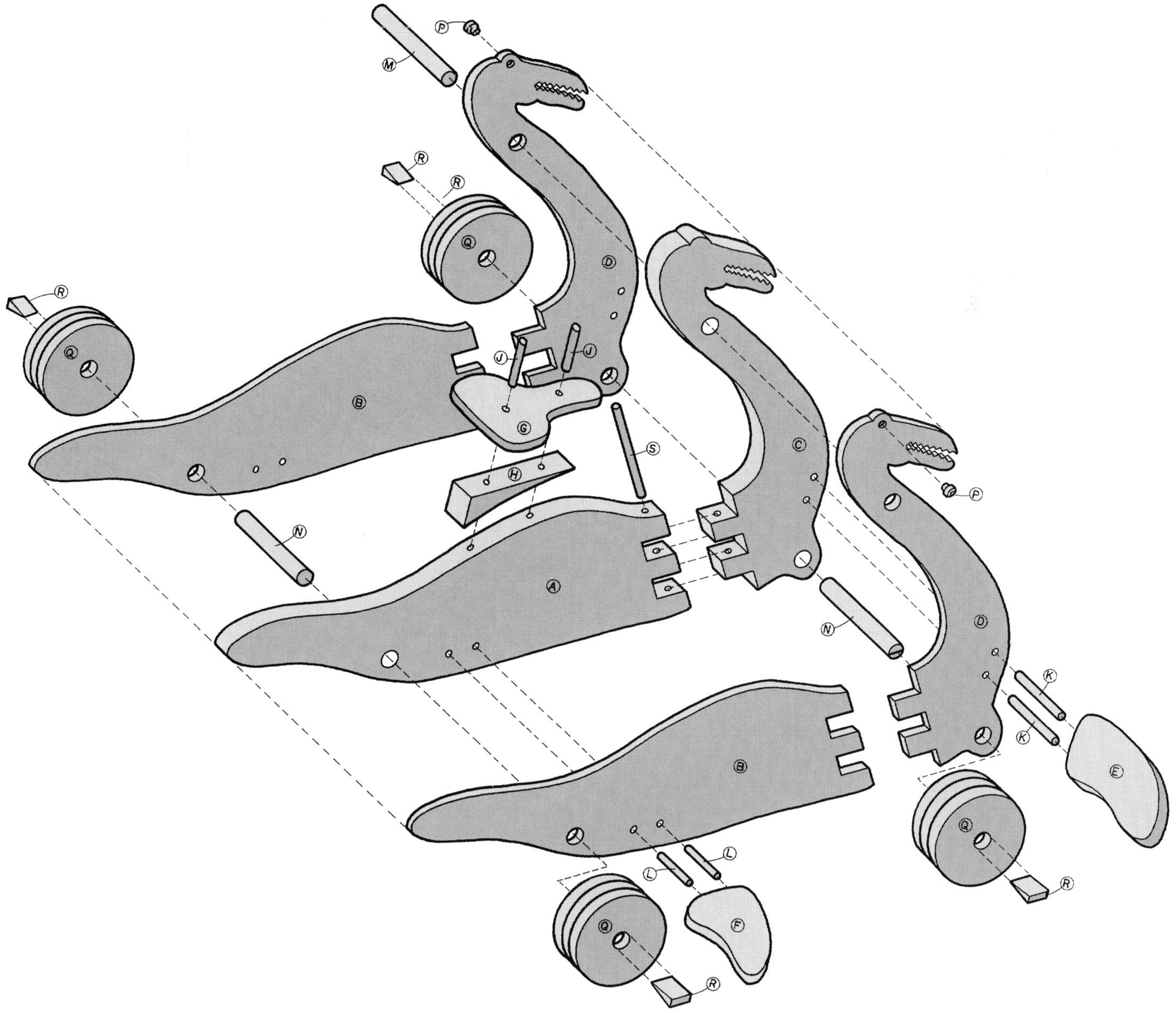
M
P
R
R
Q
D
R
Q
J
J
B
G
H
S
C
P
N
A
N
D
K
K
E
B
Q
R
L
L
Q
F
R

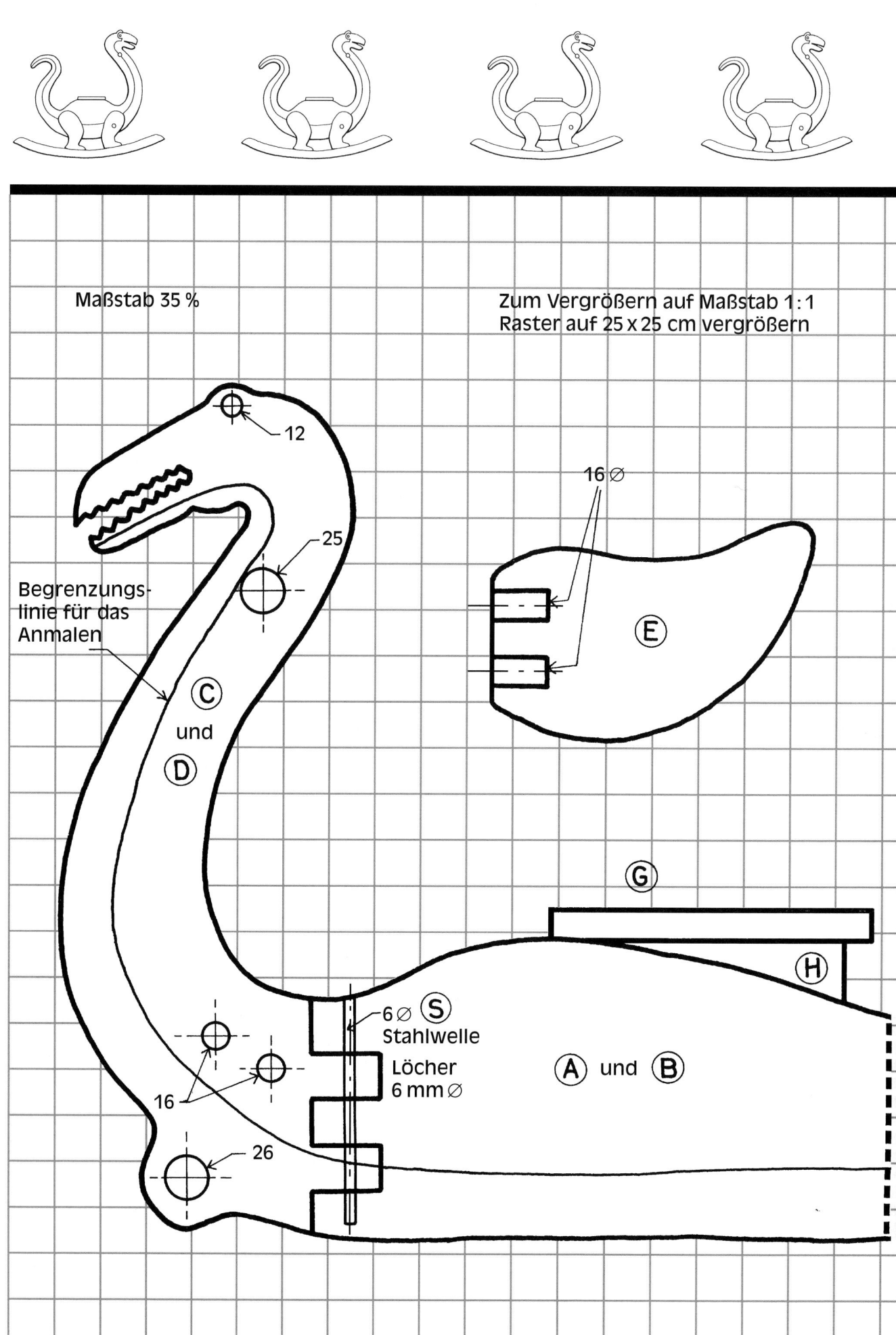

Maßstab 35 %

Zum Vergrößern auf Maßstab 1:1
Raster auf 25 x 25 cm vergrößern

12

16 ∅

25

E

Begrenzungs-
linie für das
Anmalen

C

und

D

G

H

6 ∅ S
Stahlwelle

Löcher
6 mm ∅

A und B

16

26

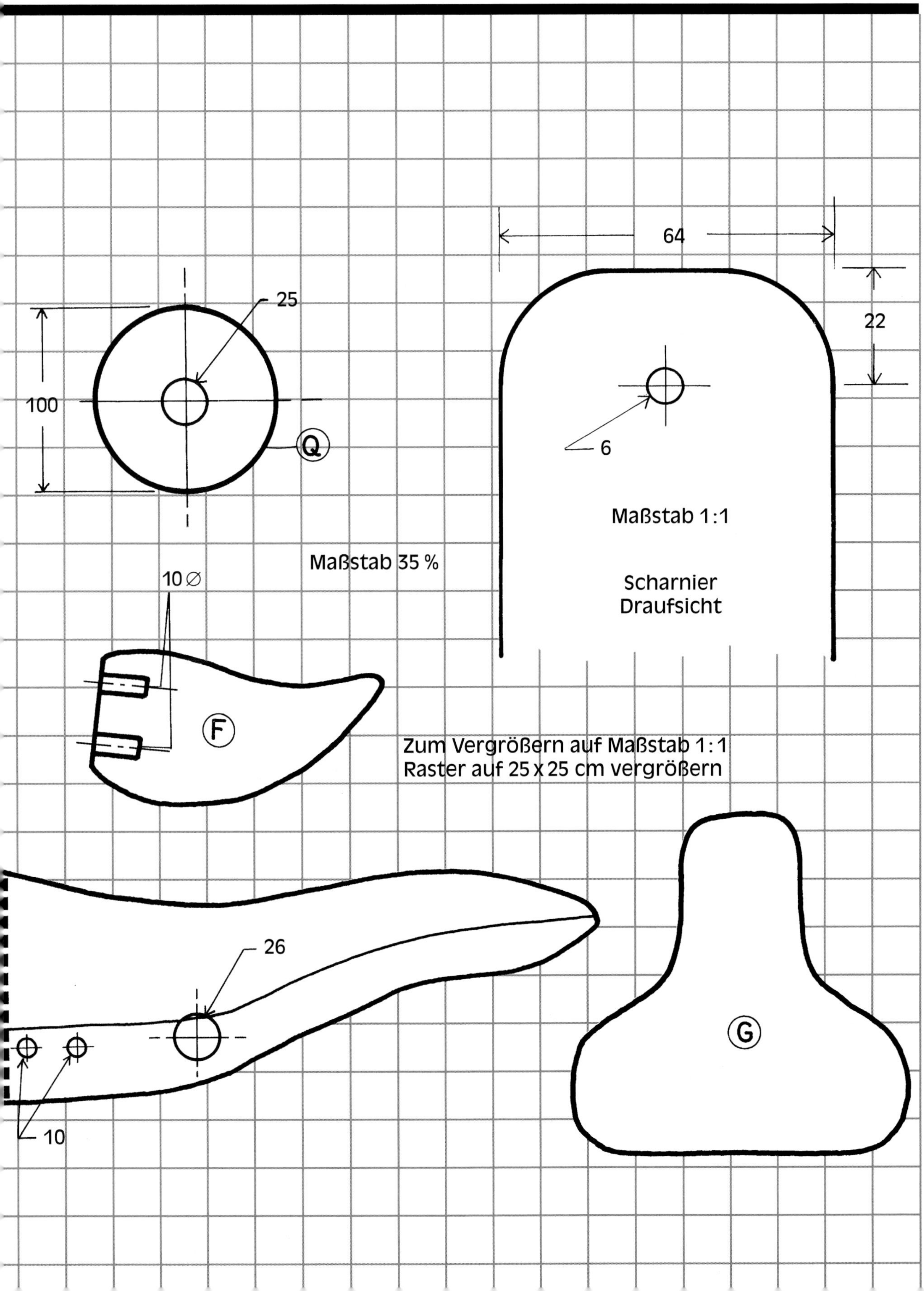

25

100

Q

Maßstab 35 %

64

22

6

Maßstab 1:1

Scharnier
Draufsicht

10 ⌀

F

Zum Vergrößern auf Maßstab 1:1
Raster auf 25 x 25 cm vergrößern

26

10

G

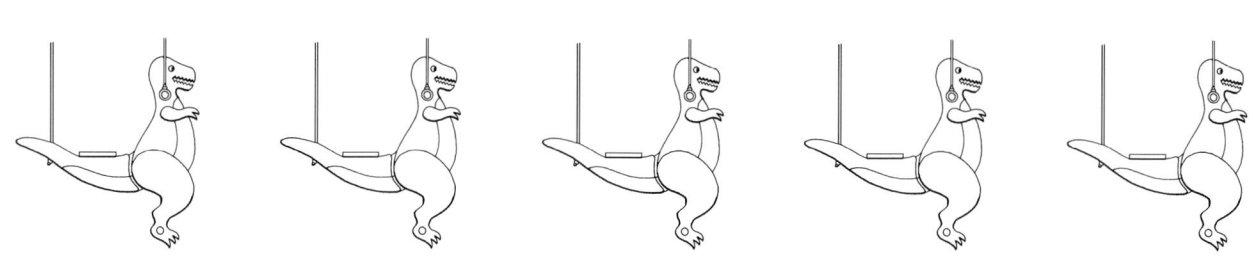

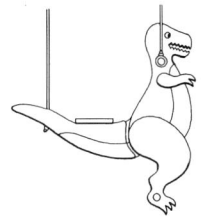
Eine Schaukel ist sicherlich nichts Neues, aber eine Tyrannosaurus-Schaukel hat doch ihren besonderen Reiz. Die Kinder haben sie begeistert aufgenommen und schaukeln stundenlang darauf. Man kann die Schaukel aus Hartholz anfertigen und mit Klarlack überziehen oder in Sandwich-Bauweise aus Furnierplatten mit Weichholzkern und sie farbig anmalen.

Der Abstand zwischen den Seilen zum Aufhängen beträgt vorn 410 mm und zwischen vorn und hinten rund 610 mm. Für das Anbringen der Haken zum Aufhängen der Schaukel passen diese Maße in den meisten Fällen zu den Mittenabständen von Decken- oder Dachbalken.

Wenn Sie keine Veranda haben, um die Schaukel darin aufzuhängen, können Sie sich dafür ein Gerüst bauen und es im Freien aufstellen (siehe »Das vielseitige Schaukelgestell«).

Die Schaukel läßt sich auch an einem Baum aufhängen, aber es ist nicht immer ganz leicht, Befestigungspunkte für die Seile in passendem Abstand und richtiger Höhe zu finden. Manchmal kann man sich damit helfen, daß man eine Bohle über geeigneten Ästen anbringt.

Falls die Schaukel ständig im Freien bleiben soll, muß ihre gesamte Oberfläche einwandfrei deckend dick mit Farbe überzogen werden. Besonderes Augenmerk ist beim Anstreichen auf alle Hirnholzstellen zu richten, die bekanntlich viel Farbe aufsaugen und genauso auch Feuchtigkeit aufnehmen würden, wenn nicht alle Poren mit Farbe gefüllt sind.

Auf einfache Weise können Sie die Schaukelkonstruktion auch für Erwachsene abwandeln. Sie brauchen sich dazu lediglich bequem in einen Stuhl zu setzen und die Arme so auszustrecken, als würden Sie auf einer Schaukel sitzen. Dann lassen Sie von jemandem die Maße des Dreiecks zwischen Sitz und Füßen, zwischen Sitz und Händen sowie zwischen Händen und Füßen feststellen. Entsprechend diesen Maßen wird die Vorlage vergrößert.

Der Körper

Sägen Sie die beiden Seitenteile (A) aus 19 mm starker Furnierplatte der Qualität A/C mit ringsum 6 mm Zugabe aus. Die Zugabe ist für das endgültige Aussägen des Umrisses nach dem Verleimen der Schichten

nötig. Maul und Zähne werden noch nicht ausgesägt. Bei Furnierplatten ist darauf zu achten, daß jeweils die Sichtseite nach außen zeigt.

Sägen Sie das Kopfmittelstück (B) aus 44 mm starkem Holz auch mit 6 mm Zugabe aus, ebenfalls ohne Maul und Zähne. Der später zwischen den Seitenteilen unten verborgene Bereich des Umrisses wird ohne Zugabe sorgfältig ausgesägt, geschliffen und beim Verleimen genau ausgerichtet. Die Löcher mit 25 mm Ø werden erst nach dem Verleimen gebohrt.

Legen Sie die Seitenteile nacheinander mit der Sichtseite nach oben auf den Tisch der Bohrmaschine und bohren Sie ringsum, der Form des Mittelstücks folgend, alle 75 bis 150 mm Ansenkungen von 10 mm Ø und 6 mm Tiefe für Schraubenköpfe. Die Ansenkungen sind für Spanplattenschrauben oder Holzschrauben bestimmt, die die Verbindung zusätzlich zur Verleimung sichern sollen. Da entlang des Umfangs noch gefräst werden muß, ist auf hinreichenden Abstand der Löcher vom Umriß zu achten.

Bei einer Verwendung von Spanplattenschrauben 4 x 30 mm wird ein Seitenteil mit Leim bestrichen und einfach an das Mittelstück angeschraubt. Die Schrauben ziehen die beiden Teile fest genug zusammen. Mit dem anderen Seitenteil wird dann ebenso verfahren. Wenn Sie dagegen Holzschrauben 4 x 30 mm verwenden wollen, muß das Seitenteil paßgerecht auf das Mittelstück gelegt und für alle Schrauben vorgebohrt werden. Dann wird das Seitenteil genau ausgerichtet angeleimt, festgespannt und zum Schluß werden die Holzschrauben eingedreht. Das andere Seitenteil wird anschließend genauso befestigt.

Nachdem der Leim abgebunden hat, wird der Unriß endgültig ausgesägt. Dabei sollten Sie sich noch einmal vergewissern, daß der Sägeschnitt auch richtig in Relation zu der verborgenen Innenkante des Mittelstücks liegt.

Mit Ausnahme der Zahnpartie wird der Umriß geschliffen und gefräst. Beim Bohren der sorgfältig angerissenen Löcher von 25 mm Ø ist ein Stück Abfallholz von 44 mm Stärke in den Schlitz zwischen den Seitenteilen zu stecken, damit am Lochrand innen nichts aussplittert. Bohren Sie auch nur so tief, daß die Bohrerspitze unten gerade eben durchdringt, drehen Sie das Teil dann um und bohren Sie von der anderen Seite zu Ende, wobei Ihnen das kleine Loch, das die Bohrerspitze hinterlassen hat, als Anhalt für das Aus-

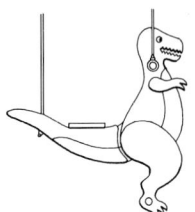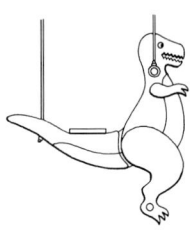

richten dienen sollte. Bei dieser Vorgehensweise läßt sich ein Aussplittern der Lochränder am sichersten vermeiden. Bohren Sie auch die Löcher von 20 mm ∅ für die Augen.

Bei Seitenteilen aus Hartholz werden die Schraubensenkungen mit eingeleimten Dübelenden verschlossen. Nach Abbinden des Leims werden überstehende Enden abgesägt und zur Fläche bündig geschliffen.

Bei Seitenteilen aus Furnierplatte werden die Senkungen und alle Fehlstellen sowie Rauhigkeiten mit Kalkkitt ausgespachtelt. Nachdem der Kitt hart geworden ist, schleifen Sie beide Flächen glatt. Reißen Sie dann die Stellen für das Anbringen der Arme und Beine an. Zwischenzeitlich erfolgt erst das Anmalen, da nach dem Anbringen von Armen und Beinen die Farbgrenze am Bauch nicht sauber gezogen werden kann. Beim Anmalen müssen Sie die angerissenen Stellen für das Anleimen aussparen. Allerdings können Sie ein wenig über die Rißlinien hinaus anmalen, damit es dort nicht Stellen ohne Farbe gibt, die später schwierig auszubessern wären. Die Augen können auch angemalt werden und nach dem Trocknen der Farbe so eingeleimt werden, daß das verrundete Ende außen etwas vorsteht. Die Augen bestehen aus Rundholzstücken von 20 mm ∅, die an einem Ende an der Schleifmaschine oder von Hand halbkugelig geschliffen worden sind.

Der Schwanz

Die beiden Seitenteile (C) werden genauso wie beim Körper mit Zugabe ausgesägt. In diesem Falle sind aber die Seitenteile kürzer als das Mittelstück, deshalb müssen an ihnen die vorderen Kanten in dem betreffenden Bereich ohne Zugabe genau nach Anriß ausgesägt, geschliffen und gefräst werden, da das nach der Montage nicht mehr möglich sein wird.

Das Mittelstück (D) wird aus 38 mm starkem Holz mit Zugabe ausgesägt. Dann muß das Loch mit 26 mm ∅ gebohrt werden. Die drei Teile werden anschließend genauso wie die Teile des Körpers sorgfältig verleimt und verschraubt.

Es folgt das endgültige Aussägen des Umrisses an der Bandsäge, das Schleifen und das Fräsen der Kanten. Bohren Sie ein Loch von 10 mm ∅ für das Aufhängseil von oben durch den Schwanz. Leimen Sie Dübelstücke in die Ansenkungen von 10 mm ∅ und sägen

Sie den Überstand nach dem Abbinden des Leims ab. Alternativ können Sie die Löcher zusammen mit Fehlstellen und Rauhigkeiten auch mit Kalkkitt zuspachteln. Wenn der Kitt hart geworden ist, wird der gesamte Schwanz allseitig von Hand glatt geschliffen. Die Stellen am vorstehenden Mittelstück, die beim Fräsen nicht erreicht werden konnten, müssen mit Raspel, Feile und Schleifpapier verrundet werden.

Beim Anmalen des Schwanzes muß die Stelle zum Aufleimen des Sitzes ausgespart werden.

Arme, Beine und Sitz

Arme, Beine und Sitz werden aus Hartholz oder widerstandsfähigem Nadelholz, z. B. Kiefer, angefertigt. Die Löcher mit 25 mm ∅ werden in die Beine (E) gebohrt, ehe das Aussägen des Umrisses in Angriff genommen wird. Nach den Beinen werden dann auch die Arme (F) und der Sitz (G) ausgesägt. Schleifen Sie anschließend die Teile allseitig glatt und fräsen Sie den gesamten Umriß auf beiden Seiten mit Ausnahme der Stellen zwischen den Klauen. Glätten Sie die gefrästen Kanten von Hand mit Schleifpapier. Dann kann das Anmalen folgen, wobei die Leimflächen an Armen und Beinen ausgespart werden müssen.

Handgriff und Fußraste

Sägen Sie Rundholz mit 25 mm ∅ für den Handgriff und die Fußraste (H) auf Länge. Wenn Sie die vier Enden an der Fräsmaschine verrunden wollen, müssen Sie die Teile genau senkrecht sehr fest halten, während Sie sie entgegen der Drehrichtung am Fräser herumführen. Der Handgriff erhält 30 mm von den Enden entfernt je eine Bohrung mit 10 mm ∅ quer hindurch. Ein Holzprisma bietet als Hilfsvorrichtung beim Bohren eine sichere Unterlage (siehe »Werkzeuge, Techniken und Arbeitsgänge, Abb. 4). Beachten Sie, daß beide Bohrungen parallel sein müssen (beide senkrecht).

Der Zusammenbau

Zuerst werden Körper und Schwanz miteinander verbunden. Stecken Sie die Teile entsprechend zusammen. Treiben Sie dann die auf Länge gesägte Drehwelle von 25 mm ∅ in das dafür vorgesehene Loch. Sie braucht nicht festgeleimt zu werden, da die an-

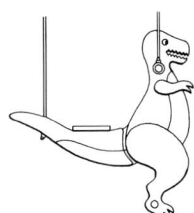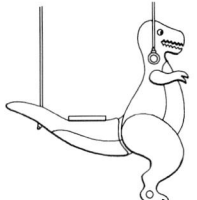

schließend angeleimten Beine das Loch auf beiden Seiten verschließen und so die Welle blockieren.

Zum Ausrichten der Beine beim Anleimen wird die Fußraste in ihre Löcher gesteckt. Leimen Sie die Beine genau an die vorher angerissenen Stellen und benutzen Sie möglichst viele Schraubzwingen (mit Beilagen zum Schutz der Bemalung).

Nachdem der Leim abgebunden hat, verschrauben Sie die Beine sicherheitshalber zusätzlich mit versenkten Spanplattenschrauben oder mit Holzschrauben von 5 x 50 mm. Verschließen Sie die Ansenkungen entweder mit Dübelstücken oder spachteln Sie sie zu. Überstehende Dübelenden müssen abgesägt und bündig geschliffen werden.

In gleicher Weise werden Arme und Sitz befestigt.

Der Handgriff wird so durch sein Loch im Körper gesteckt, daß die Löcher für die Seile senkrecht stehen und beide Seiten gleichlang sind. In dieser Lage wird er durch einen Dübel fixiert, der in eine Bohrung durch den Körper und die Mitte des Handgriffs geleimt wird. Das überstehende Dübelende muß abgesägt und bündig geschliffen werden. Verfahren Sie bei der Fußraste genauso, indem Sie sie mittig ausrichten und von unten durch die Füße fixieren.

Bessern Sie die Bemalung nach, und dann kann das Schaukeln beginnen. Bezüglich des richtigen Aufhängens lesen Sie bitte im Kapitel »Das Schaukelgestell« nach.

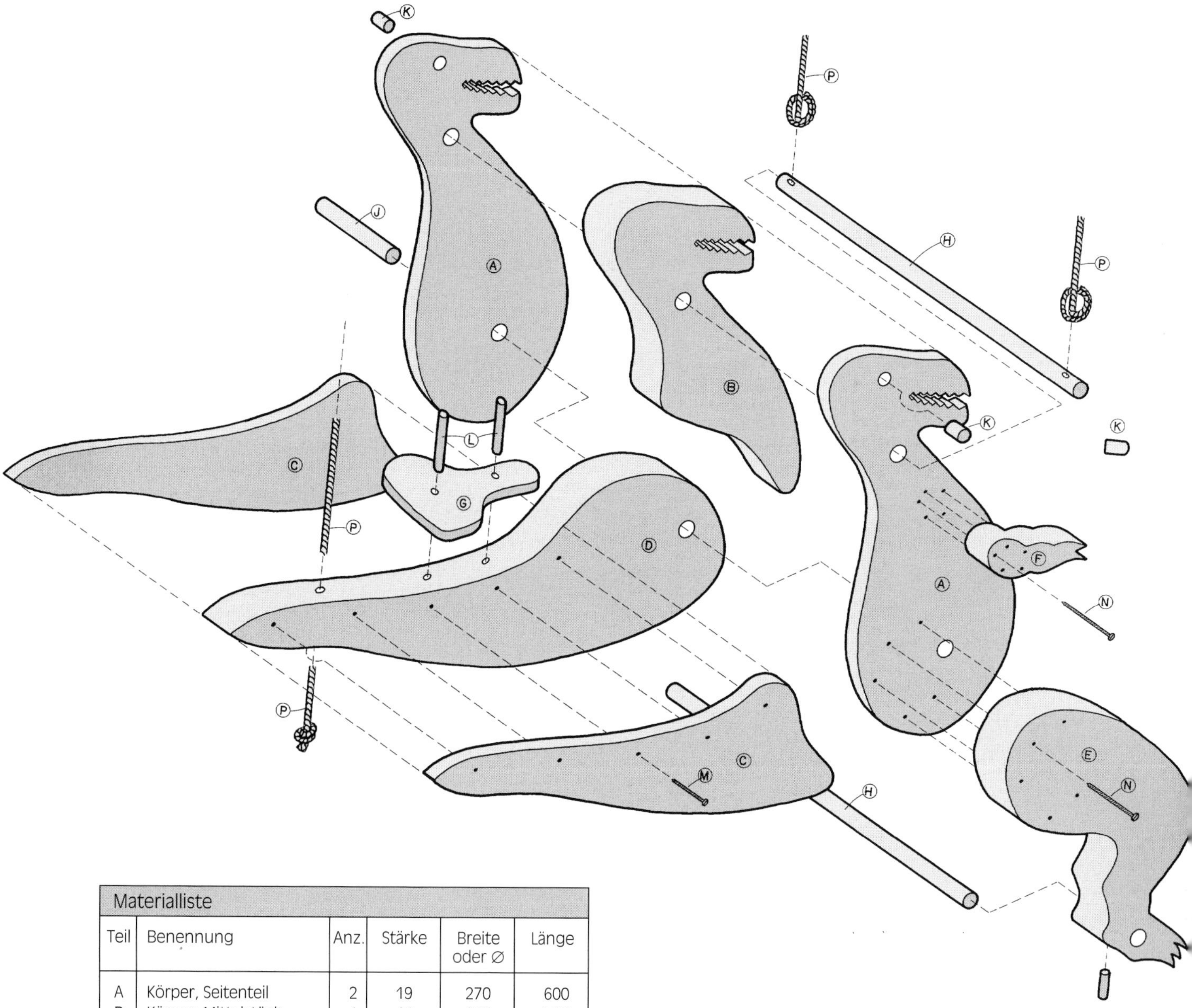

Materialliste					
Teil	Benennung	Anz.	Stärke	Breite oder Ø	Länge
A	Körper, Seitenteil	2	19	270	600
B	Körper, Mittelstück	1	44	230	510
C	Schwanz, Seitenteil	2	19	180	720
D	Schwanz, Mittelstück	1	38	230	840
E	Bein	2	44	260	470
F	Arm	2	38	70	160
G	Sitz	1	19	180	180
H	Handgriff, Fußraste	2		25	460
J	Drehwelle	1		25	80
K	Auge	2		20	20
L	Dübel, Sitz	2		12	40
M	Schraube	≈60		4	30
N	Schraube	≈30		5	50
P	Aufhängeseil			10	≈6500

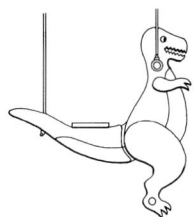

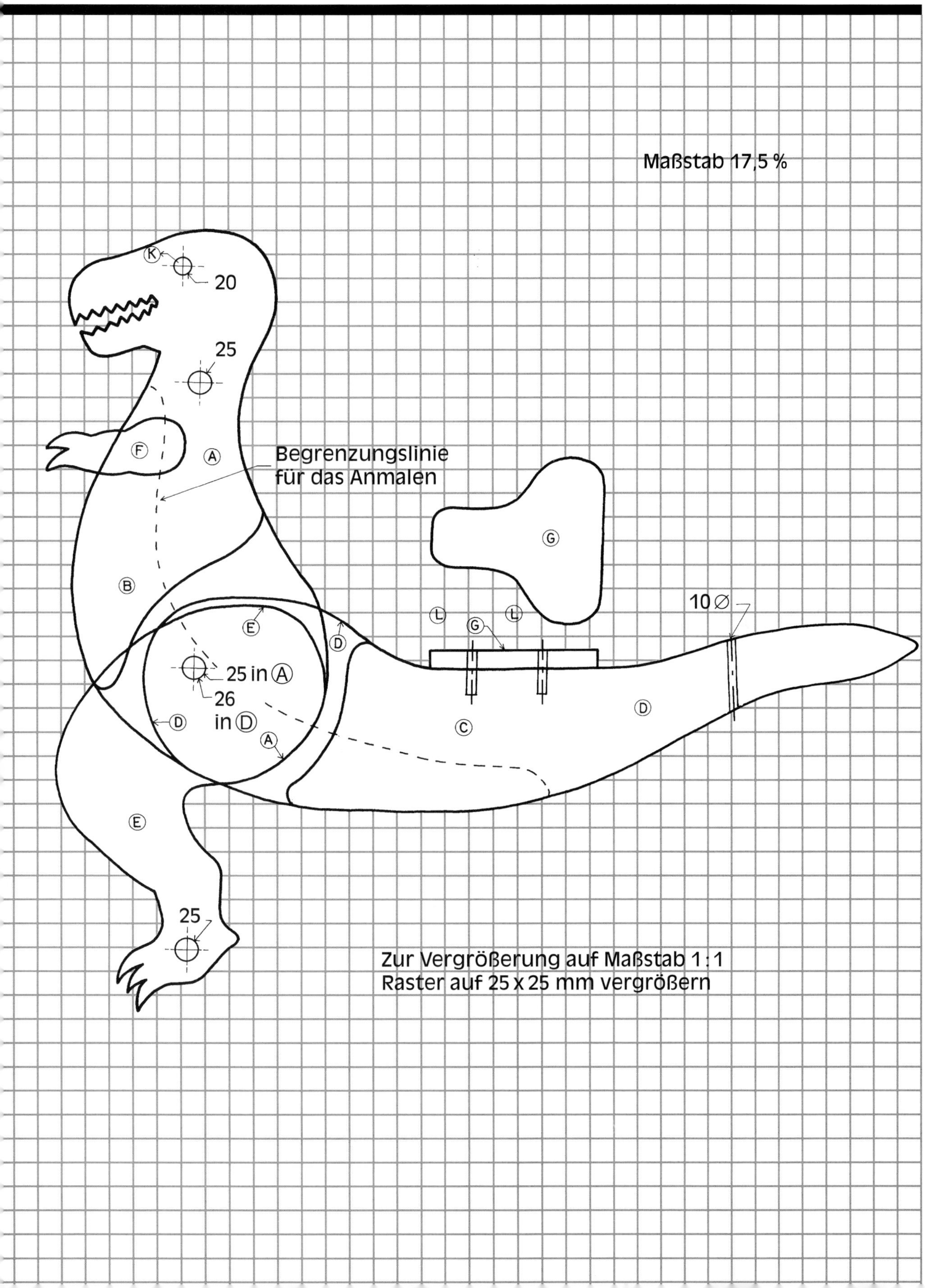

Maßstab 17,5 %

K — 20

25

F   A   Begrenzungslinie
             für das Anmalen

G

B

10 ⌀

E

L   G   L

25 in A

D

26
in D

C

D

D

A

E

25

Zur Vergrößerung auf Maßstab 1:1
Raster auf 25 x 25 mm vergrößern

Das Schaukelgestell

Ehe ich die Anfertigung eines Schaukelgestells beschreibe, möchte ich einige allgemeine Bemerkungen zum Aufhängen von Schaukeln machen. Möglicherweise brauchen Sie sich nämlich kein Schaukelgestell anzufertigen. Außer an einem Gestell kann man eine Schaukel nämlich auch an anderen Befestigungspunkten aufhängen.

Auf der Veranda oder innen im Haus

Wenn Sie eine Veranda haben, dann ist das ein idealer Platz für eine Schaukel. Sie ist nicht direkt dem Wetter ausgesetzt und hält infolgedessen länger. Außerdem können die Kinder dort auch bei schlechtem Wetter schaukeln, wenn sie gerade nichts besseres zu tun wissen. Ein Kellerraum oder eine Gartenhütte sind zum Aufhängen ebenfalls gut geeignet.

Bei Normbauweise sind Holzbalken oft in Abständen von 300, 400 oder 600 mm verlegt. Die Abstände für die Aufhängseile betragen an der Schaukel selbst 410 mm für die Seile am Handgriff und 610 mm für die Entfernung zwischen den vorderen und dem hinteren Seil. Damit müßte es eigentlich immer möglich sein, die sogenannten Schaukelhaken in einem Balken zu befestigen. (Es ist ratsam, an den oberen Enden der Seile Karabinerhaken anzubringen, dann verschleißen die Seile nicht, und die Schaukel kann auch leicht abgenommen werden.)

An einem Baum

Es wird nicht ganz leicht sein, einen Baum zu finden, dessen Äste gerade richtig zum Aufhängen einer Schaukel gewachsen sind. Denken Sie vor allem daran, daß die Seile genau senkrecht verlaufen müssen, damit die Schaukel einwandfrei schwingt (siehe Abb. 2). Manchmal kann man eine Bohle von Ast zu Ast legen, und daran den geeigneten Aufhängepunkt finden.

Karabinerhaken an den Seilenden zum Einklinken in die Schaukelhaken bieten den Vorteil, daß man die Schaukel für den Winter abnehmen und so unnötiges Verwittern vermeiden kann.

Allgemeine Regeln für das Aufhängen

Wählen Sie Seile aus Nylon oder Polypropylen von 10 mm ∅, um die Schaukel daran aufzuhängen. Mit Schaukelhaken in Materialstärke von 12 mm ∅ und Karabinerhaken in Materialstärke von 10 mm ∅ ausgerüstet, gibt es an den Seilen kaum Verschleiß.

Am Handgriff sollten die Seile von oben durch die Löcher gesteckt, 1½mal herumgeschlungen und dann am aufgehenden Ende mit drei halben Steken (Fachausdruck für einen Seemannsknoten) befestigt werden (siehe Abb. 1). Die Umschlingungen verhüten, daß der Handgriff spaltet. Legt man das freie Ende des Seils gegen das aufgehende Ende und umbindet beide gemeinsam, dann können sich die Steken nicht wieder lösen.

Das Seil am Schwanzende der Schaukel wird von unten in sein Loch geführt und erhält am Ende einen doppelten Knoten, der so groß sein muß, daß er nicht durch das Loch rutschen kann.

Alle Seilenden sollten angeschmolzen werden, damit das Seil sich nicht aufdreht.

Die Seile sollten möglichst lotrecht verlaufen (siehe Abb. 2).

Das Schaukelgestell

Das Gestell kann zum Aufhängen von 1, 2, 3 oder 4 Schaukeln mit entsprechend langen Rähmen (F) gebaut werden.

Abbildung 1
Die Seile werden mit drei halben Steken befestigt

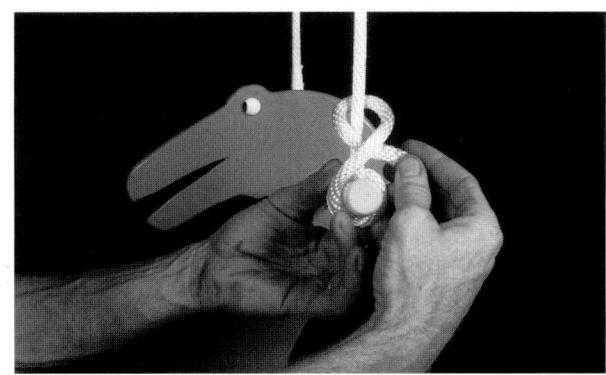

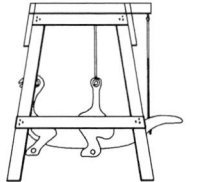

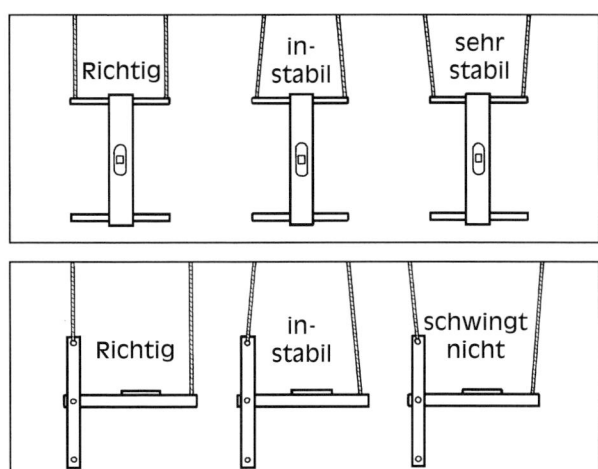

Abbildung 2
Von vorn gesehen (schematisch gezeichnet) müssen die Schaukelseile parallel hängen. Wenn sie nach oben ein wenig auseinanderstreben, erhält dadurch die Schaukelbewegung etwas mehr Stabilität. Die Seile dürfen jedoch nicht nach oben zueinander hin laufen. Von der Seite betrachtet (schematisch gezeichnet) müssen die Schaukelseile auf jeden Fall parallel hängen, sie dürfen weder auseinander noch zueinander laufen

Es empfiehlt sich, das ganze Gestell aus druckimprägniertem Holz anzufertigen, da es ständig dem Wetter ausgesetzt sein wird. Beim Kauf von druckimprägniertem Holz sollten möglichst geradwüchsige, fehlerfreie Bohlen ausgesucht werden.

Sägen Sie die vier Ständer (A) auf Länge. Die oberen und unteren Enden werden in zwei Richtungen auf 20° abgeschrägt. Für die eine Schräge wird oben und unten je ein Riß im Winkel von 20° angebracht und für die andere muß das Kreissägeblatt auf 20° geneigt werden. Mit der so eingestellten Kreissäge wird dann am Riß entlang gesägt (siehe Abb. 3).

Anschließend werden die Ausklinkungen für die Rähme (F) oben in den Ständern ausgesägt. Das geht am schnellsten mit einem Fuchsschwanz. Achten Sie darauf, daß der untere Sägeschnitt für die Ausklinkung in Längsrichtung des Rähms parallel zum oberen Ständerende ebenfalls 20° geneigt ist (siehe Abb. 4).

Reißen Sie die beiden mittleren Zangen (B) und die beiden oberen Zangen (C) an und sägen Sie sie im Winkel von 20° (nur in Richtung der Breite) auf Länge.

Wenn alles ausgesägt ist, legen Sie die beiden »A«-förmigen Rahmen auf dem Boden aus (mit Abfallstücken unter jeder Verbindungsstelle). Die Enden der oberen Zangen müssen mit den Ausklinkungen bündig liegen, nicht jedoch mit der Flucht der Ständeraußenkante. Nachdem alles genau ausgerichtet ist, werden durch jede Verbindungstelle drei Löcher bis in die Abfallstücke gebohrt (siehe Abb. 5). Verschrauben Sie die Rahmen mit Bolzen, Muttern, Unterlegscheiben und Federringen.

Entscheiden Sie sich für eine der Längen für die Rähme (F), je nachdem wie viele Schaukeln Sie aufhängen

Abbildung 3
Die Enden der Ständer sind in zwei Richtungen angeschrägt. Der Sägeschnitt ist im Winkel von 70° angerissen und das Blatt der Handkreissäge steht im Winkel von 20° zur Fußplatte der Säge

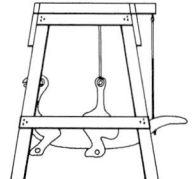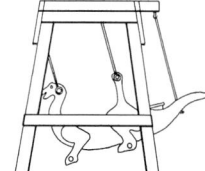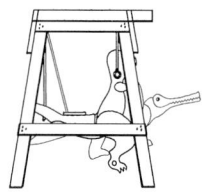

wollen. (1 Schaukel: 1250 mm; 2 Schaukeln: 2050 mm; 3 Schaukeln: 2850 mm; 4 Schaukeln: 3650 mm.)

Sägen Sie die Enden von jedem Rähm auf 20° Schräge zu. Legen Sie dann die Rähme mit der langen Kante nach oben auf den Boden oder die Werkbank (die lange Kante ist nach der Montage unten). Auf dieser Kante werden die Positionen der Schaukelhaken mittig angerissen und entsprechend vorgebohrt. Der Abstand zwischen zwei Schaukeln muß 400 mm betragen. Es werden zwei Haken für die Seile zum Handgriff und ein Haken für das Seil zum Schwanz vorgesehen. Die Schaukelhaken werden dann in die vorgebohrten Löcher geschraubt.

Zum Schluß werden die vier Kopfbänder (E) nach Vorlage angerissen und ausgesägt.

Abbildung 4
Die untere Fläche der Ausklinkung muß für eine satte Auflage des Rähms auf 70° gesägt werden. Mit einem Fuchsschwanz geht das am einfachsten

Der Zusammenbau

Jeder der vier Füße des Gestells wird in Beton eingebettet. Zum Aufstellen des Schaukelgestells benötigen Sie 4 Dachlatten von mindestens 3,70 Meter Länge und eine lange Leiter. Wenn Sie alle Teile an Ort und Stelle haben, messen Sie die genaue Position der Löcher für die Betonfundamente aus. (Vielleicht sollten Sie das Gestell provisorisch zusammenbauen, danach die Löcher anzeichnen und das Gestell wieder zerlegen, um ganz sicher zu gehen.) Die Löcher im Erdboden müssen für die Schräglage der Ständer groß genug sein. Wenn Sie die Löcher im Boden nach

unten etwas erweitern, wird der Beton dadurch noch zusätzlich fester verankert. Die beiden Rahmen werden im Winkel von 20° zueinander geneigt in die fertig ausgegrabenen Löcher gestellt und mit den vier Dachlatten temporär verbunden.

Dann werden die beiden Rähme nacheinander in die dafür vorgesehenen Ausklinkungen gelegt. Die Rähm-

Abbildung 5
Unter jede Verbindungsstelle wird ein Stück Abfallholz gelegt, wenn die drei Schraubenlöcher ganz hindurch gebohrt werden

Abbildung 6
Temporär angenagelte Dachlatten halten die Rahmen auf 20° Neigung nach innen, während die Rähme endgültig montiert werden

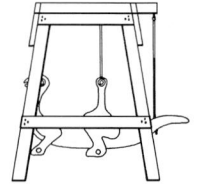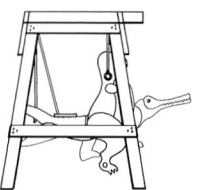

enden schließen bündig mit der Außenfläche der oberen Zangen ab. An jedem Rähmende werden 6 Schlüsselschrauben in vorgebohrte Löcher geschraubt, 3 in die Ständer und 3 in das Hirnholz der Zangen.

Lassen Sie die Dachlatten zunächst noch an dem Gestell befestigt und sägen Sie die Versteifungen für die Ständer (D) aus Bohlen mit einem Querschnitt von 50 x 150 mm auf Länge, wobei die Enden oben und unten auf 20° abgeschrägt sein müssen. Halten Sie dann die Versteifungen an die Ständer und reißen Sie die Ausklinkungen für die Schraubenköpfe bei den unteren Zangen an (siehe Montagezeichnung). Stellen Sie die Ausklinkungen her, indem Sie mit der Kreissäge 6 oder 8 Sägeschnitte quer hindurch ausführen und das Holz dazwischen wegschlagen. Die Versteifungen werden dann genau ausgerichtet mit Schraubzwingen an die Ständer gespannt und alle 200 mm mit verzinkten Senkkopfschrauben 6 x 80 mm festgeschraubt.

Als nächstes werden die Kopfbänder an ihrem Platz mit Schraubzwingen gegengespannt. Prüfen Sie dann sicherheitshalber, daß sich die Kopfbänder an keiner Stelle vor einem Schaukelhaken befinden, sie würden sonst das freie Schwingen der Schaukelseile stören. Jedes Kopfband wird mit etwa 15 verzinkten Senkkopfschrauben 6 x 80 mm befestigt. Wenn Sie das Ge-

stell für mehr als eine Schaukel bauen, wird noch mitten zwischen je zwei Schaukelaufhängungen ein Riegel (J) von Rähm zu Rähm vorgesehen. Der Riegel hat die gleichen Abmessungen wie die obere Zange und wird an jedem Rähm mit drei verzinkten Senkkopfschrauben 6 x 80 mm befestigt.

Herstellung der Fundamente

Die übliche Mischung für Fundamentbeton ist 3:2:1, d. h. 3 Teile Kies als Zuschlagstoff, 2 Teile Sand und 1 Teil Zement. Sand und Zement werden trocken in einer Bütte oder Schubkarre gemischt. Dann wird nur soviel Wasser zugegeben, bis die Mischung erdfeucht ist (wie der Fachmann sagt). Zuviel Wasser mindert die erreichbare Betonfestigkeit. Erst nach gründlichem Durcharbeiten der Mischung wird der Kies als Zuschlagstoff zugegeben. Wenn der Boden in den Fundamentlöchern sehr trocken sein sollte, müssen Sie ihn vorher anfeuchten, damit er dem Beton nicht das Wasser entzieht. Prüfen Sie abschließend noch einmal, ob das Gerüst auch in der Waage steht, schaufeln Sie dann die Betonmischung in die Fundamentlöcher und stampfen Sie sie gut fest. Der Beton braucht mindestens eine Woche zum Abbinden, ehe die Schaukel an das Gestell gehängt und benutzt werden darf. Während dieser Zeit ist der Beton durch Annässen mit Wasser ständig feucht zu halten.

 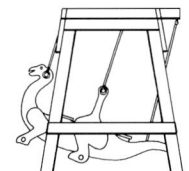 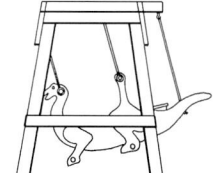  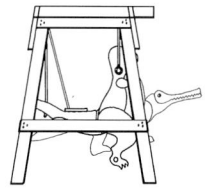

Montagezeichnung

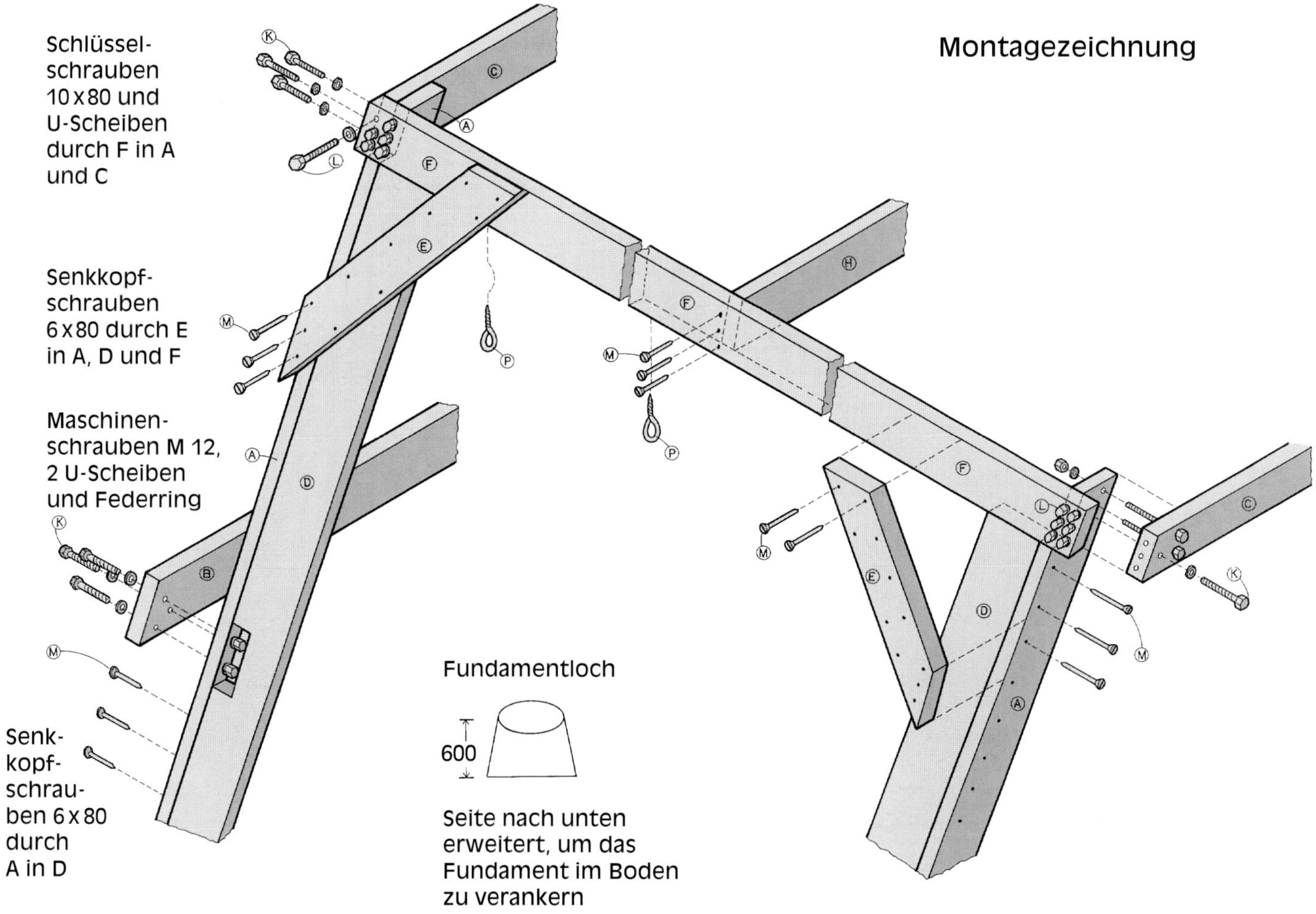

Schlüssel-
schrauben
10 x 80 und
U-Scheiben
durch F in A
und C

Senkkopf-
schrauben
6 x 80 durch E
in A, D und F

Maschinen-
schrauben M 12,
2 U-Scheiben
und Federring

Senk-
kopf-
schrau-
ben 6 x 80
durch
A in D

Fundamentloch

600

Seite nach unten
erweitert, um das
Fundament im Boden
zu verankern

Materialliste					
Teil	Benennung	Anz.	Stärke	Breite oder Ø	Länge
A	Ständer	4	50	150	3650
B	Zange, unten	2	50	150	1900
C	Zange, oben	2	50	150	580
D	Versteifung, Ständer	4	50	150	3500
E	Kopfband	4	50	150	1050
F	Rähm	2	50	150	3650
J	Riegel	3	50	150	580
K	Maschinenschraube mit Sechskantkopf, Mutter, Unterlegscheibe und Federring	24		M 12	120
L	Schlüsselschraube mit Unterlegscheibe	12		10	80
M	Senkkopfschraube, verzinkt	200		6	80
P	Schaukelhaken	3–12		10	

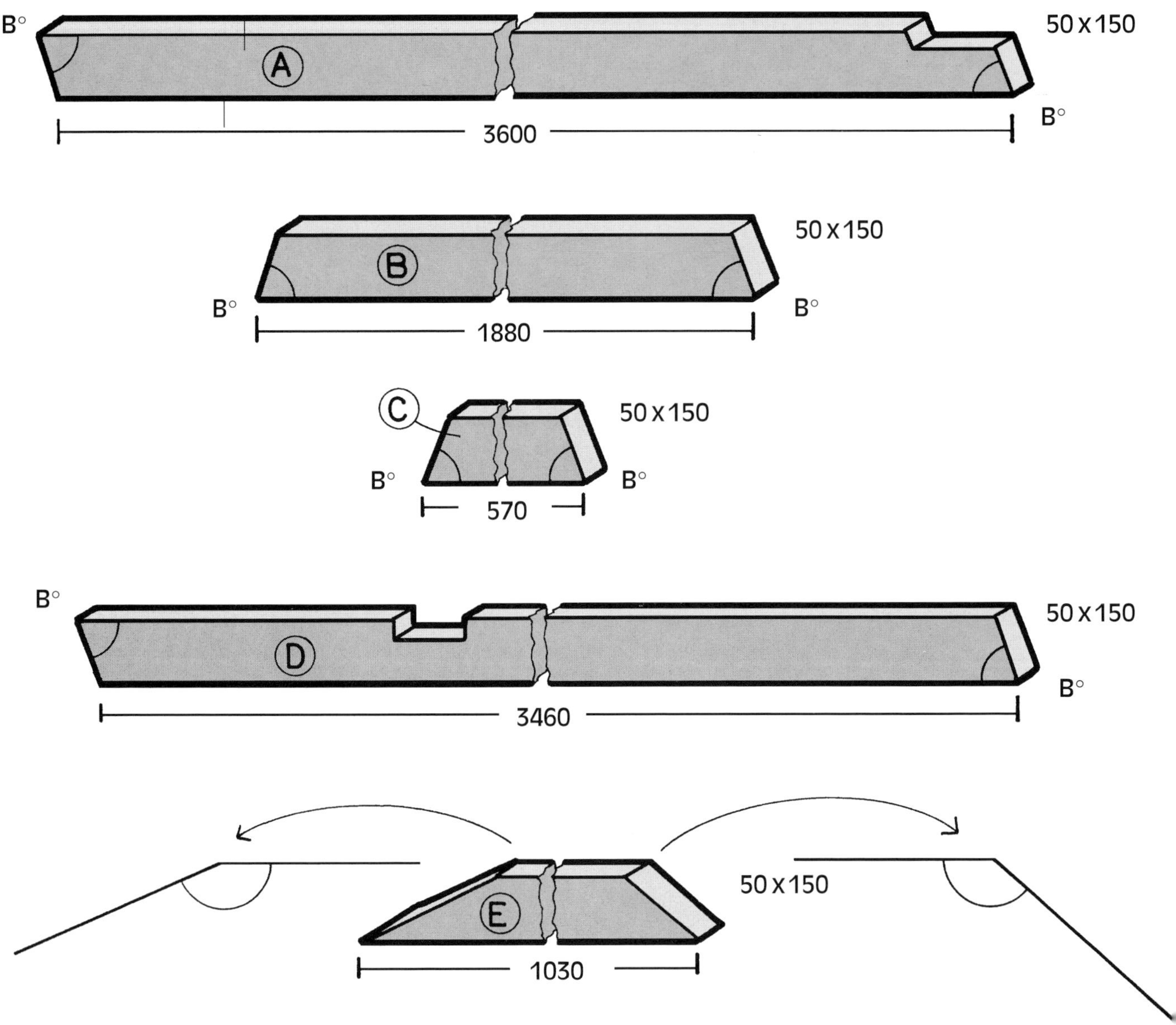

B° (A) 3600 50 x 150 B°

B° (B) 1880 50 x 150 B°

(C) B° 570 B° 50 x 150

B° (D) 3460 50 x 150 B°

(E) 1030 50 x 150

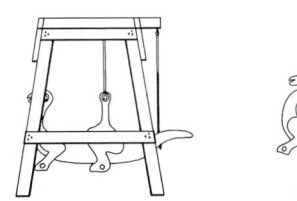    

50 x 150

B° |——————— 3650 oder kürzer ———————| B°

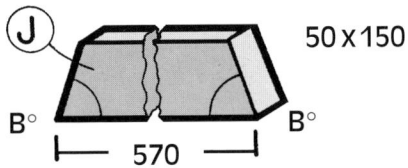

50 x 150

B° |—— 570 ——| B°

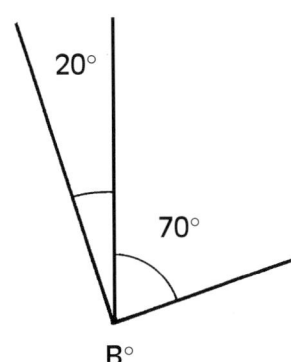

20°

70°

B°

Brandmalerei

Diese Figuren kann man für verschiedene Zwecke verwenden. Sie lassen sich als Spielzeugfiguren aus 19 mm starken Abfallstücken anfertigen. Man kann sie auf 6 mm starkem Holz als Dekoration ins Fenster oder an die Wand hängen, ebenso gut auch in den Weihnachtsbaum. Schließlich können sie mit Magneten versehen als Halter für Merkzettel am Kühlschrank dienen.

Kinder haben ihre Freude daran, sie mit Buntstiften oder Filzstiften anzumalen.

Spielzeugfiguren

Schleifen Sie die Ober- und Unterseite des ausgewählten 19 mm starken Holzstücks. Übertragen Sie dann die Zeichnung mit Kohlepapier auf eine der Seiten.

Anschließend brennen Sie die Zeichnung mit einem Brandmalgerät auf dem Holz ein. Wenn Sie dann den Umriß aussägen, lassen Sie etwa 3 mm Abstand zur äußeren Brandlinie und sägen das Stück unten gerade, damit es sich aufstellen läßt. Beim Schleifen des Umrisses ist darauf zu achten, daß der Abstand bis zur äußeren Brandlinie überall gleichbreit bleibt.

Als nächstes wird das Holzstück umgedreht und die Zeichnung spiegelbildlich auf die andere Seite übertragen. Dabei ist darauf zu achten, daß die Zeichnung sorgfältig ausgerichtet ist, so daß auch hier ein gleichbreiter Rand bis zur äußeren Brandlinie bleibt. Bei der folgenden Brandmalerei können Sie Ihre Hand auf daneben gelegten Holzklötzchen abstützen.

Zum Schluß brechen Sie alle scharfen Kanten leicht von Hand mit Schleifpapier und lassen das Stück mit Öl ein oder geben ihm einen Klarlacküberzug.

Beim Einlassen mit Öl ist ein Kolorieren nachträglich noch möglich, beim Klarlacküberzug muß es aber vorher erfolgen.

Sie können den Namen des Dinosauriers unten auf die Standfläche schreiben, damit die Kinder ihn lernen.

Dekorationsstücke

Dekorationsstücke werden bis auf einige Abweichungen ebenso angefertigt wie Spielzeugfiguren.

So werden sie aus 6 mm starkem Holz hergestellt und nicht aus 19 mm starkem. Das Loch für die Aufhängung muß vor dem Aussägen des Umrisses gebohrt werden, damit das Holz nicht platzt. Auch sollte das Loch aus Gründen der Festigkeit nicht zu dicht am Rande liegen.

Das fertige Stück kann mit dünner Schnur oder am Faden aufgehängt werden.

Magnethalter

Für Magnethalter verwende ich runde, in Keramik eingebettete Magnete, die ich in die Rückseite der 6 mm starken Brettchen einlasse. Die Zeichnung wird nur auf der Vorderseite eingebrannt. Sie können genausogut in Kunststoff eingebettete Magnete nehmen, die man in Bastel- oder Hobbyläden bekommen kann. Die flache Vertiefung zum Einlassen des Magneten bohre ich mit einem Flachbohrer, von dem ich die Spitze abgeschliffen habe, damit sie nicht vorn hindurchkommt (siehe Abb. 1). Die Befestigung der Magnete erfolgt vor der Oberfächenbehandlung mit Alleskleber oder Epoxydharzkleber. In Keramik eingebettete Magnete können Kratzer auf dem Kühlschrank verursachen, man sollte daher eine kleine Scheibe Filz auf die Magnetfläche kleben.

Abbildung 1

Damit beim Bohren der flachen Vertiefungen zum Einsetzen der Magnete die Bohrerspitze nicht auf der anderen Seite herauskommt, wird sie an dem Flachbohrer von 20 mm Ø fast ganz abgeschliffen

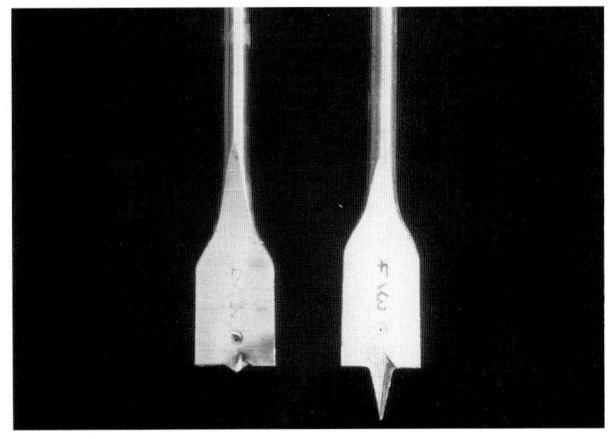

Der Plesiosaurus

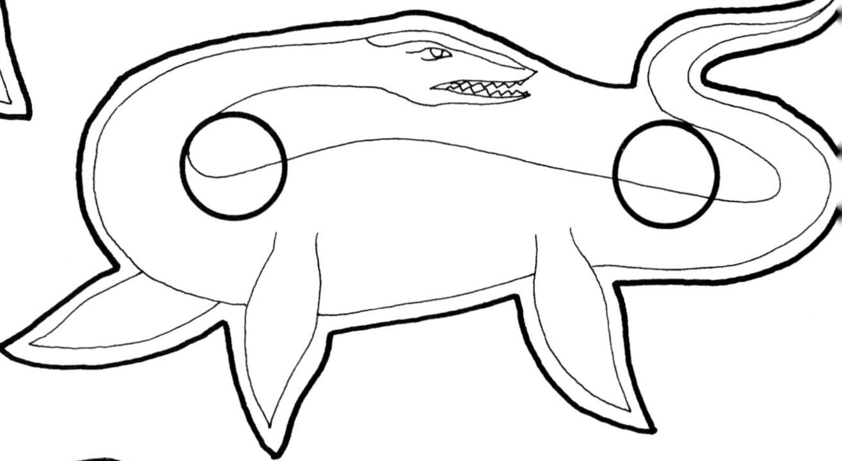

Die Entwürfe können Sie
mit dem Fotokopierer
auf die gewünschten Maße
bringen

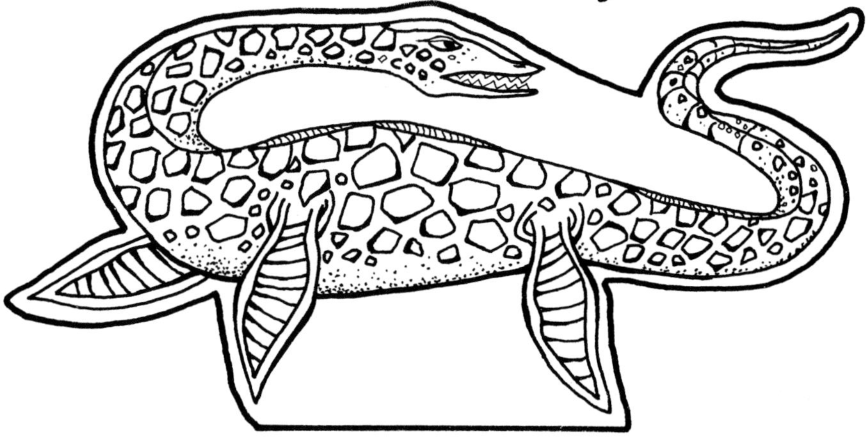

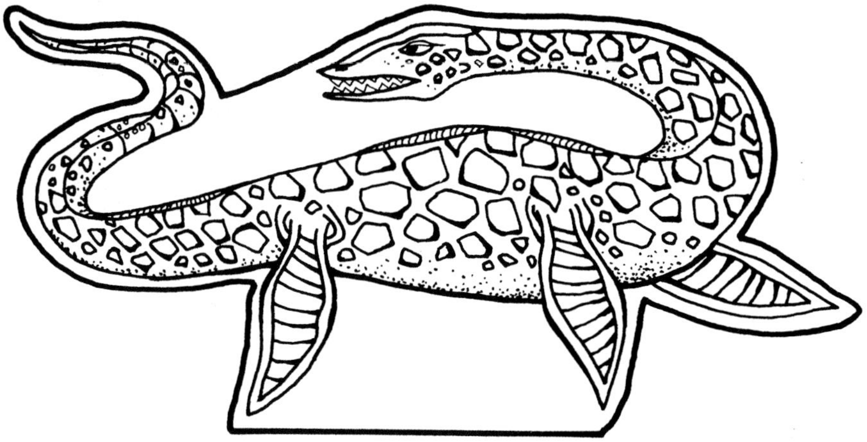

Der Tyrannosaurus

Alle Entwürfe zu den Brandmalereien
stammen von Alexandra Eldridge

Der Hadrosaurus

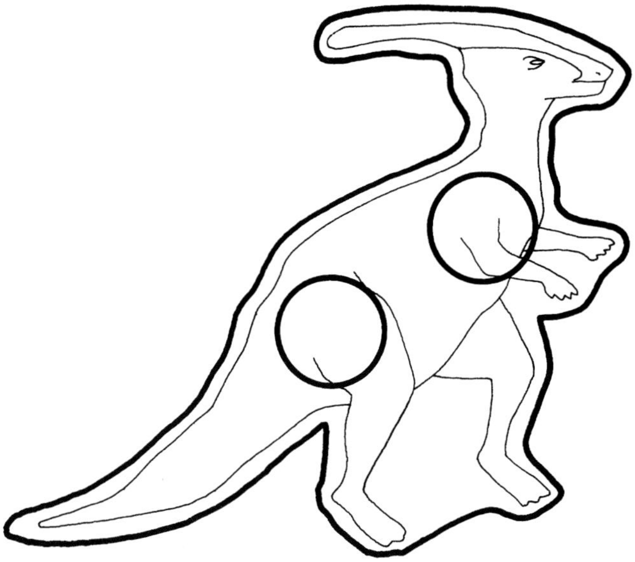

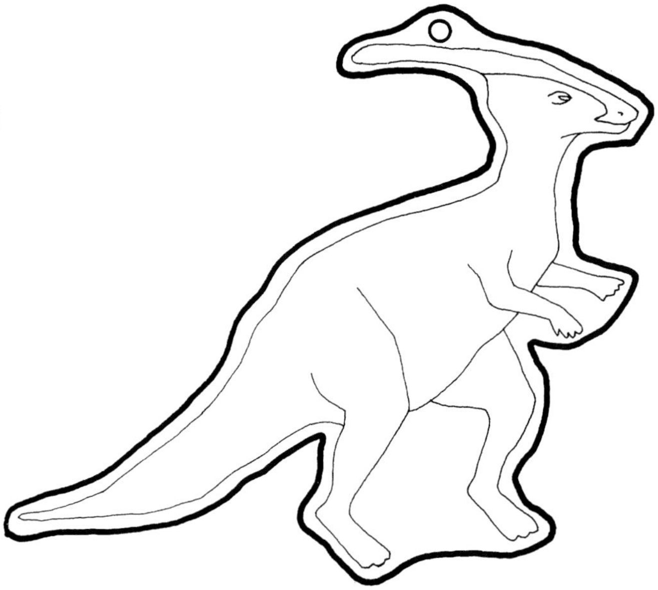

Das Dimetrodon

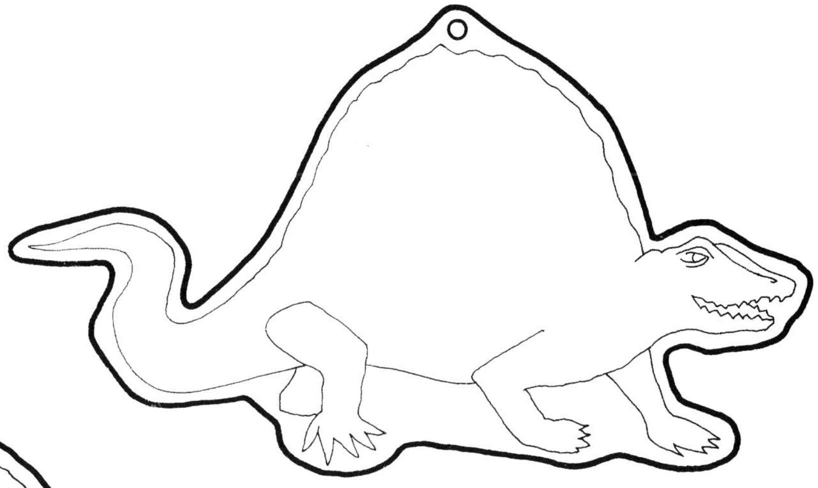

Der Triceratops

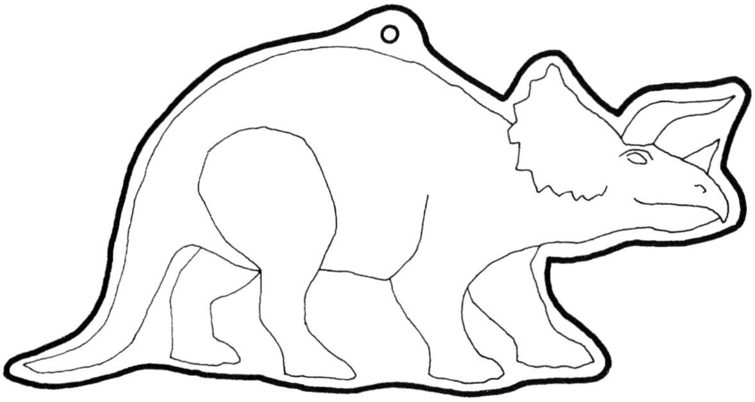

Der Stegosaurus

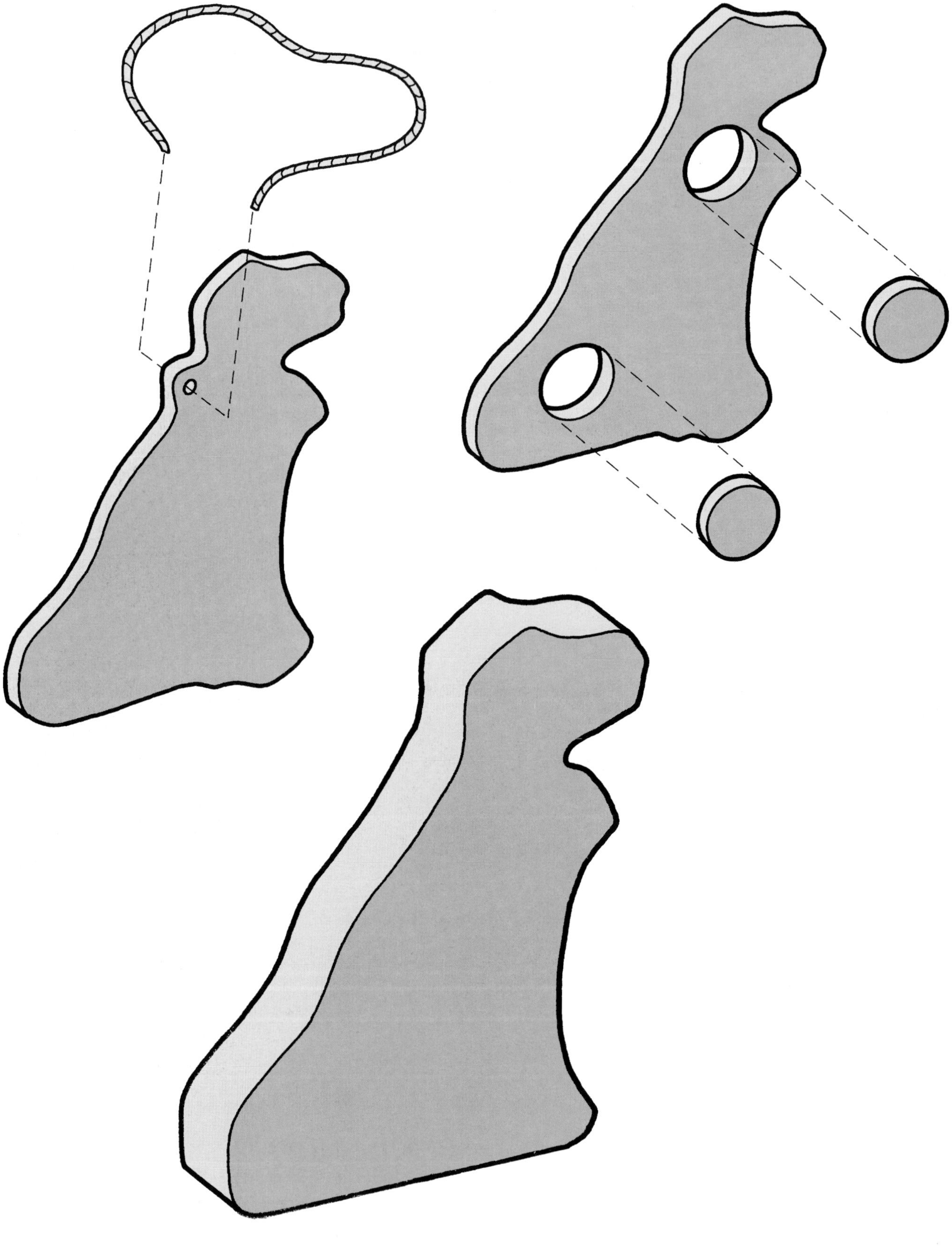

Unentbehrliche Bücher zu den Themen Hobby und Handwerk

Fordern Sie bitte umgehend unser Gesamtverzeichnis an

Verlag Th. Schäfer · Tivolistraße 3 · 3000 Hannover 1 · Telefon (05 11) 99 0 99-77 · Telefax (05 11) 99 0 99-99